삼국유사

기이 1편

지은이 | **일연一然**

고려 후기의 승려이자 학자이다. 1219년 설악산 진전사에서 출가하였고 1283년 국사가 되었다. 입적 후 보각국존普覺國尊 존호를 받았고, 인각사에 그의 부도와 비가 남아 있다. 《삼국유사》는 그가 오랜 기간 모은 자료를 바탕으로 하여 1277년 청도 운문사에 머무를 때 집필을 시작해 1284년 군위 인각사로 옮긴 이후에 완성했다. 《삼국유사》는 고대의 신화와 전설, 민속, 불교미술 등이 담겨 있어 우리나라의 고대 역사와 문화를 이해하는 데에 중요한 자료로 평가받는다.

번역·해설 | **신대현**

동국대학교 사학과를 졸업하고, 동 대학원 미술사학과에서 석사와 박사를 받았다. 현재 능인대학원대학교 불교학과 교수이다.
저서로 《한국의 사리장엄》, 《한국의 사찰 현판》(전 3권), 《옥기玉器 공예》, 《진영眞影과 찬문讚文》, 《적멸의 궁전 사리장엄》, 《우리 절을 찾아서》, 《경산제찰을 찾아서》, 《닫집》, 《테마로 읽는 우리 미술》, 《강원도 명찰기행》, 《불교미술 이해의 첫걸음》, 《사리》 등 불교미술 관련서, 《전등사》, 《화엄사》, 《송광사》, 《불영사》, 《성주사》, 《대흥사》, 《낙가산 보문사》, 《봉은사》, 《은해사》, 《갓바위 부처님 : 선본사 사지》, 《낙산사》, 《대한불교보문종 보문사 사지》 등 사찰 역사문화서, 한시漢詩에 담긴 사찰의 문화와 역사를 해설한 《명찰명시》를 지었다. 그리고 조선시대 최대의 사찰답사기인 《산중일기》와 《삼국유사 흥법·탑상편》의 번역 해설서가 있다.

삼국유사 기이1편

일연 지음 | 신대현 번역 · 해설

2025년 5월 30일 초판 1쇄 발행

펴낸이 오일주
펴낸곳 도서출판 혜안

등록번호 제22-471호
등록일자 1993년 7월 30일

주소 [04052] 서울시 마포구 와우산로 35길3(서교동) 102호
전화 3141-3711~2 **팩스** 3141-3710
E-Mail hyeanpub@daum.net

ISBN 978-89-8494-750-4 03910
값 22,000 원

삼국유사

기이 1편

일연 지음

신대현 번역·해설

혜안

《삼국유사》는 모두 5권 9개 편목으로 구성되어 있으며, 그 안에 총 144개의 항목이 실려 있다. 각 편목은 주제에 따른 카테고리이므로, 그 안에 담긴 글들은 공통된 성격을 지닌다. 첫 번째 편목인 〈왕력〉은 고구려, 백제, 신라 삼국 왕들의 연대표에 해당하기에, 실질적으로 이야기의 시작을 알리는 편목은 바로 〈기이紀異〉라 할 수 있다.

〈기이〉에는 여러 왕대에 있었던 일들이 시대순으로 기록되어 있으며, 일연은 이를 〈기이 1〉과 〈기이 2〉로 나누었다. 〈기이 1〉에는 고조선 단군왕검 시기부터 태종무열왕 시기의 이야기들이, 〈기이 2〉에는 통일 직후 문무왕부터 신라의 마지막 왕 경순왕에 이르기까지의 이야기들이 실려 있다. 고조선부터 삼국시대까지를 하나의 시기로, 통일신라부터 후백제까지를 또 다른 시기로 나눈 일연의 판단은 오늘날 역사학적 관점에서도 자연스럽게 받아들여진다. 하지만 당시의 일연에게 이 같은 구분과 정리는 결코 간단한 일은 아니었을 것이다. 삼국시대에 해당하는 가야를 다룬 「가락국기」를 〈기이 2〉의 마지막에 배치한 점에서도 그러한 고심이 엿보인다.

다른 여덟 편목의 제목들이 비교적 직관적인 데 비해, '기이'라는 말은 그 의미가 다소 복잡하다. 일반적으로는 '기괴하고 이상한 것을 기록함'이라는 의미로 해석되지만, 《삼국유사》 전체에 걸쳐 기이하고 신비한 이야기들이 풍부하다는 점을 고려하면 이러한 해석만으로 이 편목의 성격을 충분히 설명하기는 어렵다. 따라서 '기이'라는 제목을 좀 더 넓은 시각에서 해석할 필요가 있다.

우선 '紀'는 단순히 '기록'이라는 의미보다는 '본기本紀'를 염두에 두었을 것으로 보인다. 사마천의 《사기》, 김부식의 《삼국사기》 등이 그 대표적인

예이며, 일연 역시 이러한 형식대로 '紀'를 사용한 것으로 보인다. 또한 '異'는 '기괴하고 이상함'보다는, 《삼국사기》나 고기古記 등 다른 기록들과 '다르게 전해지는' 이야기라는 뜻에 더 가까운 개념으로 이해할 수 있다. 따라서 역사서에 빠져 있거나, 다른 방식으로 전승된 이야기들을 담았다는 점에서 '기이'라는 제목을 붙인 것이 아닐까 하는 것이다.

〈기이 1〉은 《삼국유사》로 들어가는 첫 번째 문이다. 이 문을 지나면 우리들은 단군을 비롯해 박혁거세, 온조, 김알지 등 고대국가의 시조들과 신화적 인물들의 다채로운 이야기를 마주하게 된다. 지역적으로는 고조선의 왕검조선, 낙랑과 부여, 북대방과 북부여, 고구려 등 북쪽 지역과 72국, 변한과 백제, 진한과 5가야 등 남쪽의 여러 나라들이 망라되어 있으며 시대적으로는 박혁거세부터 태종무열왕에 이르기까지 신라 56대 왕 중 절반에 가까운 시기의 이야기가 담겨 있다.

이러한 이야기들은 우리 민족의 뿌리를 말하고 있기에 결국 오늘날 우리의 이야기이기도 한 것이다. 현대의 시선으로는 다소 환상적이거나 비현실적으로 느껴질 수 있으나, 이는 오랜 세월을 거치며 자연스럽게 역사적 색채가 덧입혀진 결과로 보아야 한다. 사실에 기반한 역사적 사건들이 오랜 시간 동안 구전과 해석이 더해져 신화 형태로 변화하면서 지금과 같은 이야기로 전승되었다고 할 수 있다. 이런 점으로 볼 때 〈기이 1〉에 실린 이야기들은 사실과 상상, 신념이 함께 얽힌 다층적 기억의 서사라고 이해해야 한다고 생각한다.

이 책은 원문을 가능한 한 충실히 옮기되, 당대 사람들의 사유 방식을 이해할 수 있도록 노력하였다. 그리고 해설에서는 〈기이 1〉에 담긴 다양한 이야기들의 역사적 맥락과 문화적 의미를 밝히는 데 특히 초점을 맞추었다. 이 책이 《삼국유사》 전반을 흐르는 신비롭고도 역사의 진실을 전해주는 이야기들과, 그 안에 담긴 역사의 의미를 탐색하는 데 도움이 된다면 더없이 기쁠 것이다.

그리고 이 책이 독자의 흥미를 끌 수 있었다면, 이는 도서출판 혜안에서 이야기의 현장과 유물을 하나하나 찾아가 사진으로 기록하고 실어 이야기의 생생함을 더해 주었기 때문일 것이다.

2025년 5월 영종도에서 신 대 현

차 례

기
이
1
편

서하여 말한다

무릇 옛날 성인은 바야흐로 예악으로 나라를 일으키고 인의로 가르침을 세우려 했으되, 괴력난신은 말하지 않았다. 그러나 제왕이 흥하려 할 때는 부명[하늘의 명]에 응하고 도록[예언서]을 받으니 이로써 반드시 보통 사람과 다름이 있게 된다. 그런 연후에야 능히 커다란 변화의 흐름을 타서 큰 기운을 잡고 대업을 이룰 수가 있다. 이런 까닭에 황하에서 그림[河圖]이 나왔고, 낙수에서 글[洛書]이 나와 성인이 일어난 것이다. 그리하여 홍虹이 신모를 휘감아 복희를 낳고, 용龍이 여등에 감응하여 염제를 낳았고, 황아가 궁상의 들에서 놀다가 스스로 백제의 아들이라고 칭한 신령한 동자와 정을 통하여 소호를 낳았고, 간적이 알을 삼켜서 설을 낳고, 강원이 발자국을 밟음으로써 기를 낳았고, 잉태되고 14개월 만에 요가 태어났고, 용이 대택에서 교접하여 패공을 낳은 데에 이르렀다. 이후의 일들을 어찌 다 기록할 수 있겠는가?

그런즉 삼국의 시조가 모두 신령하고 기이한 데서 나왔음을 어찌 괴이하다 할 수 있는가! 이 〈기이〉를 여러 편 중에서 첫머리에 둔 뜻이 여기에 있다.

해 설

〈기이〉편을 쓴 뜻과 의미를 설명한 글이다. 어떤 역사적 사건이나 인물을 설명하는 데만 그치지 않고 아득한 고대의 역사에서 등장한, 지금 우리가 신화 속 이야기라고 얘기하는 인물이 탄생한 배경과 존재 이유까지도 설파한 묵직한 글이다. 이런 성격의 글은 《삼국유사》 9편 중에서도 이 〈기이〉에만 있다. 맨 앞 '叙曰'의 叙는 《이아爾雅》에도 나오듯이 序와 통하는 글자이다. 따라서 이 글은 '叙曰' 두 글자를 제목으로 한 《삼국유사》 전체를 대표하는 서문이라 하여도 괜찮을 것 같다.

일연은 하늘의 뜻으로 성인이 인간 세상에 나타나 사람들을 가르쳤으니, '하도낙서河圖洛書'가 그런 예임을 말했다. 그가 말한 성인들은 옷감을 짜는 법과 농사짓는 방법을 가르쳤다는 신모와 복희부터 시작해, 전설의 이상향을 일구었다는 요 임금, 한나라를 건국한 유방 등, 중국 선사시대의 설화에 등장하는 삼황오제부터 고명한 여러 왕이 망라되어 있다. 이들의 출생과 행적은 모두 기이함과 신비함으로 가득하다.

그런데 일연은 이들을 열거하면서도 '성인이 괴력난신은 말씀하지 않았다.[子不言怪力亂神]'는 옛말에 신경이 좀 쓰였던 듯하다. 괴력난신은 《논어》 〈술이〉에 나오는 공자의 말인데 보통 '괴이와 용력勇力과 패란悖亂과 귀신에 관한 일'로 풀이한다. 혹은 괴이한 일[怪], 힘[力], 도리를 어지럽히는 것[亂], 귀신[神]을 말한다고 보기도 한다. 괴력난신을 세상일의 하나로 볼 때 이성적으로 설명하기 어려운 불가사의한 존재나 현상이라고 할 수 있다. 공자는 인간의 이성과 도덕을 가장 가치 있게 생각했기에 그에서 벗어나는 괴력난신을 멀리하라고 한 것이다. 한편으로는 《논어》 〈옹야〉에서 귀신을 '공경하되 멀리하라.[敬遠]'라고도 했으니, 공자도 괴이한 현상과 일을 무조건 부정했다고 보기는 어려울 듯하다.

일연은 사람들의 올바른 태도와 삶에 크게 이바지한 인물들의 일이라면, 그것이 비록 이성과 지성으로 설명하기 어려운 일일지라도 세상에 남겨야 한다고 생각한 것 같다. 〈기이〉를 쓴 의도가 이 '서하여 말한다'에 잘 드러나 있다고 할 수 있다. 그러고 보면 어쩌면 기이함이란 곧 옛날의 위대한 인물이 세상에 나타나기 위한 태생적 조건인지도 모르겠다는 생각이 든다.

옛날의 성인들과 신령하고 기이한 일들

일연이 나열한 성인들은 대부분 고대 중국의 설화에 등장하는 상상 속 신인들이다. 오랜 옛날, 인류 문명이 시작되고 나서 역사시대로 접어들기까지의 자취가 신인에 관한 설화나 신화에 남아 있는 예가 많다. 영웅 중심의 서사를 갖는 구전 역사라고도 할 수 있다. 요즘의 국경을 기준으로 한 민족관으로 볼 필요는 없다.

이 중에는 이른바 '삼황오제'라 불리는 고대 신화 속 성인들이 포함되어 있다. 그런데 사실 이들은 신화나 설화에 등장하기에 행적이나 명칭에 정설이 없고 이견도 많다. 그래서 《사기》 같은 역사서를 포함해 《십팔사략》, 《산해경》 등 고대의 일들을 전하는 책마다 삼황오제의 이름과 성격이 서로 조금씩 다르게 실려 있다. 이들이 동양의 오행 오방 사상에 따라 방위를 담당하는 신으로 섬겨졌다거나, 또는 이들 중 일부는 동이족, 곧 우리 민족의 시조라는 이야기도 있다. 복잡하지만 그만큼 고대 사람들의 다양한 가치관이 실려 있다고도 할 수 있다. 이러한 신인들을 보편적으로 알려진 지식을 중심으로 해서 간략히 살펴본다.

신모와 복희

옛날 중국에서의 신기한 일들을 소개한 《회남자》(기원전 2세기)에 여와女媧와 복희伏羲는 부부가 되어 인간을 창조했다는 이야기가 나온다. 복희는 태호太昊 또는 포희庖犧라고도 하며 목축과 물고기 잡는 법을 사람들에게 가르쳐주었다. 여와는 신모神母라고도 부른다. 이 둘은 신인神人인데, 한漢

서역에서 출토된 복희와 여와 그림(국립중앙박물관 소장)

나라 화상석畵像石 등에 뱀처럼 꼬리가 달려서 서로를 따리 틀고 있는 모습으로 표현되었다.

그런데 일연은 중국에서 전하는 이런 설화와 달리 홍虹이 신모를 휘감아 복희를 낳았다고 했다. 홍은 중국에서 신령하게 여기던 하늘의 동물로, 비가 내렸다가 그치면 물을 마시려고 내려온다고 한다. 모습은 용과 비슷한 듯 달라서, 몸이 길게 굽었고 그 양쪽에 하나씩 머리가 달렸으며 입도 크다. 그 모습이 무지개 모양이므로 '무지개'를 뜻하게 되기도 하였다. 그래서 이 문장을 번역한 글 중에 '虹'을 무지개라고 한 데가 많으나, 신화라는 측면에서 본다면 '홍'은 앞에서처럼 고유명사로 봐야 더 어울린다.

한편, 〈감통〉의 「선도성모 수희불사」에 "신모는 본래 중국 황실의 딸이다. 이름은 사소이고, 일찍이 신선의 술법을 얻어 해동에 와서 오래 머물고 돌아가지 않았다.[神母 本中國帝室之女 名娑蘇 早得神仙之術 歸止海東 久而不還]"라고 나오고 또 「내물왕과 김제상」에도 김제상의 부인이 치술령의 '신모'가 되었다고 한다. 중국의 여와, 곧 신모가 우리나라에 건너와 산신이 되었다는 것이다. 옛날 두 나라의 산신 신앙이 연결되고 있어서 흥미롭다.

여등과 염제

여등女登은 신인의 하나로, 화양華陽에 나들이 갔다가 신비한 용을 보고

이상한 기운을 느낀 뒤 임신
하여 아들을 낳으니, 그가 바
로 염제炎帝이다. 따라서 염제
는 신의 아들, 곧 반신반인이
다. 염제는 화덕火德으로 제왕
이 되었다고 하여 화제火帝라
고도 하고, 백성들에게 처음
으로 쟁기와 따비 만드는 기
술과 농사짓는 법을 가르쳤기
에 신농씨神農氏라고도 한다.

명나라 곽후가 그린 염제 신농씨

황아와 소호

황아皇娥는 서쪽 바닷가의 거대한 뽕나무밭 궁상窮桑에서 다섯 천제의
하나인 백제白帝의 아들을 만나 소호小昊를 낳았다. 소호는 금덕金德으로
왕이 되었기에 일명 금천씨金天氏, 청양靑陽에 나라를 정해서 청양씨라고도
한다. 후대에 가을의 신으로 섬겨졌다. 이름이 비슷하지만, 요임금의 딸로
순임금의 부인이 된 아황娥黃과는 전혀 다른 인물이다.

간적과 설

간적簡狄은 제곡帝嚳 고신씨高辛氏의 두 번째 왕비가 된 여신으로 융간娀
簡이라고도 한다. 현구玄丘의 계곡에서 목욕하다가 을鳦의 알을 삼키는 바
람에 임신이 되어 설契을 낳았다고 한다. '鳦'은 제비[燕]와 같은 글자로 일
명 현조玄鳥라고도 한다. 《시경》의 '천명 받은 검은 새, 내려와 상을 낳았
네.[天命玄鳥 降而生商]'라는 구절은 이 전설을 노래한 것인데 여기서 '商'은 상
나라, 곧 은殷을 세운 설을 말한다.

설은 卨(설)이라고도 하고, '알백閼伯'이라는 별칭도 있다. 사구司寇 벼슬을 맡아 순임금을 보필했고, 순을 이은 우임금을 도와서 물을 다스리는 공을 세웠기에 상商에 봉해짐으로써 상나라의 시조가 되었다.

강원과 기

강원姜嫄은 지금 섬서성 무공현인 태邰 출신으로 제곡의 첫째 부인이다. 거인의 발자국을 밟고 임신하여 기弃를 낳았다. 농사 담당 관직인 후직后稷을 맡아 사람들에게 농업 기술을 가르쳤으므로 '후직'이라고도 불렸다. 주나라의 시조가 되었다.

요임금

요임금《삼재도회》

요堯임금은 제곡의 아들로 이름이 방훈放勳이고, 사후 시호가 '요'이다. 중국 최고의 임금으로 여겨져 성천자聖天子라고도 불린다. 당唐이라는 곳에서 황제가 되었기에 당요唐堯 혹은 도당씨陶唐氏라고도 한다. 홍수를 막고 역법을 제정했으며 농사를 장려하는 등 업적을 많이 남겼다. 그가 다스린 시대가 최고의 태평성대라고 일컬어져 《춘추》·《사기》 등에서도 그를 성군으로 극찬하였다. 나이가 들자 스스로 물러나 왕위를 아들이 아닌 뛰어난 신하에게 맡긴 '선양禪讓'으로도 유명하다.

패공

패공沛公은 한나라를 세운 유방劉邦(기원전 256~기원전 195)이다. 일연은 대

패공(한고조 유방)의 능에서 출토된 토용 기병

택大澤에서 용이 패공을 낳았다고 했는데 이는 《산해경》에 "사방 100리로, 뭇 새들이 태어나고 깃털을 가는 데이다. 안문산雁門山 북쪽이다."라고 한 대목을 가리킨 것 같다.

원문

叙曰 大抵古之聖人 方其禮樂興邦 仁義設敎 則怪力亂神 在所不語 然而 帝王之將興也 膺符命受圖籙 必有以異於人者 然後 能乘大變 握大器成大業也 故河出圖洛出書而聖人作 以至虹繞神母而誕義 龍感女登而注炎 皇娥遊窮桑之野 有神童自稱白帝子 交通而生小昊 簡狄呑卵而生契 姜嫄履跡而生弃 胎孕十四月而生堯 龍交大澤而生沛公 自此而降 豈可殫記 然則 三國之始祖 皆發乎神異 何足怪哉 此紀異之所以冠諸篇也 意在斯焉

《위서》에 2천여 년 전 단군왕검이 아사달에 도읍을 세우고 경전에는 무엽산이라
나온다. 또한 백악이라 하며 백주 땅에 있었다 한다. 혹은 개성 동쪽에 있었다고도 하니, 지금의
백악궁이다 나라를 열어 조선이라 하였고, 고[요]임금과 같은 시대라고 한다.
옛 기록[古記]은 이러하다. 옛날에 환인 제석을 말한다 의 서자 환웅이 자주 천
하에 뜻을 두고 인간 세상을 구하고 싶어 하였다. 아버지가 아들의 뜻을
알고서 삼위대[태]백을 내려다보았더니 인간을 널리 이롭게[弘益人間] 할 만
한 데였다. 이에 천부인 세 개를 주어 내려가서 다스리게 하였다. 웅이 무
리 삼천을 거느리고 태백산 정상 태백은 곧 지금 묘향산이다 신단수 아래로 내려
와 신시라 하였다. 그를 환웅천왕이라 한다. 풍백·우사·운사를 거느리고
곡식, 질서[命], 의료[病], 법[刑], 선악 등 무릇 인간의 삼백 육십여 가지 일을
주관해 세상이 법도 있게 변하게[在世理化] 하고자 하였다.
이때 곰 한 마리와 호랑이 한 마리가 같은 굴에 살면서 항상 환웅 신에게
기도하며 사람으로 변하기를 바랐다. 이에 신 환웅은 신령스러운 쑥 한
타래와 마늘 스무 개를 주면서 말하였다.
"너희들이 이것을 먹고 백 일 동안 햇빛을 보지 않으면 곧바로 사람의 모
습이 될 것이다."
곰과 호랑이는 그것을 받아서 먹었다. 이를 지킨 지 삼칠일[21일] 만에 곰
은 여자의 몸이 되었으나, 호랑이는 지키지 못해서 사람이 못 되었다.
웅녀는 혼인할 사람이 없었으므로 매양 신단수 아래에서 잉태하기를 빌었

다. 웅이 이에 잠시 변신해 그녀와 혼인하였다. 잉태하여 아들을 낳아 단군왕검이라 하였다. 당의 고[순] 임금이 즉위한 지 50년째인 경인으로, 당의 요임금 즉위 원년이 무진이니 그 50년은 정사이지 경인이 아니다. 사실에 맞는지 의심된다 평양성 지금의 서경이다 에 도읍하고 처음 조선이라 하였다. 또한 도읍을 백악산 아사달로 옮겼는데, 궁 혹은 '방'이라고 한다 홀산이라고도 하며 또는 금미달이라고도 한다. 그 뒤로 1,500년 동안 나라를 다스렸다. 주나라 호[무]왕이 즉위한 기묘에 기자를 조선에 봉하니 단군은 곧 장당경으로 옮겼다가 뒤에 아사달에 돌아와 숨어 산신이 되었고, 수명이 1,908세였다고 한다.

당나라 〈배구전裴矩傳〉에 고[구]려는 본시 고죽국 지금의 해주이다 으로 주周가 기자를 봉하고 조선이라 하였는데, 한漢이 현도·낙랑·대방 북대방이다 3군으로 나누었다고 나온다. 《통전》에도 역시 같은 설명이 있다. 《한서》에는 진[진번]·임[임둔]·낙[낙랑]·현[현도]의 4군인데, 여기서는 3군이라 하였고 또 이름도 같지 않으니 무슨 까닭인가?

해 설

〈기이 1〉에 실린 37편 모두 우리나라 고대사의 편린과 이면을 보여주는 흥미로운 이야기들이다. 17번째 「진한」까지 고조선을 비롯해 우리 민족이 세운 나라 또는 그와 밀접한 연관이 있는 나라들을 하나하나 소개하였고, 18번째 「또한 네 계절마다 놀러 가던 집」부터 마지막 「장춘랑과 파랑」까지는 신라에서 있었던 기묘하고 이상한 일들을 인물 위주로 소개하였다. 앞쪽 17편은 오늘날의 '역사지리' 관점이 담겨 있다. 「고조선」이 〈기이 1〉의 첫 번째에 자리한 까닭은 가장 오래된 이야기여서겠지만, 한편으로는 고조선에 대한 일연의 자부심도 작용했으리라 보인다. 그와 같은 시대를 살아가던 사람들뿐만 아니라 후손들이 그 무엇보다도 우리 민족의 뿌리를 정확히 알아야 한다는 마음이 이 글을 맨 앞에 두게 했던 게 아닐까.

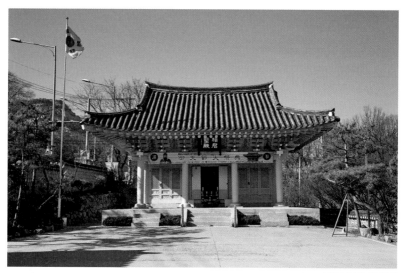

서울 사직동 단군성전

  하늘에서 내려온 환웅이 사람으로 변한 웅녀와 혼인해 단군을 낳고, 단군이 나라를 세워 조선이라 했다는 단군 설화의 원형이 바로 이 글이다. 일연은 제목을 '고조선'이라 달았는데, 본문을 읽어보면 굳이 '古'를 붙일 까닭이 없는데, 아마도 뒤에 나오는 위만조선과 구분하기 위해 단군조선을 '고조선'이라 한 듯하다. 그렇다면 일연이 제목 뒤에 '왕검조선'이라고 주석을 단 것도 기자나 위만이 다스린 조선이 아니라 '왕검이 세운 조선'임을 강조하기 위함이라고 이해된다. 여하튼 이 글 이외에는 《삼국사기》를 포함해서 고대의 어떤 기록에도 고조선이 나오지 않는다. 이 글이 없었다면 우리는 여태 민족의 뿌리에 관한 역사를 모르고 있었을 수도 있다.

  일연은 글 첫머리에 단군왕검이 아사달阿斯達에 도읍하여 조선을 열었다고 나오는 중국의 역사서 《위서魏書》를 인용함으로써 사실성을 높였다. 다만, 기원전 4세기부터 기원후 6세기에 걸친 기간에 위라는 이름의 나라가 여럿 있었고, 《위서》는 이들의 역사서일 텐데, 현재 전하는 여러 종류의 위서에는 이런 구절이 안 보인다. 그러나 중간에 없어지고 이름만 전하는 《위서》도 많기에 지금은 이 중에 일연이 말한 내용이 실려 있었다고 생각할 수밖에 없다.

글 앞의 '옛날에 환인의 서자 환웅' 중 환인의 인仁은 판본에 따라 국國으로 읽기도 한다. 일연은 환웅이 제석천에서 지상으로 내려온 데인 신단수가 바로 태백산이라고 보았고, 도읍지 아사달이 어디인지에 대한 추정도 주석에 덧붙였다. 이 말이 맞고 안 맞고를 떠나서, 고문헌을 고증한 시도 자체가 이 글이 역사적 관점에서 쓰여졌음을 말해준다고 하겠다. 또한 아사달, 천부인, 신시, 풍백·우사·운사(3사), 장당경, 홍익인간·재세이화 등 오늘날 우리가 단군 설화를 말할 때 쓰는 핵심어들이 이 글에 모두 등장한다는 점에서도 사료로서 가치가 크다.

다만, 일연이 조선의 도읍지 평양성을 오늘의 평양이라고 고증한 점은 옥에 티가 되었다. 또한 "고구려는 본시 고죽국孤竹國인데 주周가 기자를 봉하고 조선이라 하였다."라는 〈배구전〉을 인용하여 고죽국을 현 황해남도 해주海州라고 고증하는 바람에 결과적으로 고구려나 고조선의 영토가 한반도 북부로 한정된 점도 아쉽다. 오늘날 고조선과 고구려의 영토 범위에 관하여 여러 견해가 나올 때마다 이 글은 논란의 중심에 선다.

글 후반부에 조선은 그 뒤 중국 한나라에서 망명한 기자箕子가 통치하는 기자조선이 되었고, 그 얼마 뒤에 한사군漢四郡이 설치되었다는 《구당서》의 〈배구전〉과 당 두우杜佑의 《통전通典》 내용이 인용되었다. 한나라의 무씨사당武氏祠堂에 장식되었던 화상석畵像石 조각에 단군 설화와 흡사한 내용이 있다는 의견도 있으니, 한나라는 분명 고조선과 밀접한 관계에 있었음이 분명하다. 이후 고조선의 역사에는 위만衛滿도 등장하는데, 이 이야기는 바로 뒤에 실렸다.

이 「고조선 단군왕검」은 그다지 긴 글은 아니지만, 우리 민족의 뿌리를 말하는 설화여서 오늘날 가장 생명력이 긴 글이 되었다.

단군조선의 역사를 전하는 《삼한고기》

일연이 인용한 옛 기록[古記]에는 단군이 환인의 손자이고 환웅의 아들

단군설화를 표현했다고 보이는 중국 무씨사당 화상석(ⓒ국립중앙박물관)

이며, 환웅이 왜 지상에 내려왔는지 자세히 나온다. 하지만 아쉽게도 이 옛 기록이 무엇인지 분명하지 않다. 김부식도 《삼국사기》 〈백제 본기〉 「동성왕」에서 480~490년 사이 백제의 정세를 설명할 때 '삼한고기'를 근거로 들고 있다. 지은이는 안홍安弘이라는 설도 있다. 또한 조선 후기 남구만南九萬(1629~1711)이 《약천집》에서 일연의 이 글이 《삼한고기》를 인용했다고 하였고, 실학자 이긍익李肯翊(1736~1806)도 《연려실기술》 「단군조선」에서 '옛날의 역사인 단군기檀君記'를 참조했다고 하니 그때까지만 해도 전해졌다고 볼 수 있다. 그 밖에 조선시대 몇몇 기록에도 이 이름이 보인다. 그래서 '고기'와 '삼한고기'를 같은 책으로 보고, 이 책이 실제로 존재했을 가능성이 크다는 게 역사학계의 생각이다.

이렇게 고기가 신라시대에 나온 《삼한고기》라는 주장이 힘을 얻고 있으나 지금 전하지 않아서 확신하지 못하며, 다르게 볼 여지도 있다. '삼한고기'가 책 이름이 아니라 '삼한의 옛 기록'이라는 서술어일 수 있기 때문이다. 또한 앞에서 말한 조선의 문인들도 이 책을 직접 본 게 아니라, 옛날 문헌에 언급된 '고기'라는 말을 《삼한고기》로 추정해서 서술했다는 반론

도 있다. 고기는 글자 그대로 '옛 기록'이라는 말인데 이를 책 이름으로 잘
못 알았다는 것이다.

단군조선 설화 구성의 핵심어

이 글 중에 단군조선의 성격을 잘 말해주는 용어들이 있다. 고조선의
위치와 영역 비정에 직결되어서 근대 이후 깊이 연구되어 왔다. 비록 이른
바 '강단사학계', '재야사학계'로 갈리는 연구자 집단 사이에 이 용어가 갖
는 역사적 함의에 대한 인식의 골이 꽤 깊기는 하지만, 뒤집어 생각하면 이
용어들은 그만큼 단군조선의 핵심을 잘 짚어주는 말이라고도 할 수 있
다. 만일 일연이 오늘날 역사학자들의 이런 견해들을 접한다면 탄복해 마
지않을 듯하다.

아사달

단군왕검은 평양에 첫 도읍을 열
었고, 이어서 백악의 아사달阿斯達로
옮겼다. 이후 한나라에서 기자가 왔
기에 이를 피해 장당경으로 옮겨가
기까지 아사달은 오랫동안 단군조
선의 서울로서 발전의 터전이 되었다.
'아사달'은 '아침의 땅', '아침의 산' 등
'조선'과 같은 뜻으로 해석한다.

아사달이 어디인지는 평양·구월
산 등 두 가지 설이 있다. 고려 말의
이승휴李承休(1224~1300)는 《제왕운
기》에서 구월산이 아사달이라고 보

안악 삼성사 삼성전(©공공누리)

았다. 1472년 구월산에 삼성사三聖祠를 세우고 환인·환웅·단군의 위패를 모셨는데, 일제강점기에 철거되었다고 한다. 현재는 북한에서 복원했다고 알려졌다.

하지만 고조선의 중심지를 요서 지역으로 보는 관점에서는 고구려의 첫 도읍지인 '졸본'을 아사달로 보기도 한다. 현 랴오닝성遼寧省 번시시本溪市 환런桓仁 만주족 자치현 일대이다. 또한 근래에 요서 십이대영자 및 요동 정가와자 등에서 고조선 유적이 잇달아 발굴됨에 따라 요서 중앙에 해당하는 차오양시朝陽市를 아사달로 비정하는 견해도 있다.

천부인

환인이 환웅에게 인간 세상을 다스리는 데 쓰도록 준 신물神物 세 가지가 천부인天符印이다. 구체적으로 무엇을 말하는지는 언급되지 않았지만, 오늘날 많은 학자가 검·방울·거울 등으로 추정한다. 이런 종류의 유물

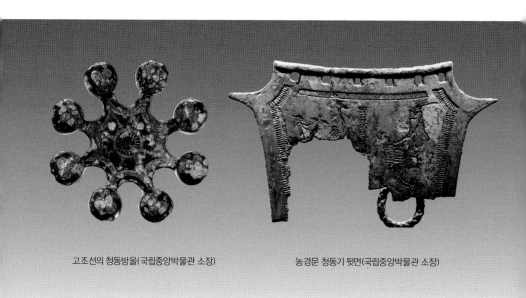

고조선의 청동방울(국립중앙박물관 소장)   농경문 청동기 뒷면(국립중앙박물관 소장)

들은 고대 사회에서 지배계층의 권위를 상징했다고 보
는데 고고학 발굴을 통해서 많이 출토되고 있다. 예컨대
청동기 유적에서 많이 출토된 비파형 동검, 팔두령, 다뉴
세문경 등이다.

고조선 시기의 악기 공후

장당경

장당경藏唐京은 평양성과 아사달에 뒤이은 고조선의
세 번째 서울인데, 그 위치에 대해 논란이 분분하다. 우
선 《고려사》 지리지나 《조선왕조실록》의 《세종실록지리
지》, 《신증동국여지승람》 등에는 황해도 문화현 일대를 장당경으로 비정
하였고 명칭도 '당장경'으로 나온다. 반면에, 조선 후기 허목許穆(1595~1682)
은 《미수기언》에서 유주幽州, 곧 오늘날 허베이성 북부 및 랴오닝성 일대로
보았다. 근래는 요서 지방의 다링허大凌河 인근으로 보는 등 그 지역적 편차
가 아주 크다.

원 문

古朝鮮 王儉朝鮮

魏書云 乃往二千載 有壇[檀]君王儉 立都阿斯達 經云無葉山 亦云白岳 在白州地 或云在開城東 今白
岳宮是 開國號朝鮮 與髙[堯]同時 古記云 昔有桓因[囯] 謂帝釋也 庶子桓雄 數意天下 貪
求人世 父知子意 下視三危太[大]伯 可以弘益人間 乃授天符印三箇 遣往理之 雄率
徒三千 降於大[太]伯山頂 即太伯 今妙香山 神壇[檀]樹下 謂之神市 是謂桓雄天王也 將風
伯雨師雲師 而主穀主命主病主刑主善惡 凡主人間三白六十餘事 在世理化 時有 一
熊一虎 同穴而居 常祈于神雄 願化爲人 時神遺靈艾一炷蒜二十枚 曰 爾輩 食之不
見日光百日 便得人形 熊虎得而食之 忌三七日 熊得女身 虎不能忌而 不得人身 熊

女者 無與爲婚 故每於壇[檀]樹下 呪願有孕 雄乃假化而婚之 孕生子 號曰 壇[檀]君

王儉 以唐髙[堯]即位五十年庚寅 _{唐堯即位元年戊辰 則五十年丁巳 非庚寅也 疑其未實} 都平壤城 _{今西}

_京 始稱朝鮮 又移都於白岳山阿斯達 又名弓 _{一作方}忽山 又今旀達 御國一千五百年 周

虎[武]王即位己卯 封箕子於朝鮮 壇[檀]君乃移於藏唐京 後還隱於阿斯達 爲山神 壽

一千九百八歲 唐裵矩傳云 高麗本孤竹國 _{今海州} 周以封箕子爲朝鮮 漢分置三郡 謂玄

菟樂浪帶方 _{北帶方} 通典亦同此說 _{漢書則 眞臨樂玄四郡 今云三郡 名又不同何耶}

위만조선

《전한서》〈조선전〉에 나온다. 연나라[?~기원전 222] 때부터 늘 진번과 조선을 공략하여 사고師古는 "전국시대에 연이 처음 이 땅을 침략해 얻었다."라고 했다 관리를 두고 장벽을 쌓았다. 진나라가 연나라를 멸망시키면서 요동의 외곽 지역[外徼]으로 삼았다. 한나라가 흥성했으나 멀어서 지키기 어려우므로, 요동의 오래된 요새를 다시 수리하여 그 너머 패수를 경계로 삼고 사고는 "패수는 낙랑군에 있다."라고 했다 연나라에 속하게 하였다.

연나라 왕 노관이 배반하여 흉노로 도망가자, 연나라 사람 위만이 망명하여 천여 명의 무리를 모아서 동쪽으로 달아나 요새를 빠져나갔다. 패수를 건너 예전 진나라의 비어 있던 땅의 장벽의 위아래 쪽에서 살았다. 진번, 조선, 만이蠻夷, 그리고 예전 연나라와 제나라에서 망명한 사람들을 차츰 거두어서는 그들의 왕이 되어 왕검王〻는 땅이름이라 하는데, 신찬은 "왕검성은 낙랑군 패수의 동쪽에 있다."라고 했다 에다 도읍하였다. 무력으로써 그 이웃의 작은 고을들을 침범해 항복시키므로 진번과 임둔도 모두 와서 복속하니, 사방이 수천 리나 되었다.

그의 아들을 거쳐 손자 우거 사고가 "손자의 이름이 우거이다."라고 했다 에 이르러 진번과 진국이 글을 올려 천자를 알현하고자 하였으나, 우거가 길을 막아버려 통하지 못하였다. 사고는 "진은 진한이다."라고 했다 원봉 2년[기원전 109]에 한나라가 사신 섭하를 보내 우거를 타일렀으나 끝내 천자의 명을 받들기를 거부하였다. 섭하가 조선을 떠나 국경에 이르자 패수 앞에서 자기를 바래

다준 조선비왕 장^{사고가 "섭하를 전송한 사람의 이름이다"라고 했다}을 찔러 죽이고 곧바로 패수를 건너서 말을 달려 요새 안으로 들어가 천자에게 보고하였다. 섭하는 요동의 부도위로 임명되었다. 조선은 섭하를 원망하여 습격해서 섭하를 죽였다.

천자는 누선장군 양복을 보냈다. 제나라로부터 발해를 건넜는데 군사가 5만이었고, 좌장군 순체도 요에서 나와 우거를 공략하였다. 우거는 군사를 험한 곳에 풀어서 막았다. 누선장군이 제나라의 7,000명을 거느리고 먼저 왕검에 도착하였다. 우거는 성을 지키고 있다가 누선장군의 군사가 적음을 알아채고, 성 밖으로 나가 누선장군을 치니 누선장군이 패하여 달아났다. 양복은 무리에서 떨어진 채 산중으로 도망가 피하였다. 좌장군은 패수의 서쪽에 있는 조선의 군대를 공격하였으나 무너뜨리지 못하였다. 천자는 두 장군이 유리하지 못하다고 여겨 위산을 보내 무력이 월등함을 내세워 우거를 타이르도록 하였다. 우거가 항복을 청하고 태자를 보내어 말을 바쳤다. 사람들 만여 명이 무기를 들고 패수를 건너려 하자, 위산과 좌장군이 변심할지를 의심해 태자에게 이미 항복했으므로 병기를 지녀서는 안 된다고 하였다. 태자 역시 위산이 자신을 속인다고 의심하고 마침내 패수를 건너지 않고 되돌아갔다. 위산이 돌아가 천자에게 보고하니 천자가 위산의 목을 베었다. 좌장군은 패수 위쪽의 군대를 격파하고 앞으로 나아가 성 아래에 이르러 그 서북쪽을 에워 쌓았다. 누선장군역시 합류하여 성 남쪽에 주둔하였으나, 우거가 성을 굳건히 지켜 몇 달이지나도 항복시키지 못했다.

오랫동안 싸움을 끝내지 못하므로 천자는 전 제남태수 공손수가 공격하도록 하되, 편의에 따라 일을 처리할 수 있도록 하였다. 마침내 도착하여서 누선장군을 체포하고 그의 군대를 병합하고는, 좌장군과 함께 조선을빠르게 쳤다. 조선상 노인, 조선상 한도, 이계상 참, 장군 왕겹 등^{사고는 "'이계는 땅 이름이며 사람은 넷이다.'라고 하였다}이 서로 꾀하여 항복하고자 하였으나왕은 이를 받아들이지 않았다. 한도와 왕겹과 노인은 모두 도망하여 한

나라에 항복하였는데 노인은 가는 길에 죽었다.

원봉 3년[기원전 108] 여름에 이계상 참이 사람을 시켜 왕 우거를 죽이고 와서 항복하였으나, 왕검성이 항복하지 않으므로 우거의 대신인 성기도 또 반기를 들었다. 좌장군이 우거의 아들 장과 노인의 아들 최로 하여금 그 백성들을 타이르도록 하고, 모의하여 성기를 살해하였다. 마침내 조선을 평정하고 진번·임둔·낙랑·현도 4군을 두었다.

해 설

연나라에서 망명한 위만衛滿이 패수를 건너 조선의 영토에 들어왔다. 작은 고을들을 병합하고 왕이 됨으로써 '위만조선'이 역사에 등장하였다. 처음에는 빈 땅에 세워진 중국과의 장벽 주변에 모여 사는 정도였으나, 차츰 진번과 조선의 일부 지역 그리고 만이蠻夷라는 이민족을 모으면서 커졌고, 여기다가 연나라와 제나라에서 망명 온 사람들까지 가세함으로써 제법 큰 세력을 이루었다. 위만조선은 또 진번眞蕃·진국辰國 등 부족국가와 한나라 사이에 자리한 지리적 이점을 십분 활용해 중개 교역으로 존재감을 키워나갔다. 하지만 이런 나라들이 《한서》나 《삼국지》 등 중국의 역사서에 나오기는 해도 어느 지역에 있었는지 고고학적으로 분명히 밝히기는 어렵다. 진번은 얼마 뒤 한에서 설치한 이른바 한사군의 하나가 되었고, 진국에 대해서도 여러 설이 있으나 대체로 한반도 중남부를 지배한 세력으로 본다. 역사관에 따라서는 한반도가 아니라 요동이나 요서 등 대륙 가까이에 자리했었다는 설도 있다.

조선이 점점 커가는 상황을 못마땅하게 여긴 한나라는 위만의 손자 우거右渠 내에 육지와 바다로 5만 명 이상의 군대를 보내 공격해왔다《사기史記》. 그리하여 끈질긴 저항을 펼치는 조선과 집요하게 공격하는 한의 전쟁이 시작되었다. 공격 실패에 대한 엄중한 문책, 일시 휴전과 양측의 막후 줄다리기, 종전 논의 시도 등이 잇달았으나 결국 전쟁은 다시 이어졌다. 그러나 조선은 전세가 불리해짐에 따라 이탈자와 배신자들이 속출했고, 급기야 위만조선은 장렬한 최후를 맞았다. 전쟁 전후로 공격하는 쪽과 방어하는 쪽의 긴박한 상황이 이 짧은 글 속에 잘 그려져 있다.

일연은 〈조선전朝鮮傳〉, 곧 반고班固(32~92)가 지은 《한서漢書》의 〈서남이양오조선전西南夷兩粤朝鮮傳〉을 요약하여 이야기를 풀어나갔다. 글 중간에 지명이나 인명 등이 나올 때면 사고·이·신찬 등 다른 역사가의 글을 주석에 인용해 친절하게 설명하였다. 사고는 당나라의 안사고顔師古로서, 《한서》를 연구하여 주석서를 펴냈는데 이는 후대 역사가들에게 꽤 정확하다는 인정을 받는다. 그밖에 이, 곧 이기李奇와 신찬臣瓚의 글도 적절히 인용되어 당시 상황의 이해를 돕는다. 두 사람 모두 행적은 자세히 알려지지 않고, 진대晉代에 활동한 《한서》의 연구자 정도로만 알려져 있다.

고조선 시기 유물. 위는 미송리형 토기,
아래는 비파형 동검 (ⓒ국립중앙박물관)

위만조선과 준왕

이 글에는 '魏滿'이지만, 오늘날에는 보통 《사기》나 《삼국사기》 등에 나오는 대로 '衛滿'이라고 한다. 연나라에서 건너온 위만이 고조선을 장악했던 과정이 이 글에는 안 보이나, 《사기》 〈조선전〉과 《삼국사기》 등에는 자세히 나온다. 여기에 따르면 처음에는 망명객으로서 위만을 후대했던 준왕準王이 그에게 배신당해 나라를 잃고 남쪽으로 쫓겨갔고, '한지韓地'에 가서 한왕韓王으로 칭하였다고 한다. 이때가 기원전 195~180년 무렵이다. 고려와 조선의 학자들은 준왕이 새 도읍지로 삼은 데를 충청남도 직산 또는 전라북도 익산으로 비정하였다. 그러나 준왕이 세운 나라는 얼마 안 가

패수로 추정되는 훈허渾河=혼강

서 마한의 진왕辰王에게 무너지고 이후 역사에서 자취를 감추었다고 추정
한다. 하지만 고조선의 발달한 문화가 한반도 남쪽에 좋은 영향을 주어
삼한의 발전에 촉진제가 되었을 것으로 보고 있으니, 과연 역사는 돌고
도는 생물체인 것만 같다.

패수

이 이야기의 무대인 패수浿水가 어디인지 오늘날 의견이 분분하다. 보통
은 《사기》, 《한서》에 한나라와 조선의 경계였다고 나오므로 압록강이나
청천강으로 본다. 하지만 오늘날 랴오허遼河의 지류 중 하나인 훈허渾河의
하류라는 주장도 있다. 이 훈허 일대의 고인돌은 기원전 3세기에 축조되
었다고 보이는데 그 유적에서 고조선 시기의 표지標識 유물인 비파형 동검
과 미송리형 토기도 발견되므로 한반도의 고인돌 문화와 직접 연결된다
는 고고학적 연구도 있다.

魏滿朝鮮

前漢朝鮮傳云 自始燕時常畧得真畨朝鮮 <small>師古曰 戰國時 燕因始畧得此地也</small> 爲置吏築障 秦滅

燕屬遼東外徼 漢興爲遠難守 復修遼東故塞 至浿水爲界 <small>師古曰 浿在樂浪郡</small> 屬燕 燕王盧

綰反入凶奴 燕人魏滿 亡命聚黨千餘人 東走出塞渡浿水居秦 故空地上下障 稍役屬

真畨朝鮮蠻夷及故燕齊亡命者 王之 都王儉 <small>李曰 地名 臣讚[增]曰 王儉城 在樂浪郡浿水之東</small> 以兵

威侵降其旁小邑 真畨臨屯皆来服屬方數千里 傳子至孫右渠 <small>師古曰 孫名右渠</small> 真畨辰國

欲上書見天子 雍閼不通 <small>師古曰 辰謂辰韓也</small> 元封二年 漢使涉何諭右渠 終不肯奉詔 何去

至界臨浿水 使馭刺殺送何者 朝鮮裨王長 <small>師古曰 送何者名也</small> 即渡水馭[馳]入塞 遂歸報

天子拜何爲遼東之[東]部都尉 朝鮮怨何 襲攻殺何 天子遣樓舡[船]將軍楊僕 從齊浮

渤海兵五萬 左將軍荀彘 出遼討右渠 右渠發兵距嶮 樓舡將軍 將齊七千人 先到王

儉 右渠城守 窺知樓舡軍小 即出擊樓舡 樓舡敗走 僕失衆遁山中獲免 左將軍擊朝

鮮 浿水西軍未能破 天子爲兩將未有利 乃使衛山 因兵威徃諭右渠 右渠請降 遣太

子獻馬 人衆萬餘 持兵方渡浿水 使者及左將軍 疑其爲變 謂太子 已服宜毋持兵 太

子亦疑使者詐之 遂不渡浿水 復引歸 報[山還報] 天子誅山 左將軍破浿水上軍 迺前

至城下圍其西北 樓舡亦徃會居城南 右渠堅守數月未能下 天子以久不能決 使故濟

南[太]太守公孫遂徃正之 有便宜將以從事 遂至 縛樓舡將軍 并其軍 與左將軍 急擊

朝鮮 朝鮮相路人 相韓陶 尼谿相參 將軍王唊 <small>師古曰 尼谿地名四人也</small> 相與謀欲降 王不肯

之 陶 唊 路人 皆亡降漢 路人道死 元封三年夏 尼谿相參 使人殺王右渠來降 王儉

城未下故 右渠之大臣成己又反 左將軍使右渠子長 路人子最 告諭其民 謀殺成己故

遂定朝鮮爲眞畨 臨屯 樂浪玄菟 四郡

마한

《위지》에 위만이 조선을 치니 조선왕 준이 궁인과 좌우 신하를 데리고 바다를 건너 남으로 가 한韓의 땅에 이르러 나라를 건국하여 이름을 마한이라고 하였다고 한다.

견훤은 태조에게 올린 글에서 옛날 마한이 먼저 일어나고 혁거세가 일어났고, 이때 백제도 금마산에서 나라를 창건하였다고 한다.

최치원은 '마한은 려麗[고구려]이고, 진한은 라羅[신라]'라고 했다. 본기[삼국사기]에 의하면, 라가 먼저 갑자[기원전 57]에 일어났고, 려가 뒤이어 갑신[기원전 37]에 일어났다고 했는데, 이는 왕 준을 두고 한 말이다. 이로써 동명[동명성왕]이 일어날 수 있었음은 이미 마한을 병합했기 때문임을 알 수 있다. 그래서 려를 일컬어 마한이라고 한 것이다. 요즘 사람들이 더러는 금마산을 두고 마한이 백제가 되었다고 하나 이는 대체로 잘못이다. 려 땅에 본래 [마]읍산이 있었으므로 이름을 마한이라 한 것이다

사이는 구이·구한·예·맥인데, 《주례》〈직방씨〉에 '사이와 구맥을 관장했다'라고 했음은 동이의 종족이 곧 아홉이었기 때문이다. 《삼국사》에 명주는 옛날 예국으로, 들에서 사람이 밭을 갈다가 예왕의 인장을 얻어 나라에 바쳤다고 나온다. 또한 춘주[강원도 춘천]는 옛날 우수주로 옛적의 맥국이라고 하였다. 또한 더러 지금의 삭주가 맥국이라 하고, 혹은 평양성이 맥국이라고도 한다.

《회남자》에 동방의 오랑캐에는 아홉 종류가 있다고 하였고, 《논어》〈정의〉에 구이는 첫째 현토, 둘째 낙랑, 셋째 고려, 넷째 만식滿飾, 다섯째 부유鳧臾

旻, 여섯째 소가素家, 일곱째 동도東屠, 여덟째 왜인倭人, 아홉째 천비天鄙라고 하였다. 우리나라의 안홍이 지은 기록에는 구한을 첫째 일본, 둘째 중화, 셋째 오월, 넷째 탁라, 다섯째 응유, 여섯째 말갈, 일곱째 단국, 여덟째 여진, 아홉째 예맥이라고 하였다.

해 설

삼한시대에 한반도 서남부에 자리한 거대 세력 마한이 고구려와 연관되어 있음을 말하고 있다.

일연은 《위지》를 비롯해서 견훤과 최치원의 글 등 세 가지 문헌을 인용해 이 이야기를 풀어나갔다. 《위지》에는 고조선의 준왕이 나라가 망하자 측근

청동 진솔선예백장 인장(보물 제560호, ⓒ국립중앙박물관, 중국 진대 3세기)

들을 데리고 바다 건너 한韓의 영토에 와서 마한을 건국했다고 나온다. 또 견훤은 마한이 가장 먼저 일어났고 뒤이어 백제가 금마산에서 개국했다고 했다. 그리고 최치원은 마한이 고구려이고, 진한은 백제라는 주장을 폈다. 건국된 순서를 견훤은 백제가 먼저라 한 데에 비해 최치원은 신라가 앞선다고 반대로 얘기했다. 일연은 이들을 종합 고찰하여 고구려가 마한을 흡수해 건국한 것이라고 결론 지었다.

지금은 마한이 백제에 흡수되었고, 경상남도의 동남부 지역에 있었던 변한과 진한은 신라로 연결된다는 것이 국사 상식이다. 이런 개념은 다소 교과서적이기는 해도 삼한에서 삼국으로 이어지는 역사 환경을 유기적으로 이해하는 데에 도움을 준다. 그런데, 일연은 이 「마한」에서 《위지》에 나오는 준왕 도래설을 소개하며 '고구려가 마한'이라

는 최치원의 주장에 힘을 실었다. 고조선의 역사적 정통성이 고구려에 이어지므로 동명성왕이 건국하게 된 배경 중 하나도 마한을 이미 병합했기 때문이라는 논리이다. 이는 고려가 무너뜨린 신라가 삼국시대에 한반도의 최대 세력이었다고 함으로써 고려 건국의 정당성과 위대함을 강조하는 고려 중기의 사관을 이어받았다고 해석된다. 하지만 오늘날 역사관에서는 일연의 이런 생각은 그다지 지지받지 못하고 있다.

일연은 또한 중국의 사서에 사이와 구이가 나오며, 우리나라 안홍安弘의 글에도 구이가 언급되었음을 자세히 소개하였다. 고조선에서 삼한시대에 걸쳐 한반도에 중국이 구이라고 부르던 종족이 있었음을 말하려 한 것 같다.

마한

대체로 기원전 1세기~3세기에 경기·충청·전라 지방에 분포한 54개의 소국小國을 가리킨다. 소국의 우두머리들은 세력의 크고 작음에 따라 신지臣智·읍차邑借라 각각 불렸다. 기원전 1세기 이후 위씨 조선계 유민과 문화가 유입되고, 부여계 유이민 집단이 정착하는 등의 정치 문화적 변화 속에서 철기문화를 배경으로 하는 새로운 세력권이 형성되었다. 이에 따라 여전히 청동기문화 단계였던 마한이 그 주변 세력들에게 끼치는 영향력은 점차 줄어들 수밖에 없었고, 결국 후발주자로서 한강 유역에 자리하며 무서운 속도로 성장한 백제에 병합되고 말았다.

상 | 나주 신촌리 출토 금동관(국보 제295호, ⓒ국립중앙박물관)
하 | 마한 유적인 화순 대곡리 출토 잔무늬거울(국보 제143호, ⓒ국립중앙박물관)

사이四夷는 고대 중국에서 주변 이민족을 통틀어 일컫는 말로, 《삼국지》·《후한서》 등에 일관되게 나온다. 지극히 중국 중심적인 사고방식을 드러내는 용어인데, 잦은 외침을 겪던 고려 중기에 주변 국가에 대한 경계의 차원에서 이런 인식이 더 널리 퍼지게 된 것 같다.

사이를 방위로 구분해 부르는 말이 동이東夷·서융西戎·남만南蠻·북적北狄이다. 하지만 '사이'라고 해서 꼭 이 네 부족만 가리키는 게 아니라, '사해四海'처럼 전체를 가리키는 말로 보아야 한다. 이런 관점이 확대된 말이 구이九夷라고 할 수 있다. 따라서 사이나 구이는 특정 종족을 가리키는 말이라기보다 오랑캐라고 치부하는 이민족 전체를 통칭한다고 할 수 있다. 구이에 관한 이런 인식은 〈탑상〉 「황룡사의 구층탑」에도 나온다.

원문

馬韓

魏志云 魏滿擊朝鮮 朝鮮王準 率宮人左右 越海而南至韓地 開國號馬韓 甄萱上太祖書云 昔馬韓先起 赫世勃興 於是 百濟開國於金馬山 崔致遠云 馬韓麗也 辰韓羅也 據本紀 則羅先起甲子 麗後起甲申 而此云者 以王準言之耳 以此知東明之起 已幷馬韓而因之矣 故稱麗爲馬韓 今人或認金馬山 以馬韓爲百濟者 盖誤濫也 麗地自有邑山[馬邑山故名馬韓也 四夷 九夷九韓穢貊 周禮職方氏 掌四夷九貊者 東夷之種即九夷也 三國史云 溟州古穢國 野人耕田 得穢王印獻之 又春州古牛首州古貊國 又或云 今朔州是貊國 或平壤城爲貊國 淮南子注云 東方之夷九種 論語正義云 九夷者 一玄菟 二樂浪 三高麗 四滿餙 五鳧臾 六素家 七東屠 八倭人 九天鄙 海東安弘記云 九韓者 一日本 二中華 三吳越 四乇羅 五鷹遊 六靺鞨 七丹國 八女眞 九穢貊

이부

《전한서》에 소제 시원 5년 기해[기원전82]에 두 곳의 외부를 두었다고 나온다. 조선의 옛 땅인 평나[황해도 평산]와 현토군 등이 평주도독부가 되고, 임둔·낙랑 등 두 군의 땅에는 동부도위부를 둔 것을 말한 것이다. 내가 생각하기에 〈조선전〉에는 진번·현토·임둔·낙랑 등 넷이 나온다. 그런데 여기에는 평나는 있으나 진번이 없는 것을 보니, 아마도 한 곳을 두 이름으로 불렀던 것 같다

해 설

기원전 108년 한나라가 위만조선을 무너뜨리고 조선을 경략하기 위해 둔 행정 단위가 낙랑·진번·현도·임둔 등 한사군이다. 그런데 그로부터 약 200년 뒤 반고班固가 편찬한 《한서》에는 이들이 개편되어 평주도독부와 동부도위부가 설치되었고, 평주도독부는 평나와 현도, 동부도위부는 임둔과 낙랑을 각각 관할로 두었다고 나온다. 그렇지만 정작 한사군 명칭에서는 진번 대신에 평나가 들어가 있기에, 일연은 진번을 곧 평나로도 불렀으리라 본 것이다.

일연이 이렇게 이부를 특별히 언급했음은 이들이 우리 고대사의 듬성듬성한 간격을 연결해 주는 사잇돌 같은 존재라고 보았기 때문이다. 지금 학계에서도 사군과 이부는 서로 밀접한 관계에 있다고 본다. 또한 고구려

가 한사군을 무너뜨리고 옛 고조선의 영역을 완전히 회복할 때까지 한사군과 이부가 한반도 북부에 일정한 영향력을 미쳤기에, 이들을 우리 고대사의 일부로 볼 수밖에 없다. 그렇지만 일연도 말했다시피 《한서》와 《삼국지》 외에 특별한 기록이 많지 않고, 또 당시의 유적이나 유물도 오늘날 확인하기가 대단히 어려워 그에 대한 지식은 거의 공백처럼 남았다. 그나마 일연의 이 기록이 있어서 오늘날 자취나마 머릿속에 그려볼 수 있을 뿐이다.

원 문

二府

前漢書 昭帝始元五年己亥 置二外府 謂朝鮮舊地平那及玄菟郡等 爲平州都督府 臨屯樂浪等兩郡之地 置東部都尉府 私曰 朝鮮傳則 眞番玄菟臨屯樂浪等四 今有平那無眞番 盖一地二名也

72국

《통전》에 조선의 유민들이 70국 넘게 나뉘었으며 영토는 모두 사방 100리였다고 나온다.

《후한서》에 서한이 조선의 옛 땅에다 처음에는 4군을 두어 지키다가 뒤에 2부를 두었으나, 법령이 점차 번거로워지면서 78국으로 나뉘었고, 나라마다 1만 호씩이었다고 나온다. 마한은 서쪽에 있었는데 54개의 작은 고을(小邑)마다 모두 '나라'라고 칭했다. 진한은 동쪽에 있었는데 12개 작은 고을이 나라라고 칭했으며, 변한은 남쪽에 있었는데 12개의 작은 고을들을 각각 나라라고 칭했다

해 설

삼한

고조선이 역사에서 사라지고 고구려가 그 자리를 완전히 차지하던 기원전 2세기~서기 3세기 사이, 한반도 중남부에는 여러 작은 고을들이 모여 이룬 연합체 3개가 자리하고 있었다. 이들을 마한馬韓·진한辰韓·변한弁韓의 삼한三韓이라고 부른다. 이들은 다른 연합체와 대립하거나, 때론 협력하면서 발 셋 달린 솥이 서 있는 것처럼 서로 절묘하게 조화를 이루며 발전해 나갔다. 그 뒤, 이들보다 먼저 고대국가로 성장한 백제·신라·가야

등에게 흡수될 때까지 삼한은 고대 역사의 한 페이지를 장식했다. 이들에 관한 기록은 《삼국사기》와 《삼국유사》에 제한적으로 나올 뿐이어서 주로 중국의 사서에 의존해 연구할 수밖에 없다. 이런 문헌으로 볼 때 삼한의 사회 수준은 대체로 부족국가 단계였다고 판단되었으나, 근래 이어지는 발굴로 갖은 유물과 유적이 출토 발견됨에 따라 새로운 견해가 생기고 있다. 이들 문물에 나타난 정교한 예술과 과학기술로 볼 때 그들은 이미 어느 정도 고대국가의 틀을 갖추고 있었다는 것이다. 다만, 완벽한 고대국가로 성장하지는 못한 채 마한이 백제로, 진한이 신라로, 변한이 가야로 흡수 통합되었다는 게 학계의 정설이다. 삼한이 고대국가에 가까웠던 만큼 이웃 나라와의 국제 교류도 활발했을 터인데, 한반도 북부와 만주 일대를 차지하고 있던 고조선과의 관계는 「마한」과 「이부」에 그 일면이 보인다.

일연은 삼한이 70개가 넘는 작은 고을[小邑]들로 구성되었고 이들 모두 스스로 '나라[國]'임을 칭하여 '78국'이 되었으며 인구는 저마다 일만 호씩이라고 했다. 그런데 제목은 '72국'이어서 본문에 나오는 숫자와 일치하지 않는다. 제목을 잘못 적었거나, 혹은 처음에는 72국이었으나 나중에 78국으로 분화된 사정을 미처 말하지 못했던 것일 수도 있다. 한편, 국사학계에서는 삼한의 주요 구성원이라고 할 수 있는 소읍을 '국읍國邑', '소국', '읍락邑落' 등과 같은 개념으로 접근함으로써 삼한 사회의 발전 정도를 가늠하고 있다.

《통전》과 〈조선전〉

일연이 참조한 《통전》은 제순유우씨帝舜有虞氏부터 당의 현종 대까지의 법령, 제도, 정치 등을 연대순으로 기록한 역사서이다. 당의 두우杜佑(735~812)가 지었기에 일명 '두씨통전'으로 불렸는데, 특히 조선시대 선비들이 역사 교양서로서 많이 읽었다고 한다. 이 《통전》의 〈조선전朝鮮傳〉에 고조선

삼한시기 읍락과 목책 방어시설. 울산 검단리 마을 복원모형(국립민속박물관)

과 한사군에 관한 여러 이야기가 실려 있고, 여기에 '드디어 조선을 진번·임둔·낙랑[음랑]·현도의 4군으로 나누었다. 지금은 동이의 땅이다. 소제昭帝(재위 기원전 87~기원전 74) 때에 임둔·진번을 파하여 낙랑과 현도에 합쳤다.[遂以朝鮮 爲眞蕃臨屯樂浪[音郞]玄菟四郡 今悉爲東夷之地 昭帝時 罷臨屯眞蕃 以幷樂浪玄菟]'라고 나온다. 일연은 이를 바탕으로 72국이 삼한의 모태임을 말하고, 이어서《후한서》등에 나오는 관련된 이야기를 덧붙여 삼한의 역사를 이야기한 것이다.

원문

七十二國

通典云 朝鮮之遺民 分爲七十餘國 皆地方百里 後漢書云 西漢以朝鮮舊地 初置爲四郡 後置二府 法令漸煩 分爲七十八國 各萬戶 馬韓在西 有五十四小邑 皆稱國 辰韓在東 有十二小邑 稱國 卞韓在南 有十二小邑 各稱國

낙랑국

전한 때 처음 낙랑군을 설치하였는데, 응소는 '옛날의 조선국'이라 하였다. 《신당서》의 주석에 평양성은 옛날 한나라의 낙랑군이라 하였다. 《국사》에 혁거세 30년[기원전 28] 낙랑 사람들이 투항했고, 또 제3대 노례왕[유리이사금] 4년[27]에 고려[고구려] 제3대 무휼왕[대무신왕]이 낙랑을 쳐서 멸망시키니, 그 나라 사람들이 대방 북대방과 함께 신라에 투항했다. 그러자 무휼왕 27년[44]에 광호[무]제가 사람을 보내어 낙랑을 정벌하고 그 땅을 빼앗아 군현으로 삼음으로써 살수 남쪽이 한나라에 속하게 되었다고 나온다. 앞의 여러 글에 의하면 낙랑은 곧 평양성임이 맞다. 혹은 낙랑은 중[위]두산 아래에서 말갈과 경계를 이루었다고도 한다. 살수는 오늘의 대동강이다. 어느 말이 옳은지 분명하지 않다

또한 백제 온조가 "동에 낙랑이 있고 북에 말갈이 있다."라고 한 말은 아마도 옛날 한나라 때 낙랑군의 속현이었던 땅을 가리켰으리라. 신라 사람들 역시 낙랑이라고 칭하였으므로 그로 말미암아 오늘날 본조[고려]도 '낙랑군 부인'이라 칭한다. 또한 태조께서도 따님을 김부에게 내려주시며 역시 '낙랑공주'라 하셨다.

해 설

　한사군의 하나인 낙랑군(樂浪郡)에 관한 이야기이다. 일연은 한사군에

좌 | 평양 낙랑 지역에서 유통되었던 중국화폐 명도전明刀錢 (ⓒ국립중앙박물관)
우 | 평양 대동강 유역에서 발견된 금으로 만든 허리띠고리(석암리 금제허리띠, ⓒ국립중앙박물관)

서 낙랑과 대방만 따로 언급하였다. 이 둘이 그만큼 우리 역사에서 중요
하다는 의미도 있겠고, 혹은 진번과 임둔은 일연 당시에도 별다른 자료가
없었을 수도 있다. 한사군을 정의하자면 '한나라가 주변 이민족을 지배하
기 위해 네 군데에 설치한 군현郡縣'이다. 특히 낙랑은 그중 가장 세력이 컸
고 경계도 고구려와 삼한에 거의 붙어 있었기에 우리나라 역사와 관련이
깊다. 20세기 이후로 낙랑 지역에서 고고 발굴로 발견된 유물에서도 이런
면모가 뚜렷하게 보인다.

일연은 《국사》를 인용해 낙랑에 관한 몇 가지를 언급했다. 《삼국유사》
에 《삼국사기》를 지칭한 듯한 '국사'를 참고한 예가 많다. 여기서도 혁거세
재위 중인 기원전 28년에 낙랑 사람들이 신라에 투항했다는 말이 국사에
나온다고 소개했다. 이는 낙랑 사람들이 신라에 쳐들어왔으나 신라 사람
들이 도둑을 걱정하지 않음을 보고는, '도가 있는 나라를 몰래 습격하는
것은 부끄러운 일이다.' 하며 되돌아갔다는 《삼국사기》 기록을 일연 나름
으로 해석한 말 같다.

낙랑은 한나라가 만든 일종의 위성국가임에도 지역적으로 우리나라에
붙어 있었기에 자연히 밀접한 교류가 이루어졌다. 발굴 유적이나 유물로
볼 때도 문화적으로 깊은 관계가 확인된다. 우리 고대사를 말하면서 빼
놓을 수 없는 존재이다.

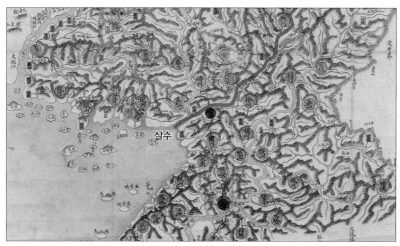

살수薩水=청천강(《관서총도》, ⓒ규장각)

여기서도 일연은 신라 사람들이 자기들이 '낙랑 사람'이라고 자처했다고 하고, 이 때문에 고려에서도 '낙랑군 부인', '낙랑 공주' 등의 용어를 썼다고 적었다. 실제 1333년의 호구 문서에 이겸李謙의 아내 경주 최씨를 '낙랑군 부인', 1355년 승지 벼슬을 하던 김신金信의 딸을 '낙랑군 대부인'이라 한 기록이 있는 등 그 용례가 적지 않다. 군위 인각사에 1295년에 세워진 〈보각국사정조탑비〉에도 일연의 어머니가 낙랑군 부인으로 봉해졌다고 나오니, 일연 자신이 누구보다 이에 대해 잘 알고 있었을 것이다.

그렇지만 낙랑의 위치가 어디인지 의견이 분분하다. 통설은 오늘날 평안남도 일대와 황해도 북부에 해당하는 한반도 중·북부 및 남만주 일부에 걸쳐 있었다는 것이지만, 중국 요동 지역으로 보는 견해도 있다.

살수의 위치

이 글에 나오는 살수薩水는 낙랑의 영역을 가늠할 중요한 지리적 좌표 중 하나이다. 고구려 을지문덕 장군이 612년에 수나라 대군을 물리친 살수대첩이 벌어진 장소이기도 하다. 하지만 살수가 지금의 어디인지에 대해 국사학계 내의 의견은 크게 엇갈린다. 평안남북도를 지나 서해로 흘러 들어가는 청천강으로 보는 게 정설이나, 요동 반도 대양하大洋河의 지류 초자하哨子河 주변에 고구려 산성이 있는 점 등을 들어 이곳으로 보는 반론도 만만찮다. 오늘날 랴오닝遼寧성 안산시의 삼가자진 북쪽으로 30㎞ 지점이다. 또 허베이河北성 칭하이滄海 서쪽이라는 주장도 있다. 《삼국사기》에도 '기록에는 나오지만, 위치를 알 수 없다.'라고 했는데, 대체로 고려 후기부터 청천강을 살수로 인식하기 시작했다고 한다. 청천강과 초자하 사이가 무려 천 리가 넘어서, 이의 비정에 따라 낙랑의 영토가 크게 달라진다.

한편, 일연이 글 첫머리에 인용한 응소應邵는 후한(25~220)의 재상이다. '낙랑은 옛날의 조선국이었다.'라는 그의 말은 《한서》〈지리지〉에 나온다. 이 응소의 말에 따라 낙랑의 영토가 한반도 일대로 이해되었고 청천강도 살수라고 보게 된 것이다.

낙랑공주와 호동왕자

낙랑공주와 호동왕자 이야기는 일찍이 《삼국사기》에 나온다. 근대의 역사학자 단재 신채호申采浩(1880~1936)가 고구려의 역사를 강조하느라 이를 《조선상고사》에 비중 있게 소개하면서 널리 알려지게 되었다.

낙랑공주는 낙랑왕 최리崔理의 딸로, 32년에 아버지의 말에 따라 낙랑에 건너온 고구려 호동왕자好童王子와 혼인하였다. 당시 낙랑에는 적병이 침입해 오면 누가 치거나 불지도 않았는데 스스로 우는 북[자명고]과 뿔피리[자명각]가 있어서 고구려가 낙랑을 쉽사리 공격하지 못하고 있었다. 그러나 호동왕자와 사랑에 빠진 낙랑공주가 그의 부탁을 받고 남몰래 북과 뿔피리를 없애버림으로써 고구려 군대로 하여금 낙랑을 쳐들어올 수 있게 해주었다. 낙랑공주는 이를 알아챈 아버지에게 죽임을 당하였다.

다른 일설에는 대무신왕이 낙랑을 멸망시키러 의도적으로 호동왕자의 부인으로 맞아들인 뒤, 본국으로 돌려보내 그 북과 뿔피리를 부수게 했다고도 한다.

낙랑 자명고를 연상시키는 고구려의 북(안악3호분벽화)

그런데, 이때의 낙랑을 한漢나라 군현의 하나인 낙랑군으로 보지 않고, 평양을 중심으로 한 독립 세력이었던 낙랑국으로 간주하는 견해도 있다. 그만큼 낙랑은 아직 우리에게 미지의 역사로 남아 있다.

원문

樂浪國

前漢時 始置樂浪郡 應邵曰 故朝鮮國也 新唐書注云 平壤城 古漢之樂浪郡也 國史云 赫居世三十年 樂浪人來投 又第三弩禮王四[十四]年 髙麗第三無恤王 伐樂浪滅之 其國人與帶方 北帶方 投于羅 又無恤王二十七年光虎[武]帝 遣使伐樂浪 取其地爲郡縣 薩水已南屬漢 據上諸文 樂浪即平讓城宜矣 或云 樂浪中頭山下靺鞨之界 薩水今大同江也 未詳孰是 又百濟温祚之言曰 東有樂浪 北有靺鞨 則殆古漢時 樂浪郡之屬縣之地也 新羅人 亦以稱樂浪 故今本朝亦因之而稱樂浪郡夫人 又太祖降女於金傳 亦曰樂浪公主

북대방

북대방은 본래 죽담성이다. 신라 노례왕[유리이사금] 4년[27]에 대방 사람이 낙랑 사람과 함께 신라에 투항하였다. 이 둘은 모두 전한이 두었던 두 군의 이름인데, 그 뒤 나라로 참칭하다가 이때 투항한 것이다

해 설

일연은 대방의 역사와 지리를 기록한 기존 역사서를 의구심 가득한 눈길로 바라보았다.

《한서》에 한사군이 낙랑·진번·임둔·현도라고 하였으나, 《수서隋書》와 《구당서舊唐書》에 실린 〈배구전裵矩傳〉에서는 "고려는 본래 고죽국이다[지금 해주이다]. 주가 기자를 봉하여 조선으로 삼았다. 한이 이를 다시 나누어 세 군을 설치하여 낙랑·현도·대방이라 불렀다.[高麗本孤竹國[今海州] 周以封箕子 爲朝鮮 漢分置三郡 謂玄菟樂浪帶方]"라고 현도·낙랑·대방의 삼군만 언급했기에 일연은 이 점이 미심쩍었던 모양이다. 그래서 이 글 바로 앞에 나오는 「낙랑군」에 주석을 달아 옛 사서에 서로 다른 이야기가 나오는 것이 의심스럽다고 한 것이다.

이 글에서 일연은 대방이 북대방·남대방 두 곳이 있었고, 이중 북대방은 낙랑과 함께 신라에 투항했다고 했다. 대방이 남북으로 두 곳에 있었

황해도 봉산군의 대방태수 장무이묘 사진(유리건판)과 묘의 문자벽돌 탁본(ⓒ국립중앙박물관)

다는 얘기는 다른 사서에는 전혀 나오지 않기에 일연의 독특한 관점이라고 할 수 있다. 그러나 그 근거를 제시하지 않아서 그가 왜 이렇게 생각했는지 알 수 없다. 어쩌면 일연은, 중국 사서에서 '흉노[胡]의 동쪽 지역'이라는 의미로 '동호東胡'를 쓴 것처럼, 북대방과 남대방 역시 각각 '대방군의 북쪽 지역', '대방군의 남쪽 지역'이라는 뜻으로 표현한 게 아니었을까?

문장은 매우 간단하고 단순하지만, 고조선 이후 한사군이 설치된 뒤 고구려·백제·신라 삼국이 완벽한 국가 체계를 갖추어 본격적으로 삼국이 정립하는 형국에 이르기까지 혼란했던 고대의 역사가 그대로 보인다.

대방의 위치

'대방'이라는 명칭은 《삼국지》에 처음 나온다(다음 글 「남대방」의 '남대방과 한해' 해설 참조). 시기는 209년으로 백제로 보자면 5대 임금 초고왕 44년에 해당한다. 그런데 일연은 '대방군'은 빼고 '북대방'과 '남대방'만을 각각 따로 서술하였고, 「북대방」 첫머리에서 북대방의 근거가 죽담성竹覃城이라고 하였다. 그러나, 학계에서는 《삼국사기》에 "대방주는 본래 죽군성인데, 여섯 현이 있었다.[帶方州 本竹軍城 六縣]"라고 한 말에 근거해 일연이 '죽담성'으로 잘못 적은 것이라고 본다. 오늘날의 전남 담양이 죽군성이 있던 곳이다. 그런데, 죽군성은 당이 백제를 멸망시킨 뒤 설치하려 했던 7주 중 하나인 대방주帶方州이기도 하다. 따라서 일연이 한사군의 하나인 대방군을, 당이 백제를 멸한 후 백제 지역에 설치하려 했던 웅진도독부의 '대방주帶方州'와 혼동했다는 것이 학계의 통설이다.

이 글에서 일연이 대방이 '분에 넘치게 국가라고 자칭'했다는 의미로 '참칭僭稱'이라는 표현을 쓴 것이 주목된다. 이것이 한사군에 대해 일연이 갖고 있던 평소의 관점일지 모른다. 기원전 108년부터 시작된 한사군은 기원후 314년에 공식 해체되었다. 한사군은 한의 대리자 역할을 했다고 보이는데, 그러나 처음부터 고구려의 강력한 저항을 받았다. 이에 따라 이 글의 시간 배경인 27년(노례왕 4) 무렵에는 지배력이 눈에 띄게 줄어들었을 것이다. 본국인 한漢도 후한後漢으로 바뀌는 등 격변을 겪던 시기라 한사군에게 지원을 계속할 형편이었을지 의문이다. 한사군이 한을 대신해 이 지역에 관한 실질적 지배력을 행사했는가는 젖혀두더라도, 한사군에 관한 일연의 곱지 않은 눈길이 '참칭'이라는 표현을 쓰게 한 듯하다.

한편, 《삼국사기》에는 일연이 말한 '노례왕 4년', 곧 유리이사금 4년이 아닌 14년에 해당하는 서기 37년에 고구려의 대무신왕이 낙랑을 무너뜨려 그 유민들이 신라에 투항했다고 나온다.

원 문

北帶方

北帶方本竹覃[軍]城 新羅弩禮王四[十四]年 帶方人與樂浪人投于羅 此皆前漢所置二郡名 其後僭稱國 今來降

남대방

조조曹操 대에 처음 남대방군 지금 南原府이다 을 두었기에 그렇게 부른다. 대방의 남쪽 바다로 1천 리 되는 데를 '한해瀚海'라고 한다. 후한 건안[196~220] 연간에 마한 남쪽의 황무지에 대방군을 두고 왜와 한을 여기에 속하게 했다는 말이 이것이다

해 설

남대방南帶方의 건치建置, 곧 남대방이 언제 어떻게 그리고 누구에 의해 세워졌는지를 후한 시대의 기록을 참조해서 짧게 말한 글이다.

이 이야기의 역사 배경을 설명하자면, 중국 후한이 멸망하자 그 자리에 위魏·촉蜀·오吳 삼국이 들어섰다가 얼마 뒤 위(220~265)가 최강 세력으로 발돋움했고, 이를 이은 진晉(265~420)이 중원을 통일하였다. '조조 대'란 위나라 시대를 말하며, 조조曹操가 위를 건국했기에 '위'를 '조위曹魏'라고도 한다. 이 조위 시대에 남대방군이 설치되었다는 게 《삼국지》를 비롯해서 여러 중국 고대 기록에 나오는 이야기이다. 고대사의 커다란 쟁점 중 하나가 옛 지명의 현재 위치 비정인데, 대방군의 위치 역시 전라남도 나주, 황해도 수안, 중국 허베이성 창리현 갈석산 일대 등으로 그 편차가 여간 큰 게 아니다.

《삼국지》에는 위·촉·오로 분열되기 이전의 한나라, 곧 후한이 마한馬韓

중국 삼국시대의 군대 모습을 보여주는 위진 고분 벽화 중 무관출행도武官出行圖

남쪽의 널찍하게 빈 땅을 차지하였다고 나온다. 그리고 훗날 후한의 뒤를 이은 위나라도 이 지역을 중심으로 한 전라북도 남원 지역 일대에 위성국가인 대방군을 설치하였다 한다. 중국 사서에 나오는 이 이야기를 그대로 믿어야 할지 모르겠으나, 후한이나 위 등 중원을 장악한 나라가 한반도 내 정세를 주의 깊게 살펴보았던 정황만큼은 잘 드러난다. '한해瀚海'라고 불리는 바닷길을 잘 활용했던 점도 보인다.

후한이나 위는 이를 거점으로 활용하여 왜와 삼한 일부 국가를 조종했다는 게 이 글의 핵심이다. 이에 따르면 중국이 한반도에 둔 위성국가를 통해서 멀리 바다 건너 일본에까지 직접적 영향을 주었다는 얘기가 된다.

그러나 한사군의 위치가 문제이다. 학계의 정설은 한반도에 있었다는 것이지만, 그보다 훨씬 서북쪽인 중국 본토 가까이에 있었다고 보는 학자도 많은 등 논란이 적지 않다. 이른바 '대륙 사관'에서는 대방군이 지금의 롼허灤河 하류 지역에서 남쪽의 톈진天津 사이의 드넓은 평야에 자리 잡았었다고 말한다. 남대방이 남원에 근거했다는 말은 대방군 유민들이 바다를 건너와 남원 지역에 정착한 것을 두고 일연이 '마한의 남쪽'으로 잘못 이해해 나왔다고 본다. 중국이 실제로 이 지역을 통치한 적은 없다는 것이다. 한편, '북대방'과 마찬가지로 '남대방'이라는 국명 또는 지명도 중국의 여러 역사서에는 전혀 안 나오고 오직 이 「남대방」에만 보인다.

남대방과 한해

일연이 대방에 대해 한 말은 《사기》, 《한서》, 《삼국지》, 《진서》 등과 대체로 부합한다. 특히 '대방의 남쪽', '남쪽 바다로 1천 리' 등은 209년 '공손강이 둔유현을 나누어 남쪽의 황무지를 대방군으로 삼았다.[公孫康 分屯有縣 以南荒地 爲帶方郡]', '대마도에 이르렀다. … 또한 남으로 1천 리 바다를 건넌 데를 한해라고 한다.[至對馬國…南渡一海千餘里 名曰瀚海]라고 한 《삼국지》 〈위서〉 「왜인전」과 비슷하다. 공손강은 후한 말에 요동 지역에 웅거했던 군벌軍伐로, 요동태수를 지냈다.

남대방의 위치를 알기 위해서는 '한해瀚海'가 중요한 포인트가 되는데, 어디를 말하는지는 여러 의견이 있다. 한자 뜻으로만 본다면 '넓은 바다'를 말하는데, 이 말이 '바다처럼 넓은 모래밭'인 고비사막 혹은 바이칼Baikal 호수를 가리키는 단어였다는 주장도 나왔다. 그러나 오늘날 학계의 통설은 대체로 대마도와 북규슈 사이의 바다이고, 낙랑군에 속했던 둔유현은 중국 허베이성河北省의 창리현昌黎縣 지역으로 본다. 7세기 중반에 편찬된 《양서》 〈열전〉 「왜」에 "대방에서 왜까지는 바다를 따라 물길로 가야 한다. 한국韓國[삼한]을 거쳐 때로는 동쪽으로, 때로는 남쪽으로 7천여 리를 가면 너비가 천여 리이고 이름이 한해瀚海인 바다를 건너서 일지국에 이른다.[去帶方萬二千餘里 大抵在會稽之東 相去絶遠 從帶方至倭 循海水行 歷韓國 乍東乍南 七千餘里 始度一海 海闊千餘里 名瀚海 至一支國]"라는 말에 주로 근거한다.

앞의 역사서들을 종합해 보면 위는 238년 바닷길로 군사를 보내 낙랑군과 대방군을 차지하였다. 이어서 대방군을 조종해 고구려에 인접한 동예東濊와 한강 유역의 여러 작은 나라들을 공격하도록 하고, 오늘날 일본 규슈九州 야마타이국耶馬臺國의 히미코卑彌呼 여왕을 설득해 조공朝貢을 바치도록 하였다고 본다. 한마디로, 한반도 내의 여러 부족 국가들 배후에서 크고 작은 분란을 일으키고, 멀리 일본에까지 영향력을 끼치려 했다는 것이다. 고구려의 세력 확장이나 마한의 발전을 불편하게 보았던 것 같다.

위나라 무사의 수렵 화상전

한편, 야마타이국은 그 이전인 173년에 신라 아달라 이사금에게 사신을 보냈다고도 《삼국사기》에 나온다.

원 문

南帶方

曹魏時始置南帶方郡 今南原府 故云 帶方之南海水千里 曰瀚海 後漢建安中 以馬韓南荒地
爲帶方郡 倭韓逐屬 是也

말갈물길이라고도 한다과 발해

《통전》에 발해는 본래 속말말갈이었다고 한다. 그들의 추장 조영[大祚榮]이 나라를 세우고 진단震旦이라 하였고, 선천 연간 현종 임자년[712]에 비로소 말갈 호칭을 버리고 발해라고만 했다. 개원 7년 기미[719] 조영이 죽으니 '고왕'이라 시호하였다. 세자가 자리를 잇자 명황[당 현종]이 이를 인정하는 문서 [典冊]를 내려주었다. 왕위를 이어받아서는 사사로이 연호를 고쳤고, 마침내 해동성국이 되었다. 강역에 5경 15부 62주를 두었다. 후당의 천성 초년[926]에 거란이 이 나라를 공격한 뒤로 거란의 지배를 받았다. 《삼국사》《삼국사기》에는 이렇게 나온다. 의봉 3년 고종 무인[678]에 고려[고구려]의 남은 자손들이 하나로 모여서, 북쪽으로 태백산 아래에 터를 잡고 나라 이름을 발해라고 하였다. 개원 20년[732] 중에 명황이 장수를 보내어 이를 토벌하였다. 또 성덕왕 32년 현종 갑술[734]에 발해와 말갈이 바다를 건너 당나라 등주[산동성 무핑구牟平區 일대]를 침범하자 현종이 이를 토벌하였다. 또한 신라의 옛 기록 [新羅古記]에는 고려[고구려]의 옛 장수 조영의 성은 대씨大氏로, 남은 군사를 모아 태백산 남쪽에서 나라를 세우고 나라 이름을 발해라고 하였다고 한다. 이상의 여러 글을 참고해 보면 발해는 말갈에서 갈라져 나온 종족[別種]으로, 그들의 시작과 합쳐짐[開合]이 서로 같지 않을 따름이다. 〈지장도〉[송나라의 지도]에 의하면 발해는 만리장성 동북쪽 모서리 밖에 있었다

가탐의 〈군국지〉에 발해국의 압록·남해·부여·추성 등 4부는 모두 고려[고구려]의 옛 땅이었으며, 신라의 천정군 〈지리지〉《삼국사기》〈지리지〉에 삭주[강원도 춘천]에 소속된 고을로 천정군이 있으니, 지금 용주[함경남도 덕원]이다 부터 추성부까지 39개의 역驛이 있었다고 한다.

《삼국사》[《삼국사기》]에 또한 백제 말년[660]에 발해와 말갈과 신라가 백제의 땅을 나누어 가졌다고 한다. 이에 의하면 말갈과 발해가 또 갈라져 두 나라로 된 셈이다. 신라 사람들은 "북쪽에 말갈이 있고 남쪽에 왜인이 있고 서쪽에 백제가 있어서 이 나라에 해악이 되고 있다."라고 하였고, 또 "말갈의 땅은 아슬라주[강원도 강릉]에 맞닿는다."라고 하였다.

또한 〈동명기〉에 졸본성 땅은 말갈 혹은 지금의 동진東眞이라고도 한다에 맞닿아 있었다고 한다. 신라 제6대 지마왕 14년[125] 을축에 말갈의 군사가 북쪽 국경으로 크게 몰려와서 대령책大嶺柵을 습격하고 이하泥河[강릉으로 추정]를 건넜다. 《후위서》에는 말갈을 물길이라고 썼다. 〈지장도〉에는 읍루는 물길과 함께 모두 숙신이라고 한다.

흑수와 옥저는, 동파의 〈지장도〉에 따르면 진한의 북쪽에 남북 흑수가 있었다. 동명제 즉위 10년에 북옥저를 멸망시켰고, 온조왕 42년[24]에 남옥저의 20여 가호가 신라로 귀순해 왔으며, 또한 혁거세 52년[기원전 6]에 동옥저가 와서 좋은 말을 바쳤다고 하였으므로 곧 동옥저도 있는 것이다. 〈지장도〉에 흑수는 만리장성 북쪽에 있고, 옥저는 만리장성 남쪽에 있었다고 나온다.

해설

옛날 역사 지리서에 나오는 말갈과 발해의 역사를 간추려 소개한 글이다. 《통전》, 《삼국사》, 〈신라고기〉, 〈지장도〉, 〈군국지〉, 〈동명기〉 등을 인용했다. 이 중 〈동명기〉는 전하지 않아서 고구려 동명성왕에 관한 기록으로 추정만 할 뿐 저자나 출판 시기, 자세한 성격 등은 알 수 없다(동명성왕에 대해서는 〈고구려〉 해설 참조). 〈신라고기〉는 학계에서는 보통 지금은 전하지 않는 역사서 이름이라고 이해하고 있으나, 《삼국유사》에 한해서는 '신라고기'라는 말은 '신라의 옛 기록'이라는 서술어로 보고 싶다.

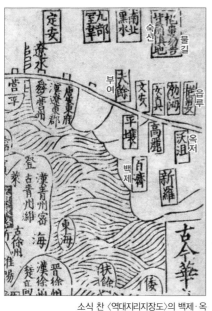

소식 찬 〈역대지리지장도〉의 백제·옥
저·읍루·물길·숙신 위치

《통전通典》은 당나라의 재상 두우杜佑가 801
년에 펴낸 백과사전류인데 일연은 이 책을 《삼
국유사》 여러 군데에서 인용했다(「72국」 해설 참
조). 김부식의 《삼국사기》를 가리키는 《삼국사》
도 일연이 옛일을 설명할 때 자주 인용한 책이
다. 〈지장도〉는 지리서의 일종으로 시대마다 여
러 종류가 나왔는데, 이 글에 인용된 것은 〈역대
지리지장도歷代地理指掌圖〉이다. '동파'라는 호로
유명한 송나라의 소식蘇軾이 1098년에 편찬했
고, 여기에 백제·옥저·읍루·물길·숙신 등의
지명과 위치가 나온다. 그리고 〈군국지郡國志〉
는 당나라의 재상이던 가탐賈耽(730~805)이 편
찬한 〈고금군국현도사이술古今郡國縣道四夷述〉이다.

이 글의 제목은 '말갈과 발해'이지만, 고구려·백제·신라 삼국은 물론이
고 고대에 흥망성쇠한 읍루·흑수·옥저·숙신 등 여러 나라들이 망라되
었다. 이들은 만주와 일부 한반도 지역에 거주했던 이민족들로서, 우리 삼
국과 여러 가지 일들로 충돌과 화합을 거듭하며 연관을 맺었다. 대략 4
세기 이후 삼국이 힘의 균형을 이루며 질서가 세워지며 안정을 찾기 이전,
한반도 북서부 지역에서 여러 나라 사이에 이해관계로 벌어졌던 복잡한
국제 질서의 일면이 보인다.

말갈과 발해

일연이 인용한 《통전》에 발해는 본시 '속말말갈粟末靺鞨'이었다고 나온다.
말갈은 '6~10세기에 만주 동북부 지역에 살았던 주민 집단'이 역사적 정의
인데, 거주 지역과 풍속 등을 근거로 숙신-읍루-물길로 이어지는 퉁구스
계 종족의 후예이자 여진의 선조라고 본다. 5세기 후반 물길이 부여 땅에

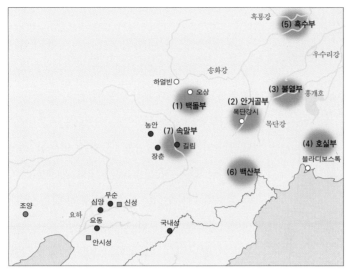

말갈족의 분포지도

침투하여 정착했는데 이들이 나중에 속말말갈로 불렸다는 게 정설이다. '속말'은 부족의 한 이름이다.

'말갈'의 뜻과 그들의 유래에 대해서는 여러 의견이 있다. 수·당 대에 이 민족을 낮추어 불렀던 비칭卑稱이라거나, 만주 동북 지방에서 나는 말갈이라는 홍보석紅寶石이 종족 명칭이 되었다는 설 등이 있다. 그러나 '말갈'의 원음이 Moxo 또는 Moho이며 여진어의 물[水]을 뜻하는 Muke와 연결된다고 보아 '물가에 사는 사람들'이라는 뜻이라는 주장이 우세하다.

그런데 이들이 시대마다 다르게 불려서 대체로 역사시대 초에는 숙신肅愼, 4세기까지 읍루挹婁, 4~5세기에 물길勿吉, 6세기 이후 말갈이라는 이름이 되었다고 본다. '말갈'은 563년 기록에 처음 보인 뒤 《수서隋書》 이후 자주 나온다. 이에 따르면 만주와 한반도 북부에서 많이 살았고, 거주 지역에 따라 속말·백산·백돌·불열·호실·흑수·안거골 등 일곱 개의 부족으로 나뉜다. 속말과 백산은 고구려에 병합되었다가, 고구려 멸망 후 고구려 유민이 발해를 건국하는 데 함께 했다. 일연의 이 글에 말길과 발해가 한 제목 아래에 나오는 이유도 여기에 있다.

일연은 또 고구려의 옛 장수인 대조영大祚榮(재위 698~719)이 발해를 건국

발해 상경성터 유적

중국 지린시 발해묘장에서 출토된 도금 신수무늬 동패와 목걸이 장식

한 이야기와 함께 그가 어디 출신인지를 언급한 《통전》의 내용을 인용했다. 대조영에 대해서는 고구려에서 갈라져 나온 종족[高麗別種] 유민이라는 《구당서》와 고구려에 복속되어 있었던 속말말갈 출신이라는 《신당서》 이야기 등 두 가지가 있다. 여하튼 일연은 발해와 말갈이 밀접한 관계임을 말하였다.

  대조영은 고구려 유민들과 함께 당나라 땅에 살다가 696년에 거란이 반란을 일으킨 틈을 타서 고구려 유민, 말갈 등 이민족들과 함께 동모산 東牟山 아래에서 발해를 세웠다. 나라 명칭은 처음에 진국振國·진단震旦 등 이었다가, 이 글에도 나오듯이 712년에 발해라고 하였다. 이후 당나라에서

'해동성국'이라고 부를 만큼 큰 발전을 이루었다. 사회 구성은 고구려계를 비롯해 말갈계, 거란계, 실위계, 투르크계(돌궐·회흘·소그드) 등 다민족 국가였다. 그러나 훗날 건국할 때 힘을 보탰던 거란에 의해서 멸망되고 말았으니, 역사는 진정 돌고 도는 것인가 보다.

원문

靺鞨 一作勿吉 渤海

通典云 渤海本栗末靺鞨 至其酋祚榮 立國自號震旦 先天中 玄宗王子 始去靺鞨號 專稱渤海 開元七年 己未 祚榮死謚爲高王 世子襲立 明皇賜典冊 襲王私改年號 遂爲海東盛國 地有五京十五府六十二州 後唐天成初 契丹攻破之 其後爲丹所制 三國史云 儀鳳三年 高宗戊寅 高麗殘孽類聚北 依太伯山下 國號渤海 開元二十年間 明皇遣將討之 又聖德王三十二年 玄宗甲戌 渤海靺鞨越海侵唐之登州 玄宗討之 又新羅古記云 高麗舊將 祚榮姓大氏 聚殘兵立國於大伯山南 國號渤海 按上諸文 渤海乃靺鞨之別種 但開合不同而已 按指掌圖 渤海在長城東北角外 賈躭郡國志云 渤海國之鴨淥南海扶餘橻城四府 並是高麗舊地也 自新羅泉井郡 地理志 朔州領縣 有泉井郡 今湧州 至橻城府三十九驛 又三國史云 百濟末年 渤海靺鞨新羅 分百濟地 據此則 鞨海 又分爲二國也 羅人云 北有靺鞨 南有倭人 西有百濟 是國之害也 又 靺鞨地接阿瑟羅州 又東明記云 卒本城地連靺鞨 或云 今東眞 羅第六祇麻王十四年 乙丑 靺鞨兵大入北境 襲大嶺柵過泥河 後魏書 靺鞨作勿吉 指掌圖云 挹屢與勿吉 皆肅愼也 黑水沃沮 按東坡指掌圖 辰韓之北 有南北黑水 按東明帝立十年 滅北沃沮 溫祚王四十二年 南沃沮二十餘家來投新羅 又赫居世五十二年 東沃沮來獻良馬 則又有東沃沮矣 指掌圖 黑水在長城北 沃沮在長城南

이서국

노례왕 14년[37]에 이서국 사람들이 금성[신라]에 쳐들어갔다. 운문사에서 오래전부터 전해 내려오는 〈제사납전기〉에 '정관 6년 임진[632]에 이서군의 금오촌今郡村 영미사零味寺에 납전[토지 시주] 되었다.'라고 나온다. 금오촌이 지금 청도 땅에 있으므로 청도군은 곧 옛 이서군의 일부이다.

해 설

삼한 중 한반도 동남부에 자리한 진한辰韓 24개 소국 중 하나인 이서국 伊西國이 금성金城, 곧 경주를 공격한 일을 소개한 글이다. 일연은 또 청도 운문사雲門寺에 전하는 고문서에 '伊西郡'이 나옴을 들어서 청도군이 곧 옛날 이서국의 영토인 이서군의 일부라고도 말하였다. 《삼국사기》에도 청 도군의 옛 이름이 이서군이라고 나오므로 그의 추정은 합리적이다. 다만, 이 일이 있었던 해가 노례왕 14년인지, 유례왕 14년인지 시기 고증에 다소 복잡한 문제가 있다.

운문사는 경상북도 청도군 운문면 호거산에 자리한, 560년에 창건된 고찰이다. 여기에 전했다는 〈제사납전기諸寺納田記〉가 오늘날 전하지 않아서 어떤 문서인지 알 수 없으나, 제목이나 일연이 한 말로 보아 신라시대부터 주변 사찰들로부터 시주받은 토지 등 사찰 재산을 기록한 운문사의 문

청도 운문사 전경

서로 추정된다. 일연은 1277~1281년 운문사에 머무를 때《삼국유사》를 쓰기 시작했다고 알려져 있는데, 아마도 이때 이 문서를 보았을 듯하다. 이서국과 신라와 관련된 역사적 환경이 나오고, 나아가 이 일이 있은 뒤의 후일담 등도 별도로 전하기 때문에 내용은 짧아도 검토할 부분이 많은 이야기이다.

노례왕과 유례왕, 그리고 죽엽군

이서국이 금성을 공격했다는 이야기는 삼한과 신라가 병립하던 시기에 진한과 신라와의 관계를 이해하는 데 도움이 되는 자료이다. 그러나 여기에는 약간 혼동하기 쉬운 요소가 숨어있다. 일연은 이서국이 신라를 공격한 때가 '노례왕 14년'(37)이라고 했는데, 김부식의《삼국사기》에는 '유례이사금 14년'(297)에 이서국이 침공했다는, 거의 같은 내용의 기사가 있어서다. 일연이 연대를 착각했다고 볼 수도 있으나, 이서국을 포함한 진한 여러 나라들이 대략 2세기에는 신라에 병합되었다는 게 고사학계의 대체적 시각이다. 그래서《삼국사기》대로라면 이미 사라진 지 200년 가까이 된 나라가 난데없이 쳐들어온 셈이다. 일연과 김부식 중 누가 혼동했던 걸까?

《삼국사기》 등에 따르면 노례왕弩禮王은 일명 유리이사금儒理尼師今(재위 24~57)이다. 그런데 김부식은 제3대 유리이사금, 곧 노례왕과 제14대 유례이사금儒禮尼師今(284~298)의 이름이 같아서 혼동된다고 투덜거리듯 적어놓았다. 여러 단편적 사료들을 서로 맞춰보니 사실은 같은 왕인데 '유리'와 '유례' 등 서로 다른 왕의 이름으로 언급한 기록도 있다고 생각한 것 같다. 그런 관점에서 보자면 일연이 여기에서 말한 노례왕과 유례이사금도 실은 동일인일 가능성도 없지 않다. 그렇게 되면 '노례왕 14년(37)'이 '유례이사금 14년(297)'이 될 수도 있어서 무려 240년의 시차가 생긴다. 그래서인지 요즘의 글에도 이서국이 금성을 공격한 시기를 37년과 297년으로 섞

어 쓴다. 하지만 근래에 와서는 노례왕과 유례왕에 대해서도, 비록 이름은 비슷하여도 고대의 자료를 존중해서 서로 다른 사람으로 보아야 한다는 시각이 대세로 굳어 가고 있다. 따라서 이 글의 노례왕 14년의 일은 비록 역사적 상황은 이해되지 않아도 일단 적힌 그대로 37년에 있었던 일로 이해하여야 할 것 같다.

한편, 이서국이 경주를 공격했을 때 일어났던 기이한 일이 〈기이 1〉「미추왕과 죽엽군」에 나온다. 이서국의 기습 공격으로 신라가 위기에 빠진 순간, 어디서 왔는지 모를 대나무 이파리를 꽂고 말을 탄 정체 모를 군사들이 갑자기 나타나 도와주는 덕분에 적군을 물리칠 수 있었다. 전투가 끝나자마자 이들은 왔을 때처럼 홀연히 말머리를 돌려 떠나갔다. 신라 군사들이 쫓아가 보았더니 모두 미추왕릉으로 가서는 능 안으로 들어가 사라졌다. 놀라서 가까이 가보니 왕릉 주변에는 대나무 이파리가 수북이 쌓여 있었다. 그제야 사람들은 선왕 미추왕이 후손들을 위해 음병陰兵을 동원해 도왔고, 이 죽엽들이 그들의 자취였다고 믿게 되었다. 이후 이 능은 죽현릉竹現陵, 이 군사들은 죽엽군竹葉軍으로 불리게 되었다는 것이다(「미추왕과 죽엽군」 참조). 이와 비슷한 이야기가 《삼국사기》에도 실려 있다.

원 문

伊西國

弩禮王十四年 伊西國人 來攻金城 按雲門寺古傳諸寺納田記云 貞觀六年壬辰 伊西郡 今郡村 零味寺 納田 則今郡村 今清道地 即清道郡 古伊西郡一

5가야

5가야 〈가락기찬〉에 따르면, 자줏빛 끈 한 가닥이 드리우더니 둥근 알 여섯 개가 내려왔는데, 다섯 개는 각각 다른 고을로 가고 하나가 이 성에 남았다고 한다. 이 하나가 수로왕이 되었고 나머지 각각이 다섯 가야의 임금이 되었으므로, 금관국을 '다섯'이라는 수에 안 넣는 게 마땅하다. 그러하건만 우리 왕조[고려]의 《사략》에서 금관국을 그 숫자에 넣어서 쓸데없이 '창녕'이라 적어넣었음은 잘못이다 는 아라'耶'라고도 한다 가야 지금의 함안 고령가야 지금의 함녕, 대가야 지금의 고령, 성산가야 지금의 경산이며 벽진이라고도 한다, 소가야 지금의 고성이다.

또한, 우리 왕조의 《사략》에는 태조 천복 5년 경자[940]에 다섯 가야의 이름을 고쳐 첫 번째가 금관 김해부가 되었다이고, 두 번째가 고령 가리현[경북 성주군]이 되었다이고, 세 번째가 비화 지금 창녕이라 함은 아마도 고령이 잘못 알려진 듯하다이고, 나머지 둘은 아라와 성산이라고 나온다. (이 둘은) 앞에서와 마찬가지이다. 성산은 벽진가야라고도 한다

해 설

하늘로부터 내려온 여섯 개의 알에서 동자童子들이 나왔고, 이들이 여러 지방으로 흩어져 각각 나라를 세워 가야국伽耶國 연합이 되었다. 그런데 일연은 〈가락기찬〉에 나오는 말을 근거로 그중 한 명은 김해에 남아 수로왕(首露王)이 되었으므로 그가 다스리는 금관국(金官國)은 다른 가야국과

경남 김해시 구지봉 바위

별도로 보아야 한다고 강조했다. 이는 오늘날 학계에서 말하는 '6가야 연맹체'와 조금 다른 관점이다. 학계에서는 그가 인용한 〈가락기찬〉이 〈기이 2〉에 실린 「가락국기」일 것으로 본다. 그러나 제목이 다르기에 서로 다른 자료일 수도 있다.

가야라는 연맹체를 맹주국 격인 금관국을 빼고, 나머지 다섯 국가를 아우르는 '5가야'로 불러야 한다는 일연의 이런 생각은 제목에도 반영되었고, 「가락국기」라는 별도 항목을 둔 것도 같은 맥락이다. 가야에 대한 그의 관점은 확고하고도 일관되어 있다고 할 수 있다.

일연이 다섯 가야의 위치를 설명하느라 인용한 《사략》이 무엇인지 분명하지 않다. 남송의 증선지曾先之가 중국의 역사를 요약 정리하여 《십팔사략》을 지었으나 가야 관련 기사는 없다. 1357년 이제현李齊賢이 지었다는 《사략》도 있으나 일연 후대에 나왔으므로 물론 다른 책이다. 그래서 대체로 고려 대에 나온 역사서로 보고 있다. 여하튼 일연은 《사략》에 금관국이 창녕에 있었다고 나오는 게 잘못 되었다고 한 것이다. 오늘날의 고고학적 지식으로 보면 창녕에 자리했던 가야는 비화가야로 비정하므로 일연의 생각이 옳았던 셈이다. 비화가야는 신라로 이어져 비자화군比自火郡 또는

수로왕비릉(좌)에서 바라다본 구지봉(우)

비사벌이라는 지명을 얻었다.

가야의 명칭과 위치

일연의 글 속에는 가야연맹체에 속했던 나라들의 이름이 시간이 지나
면서 여러 차례 변화한 흔적이 보인다. 예를 들면 〈가락기찬〉에 '태조 5년
에 5가야의 이름이 바뀌었다'라고 한 점도 이런 정황을 말해준다. 일연으
로서도 이런 명칭의 변화상을 정리하기가 어려웠는지 자세히 풀어내지를

대가야 지역인 고령 지산동 고분에서 출토된 관식

금관가야 지역인 김해 대성동
고분에서 출토된 화로모양 토기

않았다. 오늘날 학계도 이 점을 골치 아파한다. 국명이 변화한 이유를 분명하게 말하기는 어렵고 가야연맹체 내부의 변화 때문일 것으로 보는 정도이다.

이 글이 설명한 내용은 가야연맹체가 성립되었던 당시이다. 가야사 전체 시각으로 보자면 이는 전기에 있었던 일이다. 대체로 전기 가야연맹체는 이후 4세기 말~5세기 초에 몰락하고, 5세기 중엽에 고령에 자리한 대가야를 중

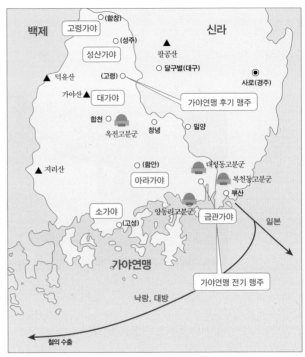

6가야 지도

심으로 한 후기 가야연맹체가 나타났다고 본다. 이때의 대가야를 일본 사서 등에 나오는 가야국加耶國 혹은 가라국加羅國이라고 추정한다. 후기 가야연맹은 5세기 후반의 전성기에는 22개의 소국으로 이루어져 있었다고도 본다. 6세기 초에는 대가야가 가야연맹 북부 대부분을 통괄하여 초기 고대국가를 형성하기도 하였으나, 가야 전역을 통합하는 데는 이르지 못했다고 한다. 결국 532년에 김해의 금관국이, 562년에 고령의 대가야국이 신라에게 멸망됨으로써 가야연맹체는 신라에 병합되었다.

가야는 신비의 고대국가라는 이미지가 있다.《일본서기》·《고사기》등에 따르면 상당한 선진 철기문화를 보유하여 고대 일본문화에 적지 않은 영향을 주었다고 나온다. 국내에서도 가야 유적에서 각종 발달된 철기 유물이 나타나고 있어 이를 확인할 수 있으나, 정작 가야에 관한 문헌은 거의 없기에 신비감이 더해진다. 국내의 가야사 연구는 1970년대 후반부터 주로 이른바 재야사학계로 분류되는 인사들이 주도했고, 주류학계의 본

격 연구는 1980년대 이후부터였다. 그나마 일연이 이 글과 〈기이 2〉의 「가락국기」, 〈탑상〉의 「금관성의 파사석탑」 등을 《삼국유사》에 남겨둠으로써 오늘날 이와 관련한 연구가 가능하게 되었다.

일연의 이 글과, 다른 역사서에 나오는 가야 6국의 명칭과 위치를 비교해 보면 다음과 같다.

<표> 6국의 명칭과 위치

명칭	위치		다른 이름	현 위치
	《삼국유사》	〈가락기찬〉		
금관가야 金官伽耶	김해金海	김해부金海府	구야국狗倻國(《삼국지》)	김해
아라가야 阿羅伽耶	함안咸安	–	아야阿耶가야/ 아라국阿羅國(《삼국사기》)/ 안라국安羅國(《일본서기》)	함안
고령가야 古寧伽耶	함녕咸寧	가리현加利縣 (성주星州)	반로국半路國(《삼국지》)	함창
대가야 大伽耶	고령古寧	비화非火 (창녕昌寧)	–	고령
성산가야 星山伽耶	경산京山	–	벽진碧珍가야	성주
소가야 小伽耶	고성固城	–	고자미동국古資彌凍國(《삼국지》)/ 고차국古嵯國(《일본서기》)	고성

원 문

五伽耶

五伽耶 按駕洛記贊云 垂一紫纓下六圓卵 五歸各邑 一在玆城 則一爲首露王餘五各爲五伽耶之主 金官不入五數當矣 而本朝史略並數金官 而濫記昌寧誤 阿羅 一作耶 伽耶 今咸安 古寧伽倻 今咸寧 大伽耶 今高靈 星山伽耶 今京山 一云 碧珍 小伽耶 今固城 又本朝史略云 太祖天福五年庚子 改五伽耶名 一金官 爲金海府 二古寧 爲加利縣 三非火 今昌寧 恐高靈之訛 餘二阿羅星山 同前 星山或作碧珍伽耶

북부여

《고기》에 이러하다. 《전한서》에 선제 신작 3년 임술[기원전 58] 4월 8일에 천제가 흘승골성 대요의 의주[요녕성 북진현 일대]에 있다 에 내려왔다. 오룡거[황제가 타는 수레]를 타고 도읍을 정하여 왕이 되고는 나라 이름을 북부여라 하였다. 자기 이름은 해모수라 하였고 아들을 낳아 이름을 부루라 했는데, 해로써 성씨를 삼은 것이다. 왕이 그 뒤에 상제의 명에 따라 동부여로 도읍을 옮기자, 동명제가 북부여를 계승하여 일으켰다. 졸본주에 도읍을 세움으로써 졸본부여가 되었으니, 바로 고구려의 시작이었다. 아래를 보라

해 설

웅장한 고구려 건국의 서사가 시작되는 글이다. 제목은 「북부여」이지만, 핵심 내용은 고구려 건국의 서막을 알리겠다는 의도로 수렴되는 듯하다. 천제天帝 해모수가 하늘에서 흘승골성에 내려옴으로써 고구려 역사가 시작되었다. 《삼국사기》〈고구려본기〉에는 해모수는 천제가 아닌 천제의 아들[帝子]이고, 사람들이 그를 '천왕랑天王郞'이라 불렀다고 하여 조금 다른 내목도 있으나 전체 맥락은 다르지 않다. 학계에서는 이 북부여를 '부여의 북쪽 지역'으로 보기도 하고, 또는 나라 이름으로 보기도 한다. 이와 비슷한 예로 남대방·북대방 등이 있다.

부여의 청동검 유물

북부여를 건국한 해모수는 아들 해부루를 낳았고, 이후 상제의 명에 따라 도읍을 동쪽으로 옮겨 동부여를 세웠다. 그 뒤 동명제가 해모수에 이어 북부여를 일으켰고, 도읍도 졸본주로 옮김으로써 졸본부여가 되었다. 그리고 뒤에 나오는 것처럼, 고구려를 건국한 동명왕이 졸본부여에서 태어났기에 일연은 고구려의 시조가 여기서 비롯되었다고 한 것이다. 그 뒤의 이야기는 일연이 '아래를 보라'한 「동부여」와 「고구려」에서 이어진다.

일연이 인용한 '고기古記'가 무엇인지 궁금하다.《삼국유사》전편에 이 '고기'가 자주 나오지만 이러한 이름의 문서인지 아니면 글자대로 '옛날의 기록'인지 분명하지 않다.《삼국사기》〈고구려본기〉「동명성왕」에 인용된 '구삼국사舊三國史'와의 연관성을 말하기도 한다.

해모수와 유화

이 글에는 해모수解慕漱가 하늘나라에서 흘승골성訖升骨城으로 내려와 북부여를 건국했고, 아들 해부루解夫婁를 낳았다고 나온다. 그런데 그보다 좀 더 자세한 이야기가《삼국사기》〈고구려본기〉에 나온다. 지상에 내려온 해모수가 어느 날 웅심산熊心山 부근으로 사냥을 나왔다가 하백河伯의 딸 유화柳花를 보고는 사랑에 빠졌다. 하백을 찾아가 자기가 천제의 아들임을 밝히고는 하백의 반대를 무릅쓰고 유화와 결혼하였다. 그러나 하백이 자신을 해치려 하자 유화를 버리고 하늘로 올라가 버렸다. 유화는 얼마 뒤 아들 주몽朱蒙을 낳았는데 그가 훗날 고구려를 건국하였다는 이야기이다.

학계에서는 흘승골성을 중국 랴오닝성遼寧省 환인만족자치현 동쪽의 산 정상에 있는 오녀산성五女山城으로 본다. 다만 이 전승은, 〈광개토왕릉비〉

중국 라오닝성 환인현 오녀산성 원경. 홀승골성으로 추정된다.

나 《삼국지》〈위서〉 등에 해모수가 전혀 나오지 않는 점을 들어, 원래 북부여의 시조였는데 5세기 무렵에 고구려가 부여를 병합한 뒤 고구려의 건국 신화와 합쳐졌다고 이해하기도 한다.

원문

北扶餘

古記云 前漢書 宣帝神爵三年壬戌 四月八日 天帝降于訖升骨城 在大遼醫州界 乘五龍車 立都 稱王國號北扶餘 自稱名解慕漱 生子名扶婁 以解爲氏焉 王後因上帝之命 移都 于東扶餘 東明帝繼北扶餘而興 立都于卒本州 爲卒本扶餘 即高句麗之始 見下

동부여

북부여 왕 해부루의 재상 아란불의 꿈에 천제가 내려와서 말하였다.

"장차 나의 자손들이 이곳에 나라를 세우도록 하려 하니, 너희들은 여기에서 피하라. 동명이 장차 일어날 조짐을 말한 것이다 동해 바닷가에 가섭원이라 하는 곳이 있는데 땅이 기름지므로 왕도를 세울 만하다."

아란불이 왕에게 권하여 도읍을 그곳으로 옮기도록 하였고, 나라 이름을 동부여라 하였다.

부루는 늙도록 자식이 없었다. 하루는 산천에 제사를 지내어 뒤를 이을 자손을 구하려고 하였다. 곤연에 이르렀을 때 부루가 탄 말이 커다란 돌을 보고는 그 앞에서 눈물을 흘렸다. 왕이 이를 괴이하게 여겨 사람을 시켜 그 돌을 굴려보게 했더니 금빛 개구리 모습의 어린아이가 있었다. 왕이 기뻐서 말하였다.

"이는 하늘께서 내게 대를 잇도록 내려주심이로구나."

바로 거두어서 기르고 이름을 금와라고 하였다. 금와가 장성해 태자가 되었고, 부루가 죽으니 그 뒤를 이어 왕이 되었다. 다음 왕위를 태자인 대소가 전해 받았으나, 지황 3년[22] 임오에 고[구]려 왕 무휼이 쳐들어와 왕 대소를 죽임으로써 나라가 사라져 버렸다.

해 설

　해모수가 건국한 북부여가 다시 동쪽으로 도읍을 옮기고 동부여를 건국하자, 동명성왕이 북부여의 왕이 되어 나라를 흥성시켰다는 「북부여」에 이어지는 글이다. 해모수의 아들 해부루가 아버지에 이어 북부여의 왕으로 있을 때, 재상 아란불阿蘭弗이 기이한 꿈을 꾸어 계시를 얻었다. 이에 따라 북부여는 동쪽으로 가서 바닷가인 가섭원으로 도읍을 옮겨 동부여를 건국했다. 그러나 해부루의 손자 대소帶素 대에 이르러 고구려 무휼, 곧 대무신왕(재위 18~44)의 공격을 받고 결국 역사 속으로 사라져 버렸다. 북부여의 후신인 동부여의 종말을 전하는 글이라고 할 수 있다.

　도읍을 옮기는 게 비상한 상황이 아니라면 할 수 없는 일이다. 그것도 평지도 아닌 바닷가까지 갔다는 것은 누군가에게 쫓겨났다고 밖에 볼 수 없다. 급기야 4대 만에 왕조가 종언을 고했으니, 적어도 동부여는 분명 성공한 국가였다고 할 수 없을 듯하다. 이와는 다르게, 부여 역사의 끝자락에서 태어난 해모수는 고구려가 건국할 터전을 마련했으니 이후 펼쳐진 웅장한 고구려 역사의 기반을 닦은 영웅이라고 할 만하다. 쉴 새 없이 요동했던 격동의 시대였던 1세기의 역사가 부여를 중심으로 하여 잘 담겨 있다.

　한편, 이 글에는 금와金蛙는 해부루의 친아들이 아니었으나 그의 뒤를 이어 왕이 되었고, 나중에 자기 아들 대소에게 왕위를 이어주었다고 나온다. 그런데 《삼국사기》〈고구려본기〉에는 대무신왕이 대소를 죽이기는 했으나 나라는 멸망시키지 못했다고 나와 이 글과 다르다. 금와는 그의 신비한 탄생 설화와는 다르게 별다른 업적을 남기지는 못했다. 그러나 불우하게 태어난 주몽이 그의 배려 덕에 왕실에서 자랄 수 있었고, 나아가 그가 동부여를 떠난 뒤

부여 금와왕의 자취를 느끼게 하는 만주에서 발견된 개구리 장식 (중국 선양 박물관)

중국 지린시 마오얼산에서 발견된 금동 얼굴 모양 장식. 머리를 깔끔하게 넘겨 상투를 틀고 있다. (국립중앙박물관)

고구려를 건국하는 과정에서도 나름대로 의미있는 역할을 했다. 이 일들은 이어진 「고구려」에 자세히 나온다.

원 문

東扶餘

北扶餘王解夫婁之相 阿蘭弗夢天帝降而謂曰 將使吾子孫立國於此 汝其避之 _{謂東明} _{將興之兆也} 東海之濱 有地名迦葉原 土壤膏腴 冝立王都 阿蘭弗勸王移都於彼 國號東扶餘 夫婁老無子 一日祭山川求嗣 所乘馬至鯤淵 見大石相對俠流 王怪之 使人轉其石 有小兒金色蛙形 王喜曰 此乃天賚我令胤乎 乃收而養之 名曰金蛙 及其長爲太子 夫婁薨金蛙嗣位爲王 次傳位于太子帶素 至地皇三年壬午 高麗王無恤 伐之殺王帶素 國除

고구려

고구려는 곧 졸본부여이다. 혹 지금의 화주[함경남도 영흥]나 성주[평안남도 성천]라는 등등의 말이 있으나, 모두 잘못이다. 졸본주[고구려의 첫 도읍지]는 요동의 동쪽 지역에 있었다.

《국사》〈고려본기〉[《삼국사기》〈고구려본기〉「시조 동명성왕」]에 이러하다. 시조 동명성제는 성이 고씨이고 이름은 주몽이다. 그에 앞서서, 북부여 왕 해부루가 동부여로 자리를 옮겼는데, 부루가 죽고 금와가 왕위를 이었다. 이때 왕이 태백산[백두산] 남쪽 우발수에서 한 여자를 보았다. 물었더니 이렇게 말하였다.

"저는 본시 하백의 딸이고 이름은 유화입니다. 동생들과 함께 나와 놀고 있을 때 한 남자가 나타나서 자신이 천제의 아들 해모수라고 하였습니다. 저를 꾀어 웅신산 아래 압록강 강가로 가 함께 정을 나누었는데[室中知之], 가버리고는 돌아오지 않았습니다. 〈단군기〉에는 단군이 서하西河의 하백의 딸과 부부가 되어[要親] 아들을 낳고 이름을 부루라 하였다고 나온다. 이제 이 글에 따르면 해모수가 하백의 딸과 정을 나누고 주몽을 낳았고, 〈단군기〉에는 아들을 낳아 이름을 부루라 하였다고 하므로 부루와 주몽은 어머니[아버지]가 다른 형제이리라 부모님께서는 제가 중매도 없이 외간 남자를 따라갔다고 책망하셔서, 그에 따라 여기에서 귀양살이하게 되었습니다."

금와가 이상하게 여겨 방 안에 가두었다. 햇볕이 비추기에 몸을 움직여 피하였더니 햇볕이 다시 쫓아와서 비추었다. 그로 인하여 잉태하여 알 하나를 낳으니, 크기가 다섯 되쯤이었다. 왕이 버리고 개와 돼지에게 주었으나 모두 먹지 않았다. 다시 길바닥에 버리게 했으나 소와 말이 피해 갔다. 또 버렸더니 들새와 짐승이 덮어 주었다. 왕이 쪼개려 하여도 깨뜨릴 수가 없었으므로 그만 그 어미에게 돌려주었다. 어미가 이것을 물건으로 싸서 따뜻한 데 두었더니 아이 하나가 껍질을 부수고 나왔는데 골격이나 외모가 아주 크고 영특하게 생겼다. 나이 일곱 살에 벌써 늠름하고 보통 애들과 많이 달라 사내의 골격을 갖추었다. 스스로 활과 화살을 만들어 백 번 쏘면 백 번 맞혔다. 나라 풍속에 활 잘 쏘는 이를 '주몽'이라 하였기에 이로써 이름을 지었다.

금와에게 일곱 명의 아들이 있어서 늘 주몽과 함께 놀았으나 재주와 힘에서 그를 따를 수 없었다. 맏아들 대소가 왕에게 말하였다.

"주몽은 사람에게서 태어난 사람이 아닙니다. 만일 서둘러 도모하지 않으면 후환이 있을까 두렵습니다."

왕은 이 말을 듣지 않고, 그더러 말을 키우게 하였다. 주몽은 준마를 알아보고 먹이를 적게 주어 여위게 하고, 둔마는 잘 먹여서 살찌게 하였다. 왕이 살찐 말은 자신이 타고 여윈 말을 주몽에게 주었다. 여러 왕자가 신하들과 함께 장차 그를 해치려고 모의함을 주몽 어머니가 알고는 일렀다.

"나라 사람들이 장차 너를 해치려고 하는구나. 네 재주와 지략이면 어딘들 못 가겠느냐? 빨리 도모하는 게 좋겠구나."

이에 주몽이 오이 등 세 명과 벗이 되어 길을 떠났다. 엄수 지금 어딘지 자세하지 않다 앞에 이르러 말하였다.

"나는 천제의 아들이요, 하백의 손자이다. 오늘 도망가고 있는데 추격하는 무리가 뒤쫓아왔으니 어떡하면 좋은가?"

그러자 물고기와 자라들이 다리가 되어 건너게 해준 다음 흩어져 버리니 말 타고 쫓아오던 자들이 건널 수가 없었다. 졸본주 현도군의 영역이다 에 이르러서 드디어 도읍을 삼았다. 아직 궁실을 짓지 못하여 비류수 물가에 겨우 초막을 짓고 살았다. 나라 이름을 고구려라 하였기에 그에 따라서 '고'

를 성으로 삼았다. 본래의 성은 '해'이다. 이때 천제의 아들로 햇빛을 받고 태어났기에 스스로 '고'를 성으로 삼은 것이다 나이 열두 살 때인 한나라 효원제 건소 2년[기원전 37] 갑신에 즉위하여 왕이 되었다. 고[구]려 전성시대에는 가구가 21만 508호였다.

《주림전》 제21권에 실려 있다. 옛날에 영품리왕의 시녀에 태기가 있었다. 점치는 사람이 점을 치고 말하였다.

"귀인이라 마땅히 왕이 될 것입니다."

왕이 말하였다.

"내 핏줄이 아니다. 마땅히 죽여야 한다."

시녀가 말하였다.

"하늘에서 기운이 제게 내려와 임신하게 되었습니다."

아들을 낳았으나, 상서롭지 않다고 하여 우리[圈]에 넣었더니 돼지가 입으로 불어서 덥히고, 마구간[欄]에 버렸더니 말이 젖을 먹여 죽지 않고 부여의 왕이 되었다. 바로 동명제로, '졸본부여의 왕이 되었다'라고 했음은 이 졸본부여 역시 북부여의 또 다른 도읍이라서 '부여왕'이라 한 것이다. '영품리'는 곧 부루왕을 달리 부르던 말이다

해 설

고구려를 건국하기 전 주몽의 탄생과 성장 과정을 전하는 글이다. 서하의 신 하백의 딸 유화柳花가 하늘의 기운을 받아 알을 낳았고 그 껍질을 부수고 주몽이 나왔다는 《삼국사기》 「시조 동명성왕」을 중심으로 이야기를 풀어나갔다.

일연은 또 주석에 〈단군기〉에 하백의 딸이 단군과의 사이에 낳은 아들이 부루라고 나오므로 주몽과 부루는 아버지가 다른 형제이리라는 견해를 내놓았다. 〈단군기〉가 오늘날 전하지 않아서 확인할 수 없지만 아주 흥미로운 이야기가 아닐 수 없다. 고려의 이승휴가 지은 《제왕운기》(1287년)에도 〈단군기〉를 인용한 비슷한 말이 나온다.

　한편, 일연은 《주림전》에 나오는 영품리왕과 시녀 이야기를 소개하면서, 영품리의 다른 이름이 해부루이며 시녀가 낳은 아들이 곧 동명성왕이라고 하였다. 이 두 설화를 비교해 보면 어머니의 신분이나 주인공의 이름 등에서 차이가 있다. 그러나 하늘의 기운을 받아 신비하게 태어나 어머니가 홀로 키웠고, 걸출한 외모와 탁월한 능력 때문에 권력자의 시샘을 얻어 핍박받아 큰 곤경에 처했으나, 결국 이를 이겨내고 나라를 세웠다는 줄거리가 거의 비슷하다. 고대 영웅의 건국 설화라는 모티프 면에서 거의 같다고 할 수 있다. 그런데, 일연은 동명성왕 설화를 《삼국사기》 위주로 설명하면서도, 이의 근거가 훨씬 전에 쓰인 《주림전》의 영품리왕 설화라고 보아 문장 맨 뒤에 이를 소개하였다. 《주림전》이란 당나라의 도세道世가 펴낸 《법원주림法苑珠林》(668년)으로, 불교를 중심으로 하면서 그밖에 유교와 도교와 관련한 설화도 함께 수록한 각종 영험담의 모음집이다. 우리가 잘 알고 있는 설화와 전설의 원형이 이 책에 실려 있다. 예를 들면 형제가 길에서 우연히 주운 황금을 도로 버려 우애를 지켰다는 '의좋은 형제 이야기[兄弟投金]'의 출전은 《고려사》〈열전〉이지만, 《법원주림》에 실린 《대지도론》에 나오는 이야기가 이의 원형이라고 할 수 있다.

　고대사는 수천 년에 걸쳐 일어났던 일이기에 사건도 여간 많은 게 아니고, 등장하는 지명과 인명도 너무 많아 일반사람들이 다 잘 이해하고 알

졸본성(오녀산성)에서 내려다본 비류수 골짜기

기가 어렵다. 그래도 동명성왕과 주몽, 유화부인과 금와, 해모수와 해부루 등이 등장하는 고구려 건국 과정을 담은 이야기는 각급 학교의 교과서마다 자세히 실려 있어 우리에게 익숙한 편이다. 하지만 「고구려」만 해도 분량은 적지만 내용은 복잡하다. 일어났던 사건은 분명 하나일 텐데, 이에 대한 서로 다른 시선들이 얽혀 있어서다. 사실 역사서에서 우리가 읽는 것은 글의 지은이의 해석일 뿐, 그게 역사적 사실인지는 분명하지 않을 때가 많다. 역사는 관점과 해석의 문제라고 한다. 그러나 사실[사건] 자체가 명확하지 않으면 관점과 해석이 들어설 자리가 좁아질 수밖에 없다. 고대의 역사서를 읽을 때면 종종 만화경 속을 들여다보는 듯한 기분이 들 때도 많다.

동명성왕과 주몽

기원전 59년 부여에서 태어난 주몽朱蒙이 졸본으로 가서 기원전 37년에 고구려를 건국했으며, 그의 시호가 동명성왕이라고 일연은 이 글에서 말하였다. 이는 곧 역사학계의 정설이기도 하다. 그 외에도 〈광개토왕릉비〉와 1935년 지린성吉林省 하양어두下羊魚頭에서 발견된 모두루牟頭婁의 무덤에서

북부여의 후손이라고 밝힌 고구려인 모두루의 묘지명 (지린성 지안현 소재)

광개토왕릉비(ⓒ국립중앙박물관 유리 건판
사진)

나온 묘지에 주몽을 가리켜 추모鄒牟라고 하였다. 모두루는 4~5세기의 고구려 관리로, 그의 묘지에 북부여에 관련된 전승이 나와 중요한 사료로 꼽힌다. 또한, 다른 기록에는 추모鄒牟 · 상해象解 · 추몽鄒蒙 · 중모中牟 · 중모仲牟 · 도모都牟 등으로 나오는데 모두 '주몽'의 다른 표기로 본다. 이름의 뜻을 '뛰어난 활솜씨를 갖춘 이' 정도로 보기도 하지만 아직 정설은 없다.

한편, 일반적으로 동명성왕이 곧 주몽이라고 하지만, 동명과 주몽은 서로 다른 사람이라는 설도 있다. 예를 들면 1923년 중국 허난성河南省 뤄양洛陽 베이망北邙에서 출토된 고구려 연개소문의 셋째 아들 연남산淵男産 (639~702)의 묘지墓誌에 이렇게 나온다.

"…옛날 동명이 기운에 감응해 태어나 사천瀉川을 넘어 나라를 열었다. 주몽은 해의 정기가 잉태되어 탄생해 패수浿水에 임하여 도읍을 열었다. 위엄이 점차 해 뜨는 곳扶桑의 나루에까지 미치고, 세력이 동쪽 지역蟠桃의 풍속을 제압하였다."

東明感氣蹂㴑川而開國 朱蒙孕日臨㴁水而開都 威漸扶索之津力制蟠桃之俗

위의 글에서는 동명과 주몽이 분명히 별개 인물로 묘사되었고, 시대도 다르다. 그래서 고구려에서는 동명과 주몽을 다른 사람으로 알고 있었으나, 고려시대 이후의 시점에 부여의 동명왕과 고구려의 추모왕[주몽]이 동일시되었다고 보기도 한다. 그런 맥락에서 '동명성왕 신화'와 '주몽 신화'를 서로 다른 이야기로 해석해야 한다는 주장도 있다. 《위략》, 《후한서》〈부여전〉, 《양서》〈고구려전〉 등에서는 동명왕을 '부여의 시조'로 소개하지만, 《위서》, 《주서》, 《남사》, 《북사》, 《수서》〈고구려전〉 등에서는 고구려의 시조가 주몽이라고 나오기 때문이다. 따라서 고구려 주몽의 이야기는 부여 동명성왕의 설화를 빌려서 확대·변형된 것으로 볼 수 있다는 것이다.

한편, 고대 일본에서는 주몽을 백제의 시조로 여겼던 것 같다. 8세기 후반에 나온 《속일본기續日本記》〈연력 8년 1월〉조에 '백제의 원조遠祖 도모都慕 왕은 하백의 딸이 태양의 정기에 감응하여 태어났다.'라고 한 것을 비롯해, 720년에 완성된 《일본서기日本書紀》나 815년 천황의 명으로 편찬된 《신찬성씨록新撰姓氏錄》 등에 한결같이 백제의 시조로 도모를 말하고 있다.

유화와 금와, 그리고 대소

주몽의 어머니 유화는 〈광개토왕비〉나 《위서》 등 중국 기록에서는 이름 없이 단순히 '하백의 딸[河伯女]'로만 언급된다. 그런데, 《삼국사기》〈시조 동명성왕〉에서는 주몽이 북부여의 왕 해모수와 하백의 딸 유화부인 사이에서 태어났다고 하는 데 비해서, 이 「고구려」에서는 유화부인이 하백의 딸로 하늘의 기운을 받아 주몽을 낳았다고 서술되어 있어 서로 조금 다르다. 유화는 〈시조 동명성왕〉에 따르면 기원전 24년 8월 동부여에서 죽었으며, 금와왕金蛙王이 그녀를 후하게 장사 지내고 신묘神廟도 세웠다고 한다. 비록 '알을 낳았다'라는 등의 신화적 요소로 인해 설화로 여겨지기도 하지만, 주몽의 어

주몽의 어머니 유화부인이 해모수와 정을 나누었다고 전하는 압록강

서기 13년 부여의 대소군이 고구려 무휼(대무신왕)군과
의 전투에서 패한 집안 근처 학반령 고갯길

머니로서의 역사적 존재감은 뚜렷해 보인다.

금와는 해모수의 손자이자 해부루의 아들이다. 이 글에 따르면 부여와는 별개의 나라로서 동부여가 존재했으며, 금와는 기원전 89년에 태어나 기원전 60년부터 기원전 24년까지 동부여의 두 번째 임금으로 재위했다고 볼 수 있다. 이름 '금와'는 '금빛 개구리'를 뜻하며, 그 유래는 「동부여」에 상세히 기록되어 있다.

주몽이 금와의 총애를 받았던 탓에, 태자 대소帶素는 평소 주몽을 아주 불편하게 여겼다. 급기야 주몽을 해치려 했고, 이에 주몽은 대소를 피해 달아나야 했다. 사실 이 사건은 고구려가 건국 이후 부여와 대립하게 된 상황을 반영한다고 볼 수 있다. 실제로 《삼국사기》〈고구려본기〉에 대소가 고구려를 적대시했던 일들이 기록되어 있다.

대소는 주몽, 즉 동명성왕의 뒤를 이어 유리왕이 재위 중이던 기원전 6년에 고구려를 공격했으나 별다른 성과는 거두지 못하고 물러났다. 기원후 9년에도 사신을 통해 "작은 나라 고구려가 큰 나라 부여를 제대로 섬기지 않는다!"라고 책망했으나, 오히려 유리왕의 아들 무휼에게 "그대의 나라나 잘 다스리시라."라는 면박만 받았다. 결국 대소는 이로부터 8년 뒤 고구려와의 전투에서 패배해 목숨을 잃고 말았다.

원문

高句麗

高句麗 即卒本扶餘也 或云 今和州 又成州等 皆誤矣 卒本州在遼東界 國史高麗本記云 始祖東明聖帝 姓言[高]氏諱朱蒙 先是 北扶餘王解夫婁 旣避地于東扶餘 及夫婁薨金蛙嗣位 于時 得一女子於太伯山南優渤水 問之 云 我是河伯之女 名柳花 與諸弟出遊時 有一男子 自言天帝子解慕漱 誘我於熊神山下鴨綠邊 室中知之 而往不返 增君記云 君與西河河伯之女要親 有産子 名曰夫婁 今據此記 則解慕漱私河伯之女 而後産朱蒙 增君記云 産子名曰夫婁 夫婁與朱蒙異[父]母兄弟也 父母責我無媒而從人 遂謫居于此 金蛙異之 幽閉於室中 爲日光所照 引身避之 日影又逐而照 因而有孕 生一卵大五升許 王弃之 與犬猪皆不食 又弃之路 牛馬避之 弃之野鳥 獸覆之 王欲剖之而不能破 乃還其母 母以物裹之 置於暖處 有一兒破殼而出 骨表英奇 年甫七歲岐嶷異常 自作弓矢 百發百中 國俗謂善射爲朱蒙 故以名焉 金蛙有七子 常與朱蒙遊戱 技能莫及 長子帶素言於王曰 朱蒙非人所生 若不早圖 恐有後患 王不聽 使之養馬 朱蒙知其駿者 減食令瘦 駑者善養令肥 王自乘肥 瘦者給蒙 王之諸子與諸臣 將謀害之 蒙母知之 告曰 國人將害汝 以汝才略何往不可 冝速圖之 於是 蒙與烏伊等三人爲友 行至淹水 今未詳 告水曰 我是天帝子河伯孫 今日逃遁 追者垂及奈何 於是 魚鼈成橋得渡而橋解 追騎不得渡 至卒本州 玄菟郡之界 遂都焉 未遑作宮室 但結廬於沸流水上居之 國號高句麗 因以高爲氏 本姓解也 今自言是天帝子 承日光而生 故自以高爲氏 時年十二歲 漢孝元帝建昭二年甲申歲 即位稱王 高麗全盛之日 二十一萬五百八户 珠琳傳第二十一卷載 昔寧禀離王侍婢有娠 相者占之曰 貴而當王 王曰 非我之胤也 當殺之 婢曰 氣從天來 故我有娠 及子之産 謂爲不祥 捐圈則猪噓 弃欄則馬乳 而得不死 卒爲扶餘之王 即東明帝 爲卒本扶餘王之謂也 此卒本扶餘 亦是 北扶餘之別都 故云 扶餘王也 寧禀離 乃夫婁王之異稱也

변한과 백제 남부여라고도 한다. 곧 사비성이다

신라 시조 혁거세가 즉위한 지 19년 임오[기원전 39]에 변한 사람들이 나라를 바치고 항복해 왔다.

《신당서》와 《구당서》에는 변한의 후손들이 낙랑의 땅에서 살았다고 한다. 《후한서》에는 변한은 남쪽에 있고, 마한은 서쪽에 있고, 진한은 동쪽에 있다고 하였다. 최치원은 "변한은 백제이다."라고 하였다.

〈본기〉[《삼국사기》〈백제 본기〉]에 따르면 온조가 일어남이 홍가 4년[기원전 17] 갑진이라 하니, 혁거세나 동명의 시대보다 40여 년 뒤이다. 그런데 《당서》에서 변한의 후손들이 낙랑의 땅에서 살았다고 했음은 온조의 계열이 동명으로부터 나왔기에 한 말이다. 혹은 누구라도 낙랑 땅에서 나와 변한에 나라를 세우고 마한 등과 어깨를 나란히[並峙] 했다면 온조 이전이었을 테니, 도읍을 세운 데가 낙랑의 북쪽은 아닐 것이다.

어떤 사람이 구룡산[평양 대성산]이 또한 변나산이라고 함부로 말했기 때문에 고구려를 변한이라고 함은 대체로 잘못이다. 마땅히 옛날 현인의 말이 옳다고 해야 한다. 백제 땅에 변산이 있었기에 변한이라 한 것이다. 백제의 전성시대에 15만 2,300호가 있었다.

경남 사천시 늑도에서 발굴된 변한 지역 유적에 기반하여 복원한 고상가옥 (김해 봉황대)

해 설

　삼한三韓의 하나인 변한卞韓에 관한 이야기로, 변한이 백제와 역사적으로 가까운 관계에 있었음을 말하고 있다. '卞韓'은 '弁韓'이라고도 한다.

　이 글은 기원전 39년에 '변한 사람들'이 신라에 나라를 바치고 항복했다는 글부터 시작한다. 그러나 《삼국지》〈동이전〉 등에 변한을 구성했던 12국은 3세기 중엽까지 건재했다고 나오기에, 오늘날 역사가들은 이 말을 액면 그대로 받아들이지 않는다. '아마도 변한의 나라들이 신라에 우호적 태도를 보였던 사실이 이렇게 표현되었을 것'이라고 본다.

　이어서 일연은 여러 기록을 비교하여 변한의 위치를 고증했다. 《후한서》는 '변한은 남쪽에 있다'라고 하였고, 《당서》는 '변한의 후예들이 낙랑 땅에 산다'라고 하여 서로 다르게 말한다. 일연은 최치원崔致遠이 언급한 '변한은 백제이다'라는 말을 인용하면서, 《삼국사기》에 온조왕이 백제를 세운 때가 고구려 동명왕이 건국한 40여 년 뒤의 일이라고 나오므로 변한이 낙랑 지역에 있었을 리 없다는 자기 생각을 밝혔다. 또 《당서》에서 '변한이 낙랑의 땅에 있었다'라고 한 말은 온조 계열이 동명왕으로부터 갈라져 나왔기에 중국에서 동명왕과 온조왕 계열을 혼동했다고 자세히 설명했다.

오늘날 학계에서도 변한이 낙랑 지역에 있었다는 말이 잘못이라는 데에는 대체로 동의한다. 그러나 '변한이 백제이다'라고 한 최치원의 말은 인정하지 않는다. 지정학적으로 볼 때 삼한 중에서 마한이 백제와 훨씬 가까운 관계였고, 신라는 진한과 밀접하게 소통했다고 본다. 그런데, 변한은 지역이나 문화적 측면에서는 진한과 가까웠으나 그렇다고 해서 특별히 이 둘을 동일시하거나 구분할 증거가 충분하지 않다는 것이다. 진한과 변한 모두 철 산지로 마한·낙랑·대방·동예·왜 등과 철을 무역했다고 역사서에 나오므로, 아마도 최치원의 말은 이런 맥락에서 나왔다고 보아야 할 것 같다. 하지만 일연은 최치원의 말을 신뢰했는지 이어지는 「진한」에서 그의 말을 좀 더 자세히 소개하기는 했다.

〈기이〉에 신라와 관련한 일이 많이 나오지만 백제와 관련한 이야기는 이 「변한과 백제」 외에는 거의 없다. 신라 일변도인 점이 《삼국유사》의 한계이자 단점으로 꼽히지만, 일연의 사관史觀이 꼭 처음부터 한쪽으로 치우쳐서였다기보다 당시 이미 고구려, 백제와 관련한 자료가 많이 남아 있지 않은 이유도 있었다고 본다.

온조와 백제

온조는 고구려의 시조 주몽朱蒙, 곧 동명성왕의 셋째 아들이므로 일연도 '온조溫祚 계열이 동명으로부터 나왔다'라고 하였다. 주몽의 고구려 건국 과정을 요약하면 이렇다. 부여가 동쪽으로 옮겨 동부여가 되었고, 금와가 동부여의 왕으로 있을 때 물의 신인 하백의 딸 유화가 주몽을 낳았다. 주몽은 동부여 왕실을 위협할 만한 인물로 자랐고, 이에 따라 그를 경계하고 심하게 핍박하므로 주몽은 이를 피해 엄수를 건너 졸본주로 갔다. 그는 얼마 뒤에 그곳에서 고구려를 건국했다(「북부여」, 「동부여」, 「고구려」

경기도 하남시 춘궁동, 교산동 일대. 온조 백제의 첫 왕경인 위례성으로 추정되고 있다.

참조).

　주몽이 아직 동부여에 있을 때 태어난 아들이 유리類利이다. 주몽이 동부여에서 급히 피할 때 가족을 남겨둔 채 홀몸으로 떠났기에 동부여에서 성장한 유리가 아버지를 찾아 고구려로 간 건 당연했다. 기원전 19년에 이루어진 부자 상봉은 감격적이었다. 하지만 동명왕 슬하에는 이미 고구려에서 낳은 비류沸流와 온조 형제가 이미 장성해 있었다. 동명왕이 이 세 아들 중에서 나이가 가장 위인 유리를 태자로 정하니 유리와 이복동생들 사이에 갈등이 일어날 수밖에 없었다. 이듬해에 동명왕이 죽고 유리가 유리왕琉璃王(재위 기원전 19~기원후 18)으로 즉위했다. 유리왕은 《삼국사기》에 '유리명왕瑠璃明王'으로 나온다. 그러자 비류·온조 형제는 고구려를 떠났고, 우여곡절 끝에 동생 온조가 기원전 18년에 한강 부근 하남河南에 위례성을 짓고 건국하니 곧 '십제十濟'이다. 십제는 점차 세가 커짐에 따라 나라 이름이 백제百濟로 고쳐졌다. 온조는 28년 동안 나라를 다스렸고, 다루왕이 그 뒤를 이었다.

　이 글은 백제가 고구려에서 갈라져 나왔음을 분명하게 보여준다. 기록으로서만이 아니라, 백제 초기 불상이 고구려 불상 양식을 많이 닮았다

남한산성 숭렬전. 백제시조 온조의 사당이다.

든지 하는 것처럼 고고미술 면에서도 입증된다. 그간 학계에서는 경기도 하남시 교산동 일대를 초기 백제의 궁성인 위례성 영역이라고 보는 시각이 많았고, 최근에는 하남시 춘궁동 일대도 발굴을 통해 주목받고 있다. 하남시에 천왕사로 알려진 절터에 목탑 심초석이 남아 있는데 이 역시 고구려와 백제 관계를 말해주는 유물로 보기도 한다.

비류와 백제, 비류국

한편, 동생 온조와 함께 고구려에서 무리를 이끌고 남쪽으로 내려온 비류는 어떻게 되었을까? 사서를 검토해 보면 온조 이후 백제왕들은 모두 온조 계보에 연결되어서 비류는 거의 역사에서 사라진 듯이 보인다. 그래서 백제 시조가 온조라는 게 정설이지만, 이와 달리 비류가 백제의 시조라는 설도 분명히 실체가 있다. '비류국'이라는 지명 또는 국명을 통해 이런 설이 나온 자취를 희미하게나마 따라가 볼 수 있다.

《삼국사기》에는 '비류국'이라는 지명이 몇 번 나온다. 그런데 이 비류국은 온조의 형 비류가 세운 나라라는 의미 외에 고구려와 직접 연관된 비류

비류가 세운 비류국 터로 알려진 인천 문학산(위)과 그 전망대에서 내려다본 미추홀 전경

국도 있어서 서로 다른 이 두 가지 개념을 이해해야 한다.

먼저, 〈고구려본기 1〉「시조 동명성왕」에 비류국沸流國에 관해 나온다. 이에 따르면, 주몽이 졸본에 오기 전 이미 여기에는 여러 대에 걸쳐 이곳을 다스리던 '비류국'이 있었다. 그 나라 왕 송양松壤은 자신을 찾아온 주몽에게 비좁은 땅에 두 임금이 자리할 수는 없으므로 신하가 되라고 권하였다. 그러나 주몽은 활쏘기로 겨루자고 제안하였다. 시합에서 진 송양이 이듬해에 항복하였다. 주몽은 비류국을 '다물多勿'로 고치고, 송양을 다물도多勿都의 우두머리[國主]로 삼았다. 〈고구려본기 1〉에 보이는 비류부沸流部 혹은 비류나부沸流那部 등의 집단을 바로 이 비류국의 후신으로 본다. 또한 《삼국사기》 〈잡지〉에도 '삼국에서 지명은 전하나 위치가 분명하지 않은 곳'이라는 「三國有名未詳地分」 편에서 송양국松壤國을 일명 비류국이라 한다고 했다. '비류'라는 말의 뜻이 무엇인지 알 수 없으나, 앞서 말한 대로, 송양국을 일명 비류국이라 한다는 점에서 '소나무'의 고구려말로 보기도 한다. 고려 각훈覺訓은 《해동고승전》에서 비류를 '피류避流'로, 온조를 '은조殷祚'로 표기했다.

이에 비해서, 비류가 세운 나라로 전하는 비류국도 있다. 주몽의 아들이

소서노 등 초기 백제의 왕릉구역으로 추정되는 송파구 석촌동 고분군

면서도 유리왕에게 자리를 내주게 된 비류와 온조 형제는 남쪽으로 내려
가게 되었다. 처음에는 비류가 미추홀에서, 온조가 지금의 서울 한강 유역
에서 따로 정착하였으나, 나중에 온조 집단이 커지면서 비류 집단이 흡수
되었다. 비류가 자리 잡았던 데가 미추홀로서, 오늘의 인천광역시 미추홀
구 문학동과 관교동 일대이다. 문학동의 문학산文鶴山 정상에 삼국시대 산
성이 있는데《동사강목》,《여지도서》,《증보문헌비고》등 조선시대 문헌에
이것이 바로 비류의 옛 성이고, 성 내에 '비류정'이라는 우물도 있다고 나
온다. 근래 학계에서도 이곳의 전승을 채집해 '비류 백제가 문학산에서 건
국했다'라는 이야기를 확인하였다고 한다.

　한편, 〈백제본기〉에 '백제의 시조는 비류이다'라는 이설이 소개되어 있
다. 이에 따르면, 비류·온조 형제의 어머니가 소서노召西奴이다. 그녀는 졸
본 사람 연타발延陀勃의 딸로 처음 북부여 왕 해부루의 서손庶孫 우태優台
와 결혼해 비류와 온조를 낳았다. 〈고구려본기 1〉에서 주몽이 졸본에 와
서 비류와 온조 형제를 낳았다는 내용과는 조금 다르다. 소서노는 우태
가 죽은 뒤 아들들을 데리고 친정인 졸본으로 와 여기서 주몽과 재혼한
뒤 고구려의 창업을 위하여 크게 도왔다고 한다. 그러나 주몽이 부여에

있을 때 예씨禮氏와 사이에 낳은 유리가 찾아와 태자로 책봉되자, 다시 아들들과 동행해 남쪽으로 내려온 것이다. 《삼국사기》 〈백제본기〉에는 기원전 6년(온조왕 13)에 61세로 죽었다고 나온다. 다른 어머니들과 마찬가지로 그녀도 남편과 아들들을 위해 부여에서 졸본으로, 졸본에서 다시 미추홀로 인생의 많은 시간을 떠돌아다녀야 했다.

원문

卞韓 百濟 亦云 南扶餘 即泗泚城也

新羅始祖赫居世 即位十九年壬午 卞韓人以國來降 新舊唐書云 卞韓苗裔在樂浪之地 後漢書云 卞韓在南 馬韓在西 辰韓在東 致遠云 卞韓百濟也 按本記 溫祚之起在鴻嘉四年甲辰 則後於赫居世東明之世四十餘年 而唐書云 卞韓苗裔在樂浪之地云者 謂溫祚之系出自東明故云耳 或有人 出樂浪之地 立國於卞韓 與馬韓等並峙者 在溫祚之前爾 非所都在樂浪之北也 或者 濫九龍山亦名卞那山 故以髙句麗爲卞韓者 盖謬 當以古賢之說爲是 百濟地自有卞山 故云卞韓 百濟全盛之時 十五萬二千三百戸

진한 秦韓이라고도 한다

《후한서》에 이러하다. "진한辰韓의 노인들이 말해주기를 '진秦에서 망명한 사람들이 마침 한韓나라에 왔으므로 마한이 동쪽 땅을 떼어 주었다. 그들은 서로를 도徒라고 불렀다. 진나라 말과 비슷하여서 혹은 진한秦韓이라고도 불렀다'라고 한다. 열두 작은 나라들이 있었는데 각각 1만 호씩이었으며 스스로 나라라고 일컬었다."

또한 최치원이 말하기를 진한은 본래 연燕나라 사람들이 도망 온 것이어서 탁수涿水 이름을 따서 그들이 사는 고을을 사탁·점탁 등이라 하였다고 한다. 신라 사람의 방언에 '涿'을 읽을 때 '도道'라고 발음하였으므로 지금도 '沙粱(사량)'이라 하면서 '粱'을 '도'로도 읽는다

신라 전성시대에는 서울[경주]에 178,936호에 1,360방이 있었고 55리였다. 서른다섯 개 금입택 부유하고 윤택한 큰집을 말한다 은 남택·북택·우비소택·본피택·양택·지상택 본피부·재매정택 김유신 공의 종가·북유택·남유택 반향사의 하방·대택·빈지택 반향사의 북쪽·장사택·상앵택·하앵택·수망택·천택·양상택 양부의 남쪽·한기택 법류사의 남쪽·비혈택 법류사의 남쪽·판적택 분황사의 상방·별교택 개천 북쪽·아남택·김양종택 양관사의 남쪽·곡수택 개천 북쪽·유야택·사하택·사량택·정상택·이남택 우소택·사내곡택·지택·사상택 대숙택·임상택 청룡지사의 동쪽이고 연못이 있다·교남택·항질택 본피부·누상택·이상택·명남택·정하택 등이다.

해 설

  삼한의 하나인 진한辰韓의 위치, 언어, 그리고 인구와 가호 등에 대해 폭넓게 말한 글이다. 일연은 중국 최초의 통일 왕조 진秦(기원전 900년경~기원전 206)에서 한반도 남쪽으로 망명 온 사람들에게 마한이 동쪽 땅을 내주어서 살도록 했고, 그로 인해 진한秦韓으로도 불렸다는 《후한서》의 얘기를 소개했다. 그러나 오늘날 학계에서는 이 이야기가 '합리적이지 못한 전승傳承'이라고 본다. 진한은 낙동강 동쪽의 경상도 지역이었고 3세기 이후 신라에 흡수되었기에 마한이 동쪽을 떼주었다는 말이 역사적 사실에 안 맞기 때문이다. 고조선의 유민이나 고구려에서 갈라져 온 온조 집단이 남쪽 지역으로 내려와 정착하는 과정이 반영된 정도로 이해하는 게 맞을 듯하다.

  신라 사람의 방언에 '涿을 도道로 읽는다'라는 말이 흥미롭다. 涿을 우리는 '탁'이라 읽지만, 현재 중국 표준 발음으로는 '독'에 가깝고, 2,000년 전 신라에서도 그와 비슷하게 발음했던 것 같다. 일연은 이 문제를 중요하게 생각했는지 뒤의 「신라의 시조 혁거세 왕」에서도 다시 한 번 언급했다. 여하튼 이 글에서는 자기들의 뿌리를 중국 춘추전국시대의 연燕(기원전 11세기~222)이라고 생각한 진한 사람들의 인식이 보인다.

  후반부에 신라 왕족이나 귀족들의 호화저택인 금입택金入宅이 나온다. 극도로 화려하게 장식한 저택인 '금입택'은 한편으로는 삼국통일 이후 전성기를 이룬 신라의 면모를 상징하는 말이기도 하다. 이 말을 신라 관련 항목이 아닌 「진한」에 넣은 게 다소 의아하기는 하지만, 일연은 진한을 고대 신라의 한 역사로 보았던 것 같다. 다른 문헌 기록에는 없는 귀중한 역사 자료이다.

진한 지역인 창원 다호리유적에서 나온 기원전 1세기경의 쇠도끼

금입택들이 들어선 신라시대 경주 복원모형

신라의 전성시대

신라는 통일 이후 사회가 안정되면서 문화적 역량도 크게 발전하여 전성시대를 맞았다는 게 보편적 시각이다. 대체로 29대 태종무열왕(재위 654~661)부터 36대 혜공왕(재위 765~780)까지 8대 120여 년 동안으로 보거나, 그보다 훨씬 좁혀서 삼국통일부터 이후 100여 년까지인 중대(676~780)로 보는 의견이 많다.

신라의 전성시대에 관한 일연의 관점은 어떠했을까? 그는 금입택을 예로 들며 신라의 '전성시대[全盛之時]'를 말했으나 언제인지는 분명히 밝히지 않았다. 《삼국사기》에 헌강왕(재위 875~886)이 신하와 나누는 대화에서 "도성 안에 기와집만 있고 초가집은 한 채도 없으며, 노래와 음악 소리가 길에 가득하여 밤낮으로 끊이지 않았고, 숯으로 밥을 짓고 땔나무를 쓰지 않았다"는 말이 오갔으며, 〈기이 2〉「처용랑 망해사」와 이 글에 이어진 「또한 네 계절마다 놀러 가던 집」에도 그와 비슷한 표현이 있다. 이에 따라 일연이 '신라의 전성시대'라고 한 때가 49대 헌강왕 대를 가리킨다는 의견이 많다. 하지만 천 년 가까운 신라 역사에서 전성시대가 단 10여 년 동안

이었다고 한다면 너무 야박하지 않을까. 역사 기록과 더불어 불상이나 불탑 등 현재 전하는 미술 작품을 참고할 때 신라의 전성시대는 8~9세기쯤으로 보는 게 적당할 듯하다.

그런데, 일연이 신라 전성기 경주의 규모를 말한 대목이 흥미롭다. 55리에 17만 호가 살았으며 1,360방이 있었다고 한다. 55리를 사방 55리, 곧 경주 전체의 면적을 말한 것이라고 이해한다면 22㎢이다. 2020년 현재 경주시의 전체 면적은 1,324㎢인데 이 중 시내 면적만 보면 221㎢이므로 55리라면 대략 10%에 그친다. 물론 도시계획 등으로 상당히 확장된 지금의 경주 면적과 단순 비교할 수는 없으나, 일연이 말한 55리는 일단 왕경王京, 곧 임금이 사는 궁성을 중심으로 한 중심 지역만을 가리켰다고 볼 수 있다. 참고로, 《삼국사기》〈지리지〉에는 "왕도王都는 길이가 3,075보, 너비가 3,018보이며, 35리와 6부가 있었다"라고 조금 다르게 나온다.

다음으로 인구인데, 17만 호라면 각 호구의 구성원을 평균 5명으로 보면 85만 명, 6명이면 100만 명, 7명이면 120만 명이다. 대략 100만 명 안팎으로 잡는다면, 비슷한 시기 최대의 국제도시였던 사라센 제국의 바그다드, 당나라의 장안에 버금가는 규모가 된다. 비슷한 시기에 '해동성국'으로 불렸던 발해의 서울인 상경용천부 인구가 25만 명으로 추산되니 그보다 4~5배나 된다. 과연 이렇게 많은 사람이 경주에 살았을까?

2024년 11월 말 기준 경주시 인구는 24만 5,127명에 12만 5,128세대이다. 세대를 호구로 볼 수 있다면 《삼국유사》와 큰 차이가 없으나, 인구는 지금이 더 적어서 30%밖에 안 된다. 그래서 학계에서는 경주 사방 55리에 그만한 인구가 살았다고 보기 어려우므로 이 글의 호구는 가구 혹은 세대가 아니라 인구수라고 생각하기도 한다. 그러나 660년에 당나라 소정방이 백제를 무너뜨린 뒤 부여 정림사의 오층석탑에 새긴 〈당평백제비唐平百濟碑〉에 당시 백제 인구가 620민 명이라 나온 데에 근거해 경주에 80~100만 명가량의 인구가 있었을 수 있다는 주장도 있다.

1,360방의 '坊'은 행정구역 명칭인 듯한데, 〈피은〉 「염불사」에는 '360방

정림사지오층석탑에 새긴 소정방의
《당평백제비》

17만 호'라고 나와 숫자에 차이가 크다. 혹시
「염불사」에 '一'자가 실수로 빠졌나 싶지만, 1,360
방이라 해도 경주가 이렇게 세밀하게 구획되어
있었다는 사실이 놀랍다. 참고로 '방'은 고려와
조선 시대에도 서울의 행정구역이었다. 특히 고
려에서는 1024년에 제도적으로 완성되어 개경
안에 35방과 그 아래에 344개의 리가 있었다.

사실 전성시대라고는 해도 이를 특정할 만
한 뚜렷한 기준이 없어서 다소 막연하기는 하
다. 불상이나 불탑, 공예품 같은 미술로 보면
대략 8~9세기로 볼 수는 있으나 여하튼 전성기를 지나 하대로 가서는 국
내 정세가 몹시 시끄러워지고 민란도 일어나며 급속히 쇠락해져 갔다.

신라 귀족의 별장이었던 금입택

금입택金入宅은 경주 왕족·귀족들의 '부유하고 큰 집[富潤大宅]'을 가리키
는 말이다. 기둥이나 처마 일부에 금칠을 하거나 금박으로 장식해서 이런
이름이 붙었다고 생각하기도 한다. 최상위층 귀족이나 누렸을 극도의 사
치 풍속이었을 텐데, 《삼국사기》에 834년(흥덕왕 9) 왕명으로 진골 귀족 집
의 서까래 끝이나 문틀 주위 등을 금은보석으로 꾸미지 못하게 했다고
나오는 것을 보면 실제로 금장식을 한 호화주택이 사회 문제가 되었던 모
양이다. 《삼국사기》에 '금입택'이라는 말은 없으나, 〈탑상〉이나 장흥 보림
사의 〈보조선사창성탑비〉(884년), 담양 〈개선사석등기〉(868~891년) 같은 금
석문에는 금입택을 떠오르게 하는 말들이 단편적으로 보인다.

일연은 경주에 35채의 금입택이 있었다고 하면서도 정작 명칭은 39채나
열거했다. 그래서 학계에서는 금입택은 어느 한 시기에 나타났던 현상이라
기보다, 적어도 7세기 후반부터는 등장했고 신라 전 시기로 보면 그보다

경주읍성 앞에 발굴 정리해 놓은 금입택에 사용되었던 석재들. 아래는 당시의 호화로운 생활을 보여주는 안압지
(동궁과 월지) 출토 금동문고리장식이다.

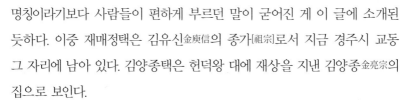

더 많았다고 추정하기도 한다.

열거된 금입택들을 보면 유명 인사의 이름
이나, 집이 자리한 지형의 특색이나 특정 장
소를 기준으로 해서 명칭이 붙여졌음을 알
수 있다. 그래서 열거된 이름들은 공식화한
명칭이라기보다 사람들이 편하게 부르던 말이 굳어진 게 이 글에 소개된
듯하다. 이중 재매정택은 김유신金庾信의 종가[祖宗]로서 지금 경주시 교동
그 자리에 남아 있다. 김양종택은 헌덕왕 대에 재상을 지낸 김양종金亮宗의
집으로 보인다.

금입택 중에는 반향사 아래(남유택), 반향사 북쪽(빈지택), 법류사 남쪽(한
기택·비혈택), 분황사 위 방(판적택), 양관사 남쪽(김양종택), 청룡사 동쪽(임상
택)처럼 지명과 함께 나오기에 위치가 대략 짐작되는 데도 있다. 예를 들어
분황사는 그 자리가 분명하기에 판적택이 어디에 있었는지 알기는 아주
어렵지 않아 보인다. 법류사는 742년 이 절 남쪽에서 효성왕의 유골을 화
장한 다음 동해에다 뿌렸고(《삼국사기》), 〈신주〉「밀본최사」에도 이 절 이름

이 보인다. 한기택은 632년 진평왕을 장사 지낸 '한지漢只'《삼국사기》 부근일 듯하다. 양택·사량택·본피택·한기택을 임금이 왕궁 바깥에서 머물던 이궁離宮으로 추정하기도 한다. 이런 방식으로 대략 위치를 짐작할 수 있는 데가 있어서, 앞으로 연구에 따라서는 금입택들의 정확한 자리가 밝혀질 수도 있다.

경주읍성 동문 터에서 가까운 '석물 마당'에는 1985년 이후 진행된 경주읍성 발굴 조사에서 나온 석탑·석교·주춧돌 등 여러 종류의 석재가 모아져 있다. 2022년 한 고고미술 연구자가 이 중에서 7세기 말~8세기에 제작된 것으로 보이는 신라 난간 계단석 파편 55점을 구분해 냈고, 이 계단석을 금동판으로 화려하게 감쌌던 흔적을 발견했다. 그리고 이 석재들이 바로 금입택에 장식되었다고 주장했다. 이 계단석이 정말 금입택의 일부였는지는 앞으로 연구를 통해 확인되어야 하겠으나, 이래저래 금입택의 실재성은 분명해 보인다.

원 문

辰韓 亦作秦韓

後漢書云 辰韓耆老自言 秦之亡人 來適韓國 而馬韓割東界地以與之 相呼爲徒 有似秦語 故或名之爲秦韓 有十二小國 各萬户稱國 又崔致遠云 辰韓本燕人避之者 故取涿水之名稱 所居之邑里云沙涿漸涿等 羅人方言 讀涿音爲道 今或作沙梁 梁亦讀道 新羅全盛之時 京中十七萬八千九百三十六户 一千三百六十坊 五十五里 三十五金入宅 言富潤大宅也 南宅 北宅 亏比所宅 本彼宅 梁宅 池上宅 本彼部 財買井宅 庾信公祖宗 北維宅 南維宅 反香寺下坊 隊宅 賓支宅 反香寺北 長沙宅 上櫻宅 下櫻宅 水望宅 泉宅 楊上宅 梁南 漢歧宅 法流寺南 鼻穴宅 上同 板積宅 芬皇寺上坊 別敎宅 川北 衙南宅 金楊宗宅 梁宮寺南 曲水宅 川北 柳也宅 寺下宅 沙梁宅 井上宅 里南宅 亏所 思内曲宅 池宅 寺上宅 大宿宅 林上宅 青龍之寺東方 有池 橋南宅 巷叱宅 本彼部 樓上宅 里上宅 楡南宅 井下宅

또한 네 계절마다 놀러 가던 집

봄에는 동야택, 여름에는 곡량택, 가을에는 구지택, 겨울에는 가이택이다. 제49대 헌강대왕 대에 성 내에는 초가집이 하나도 없었으며, 추녀는 맞붙었고 담장은 이어져 있었다. 노래와 풍류 소리가 길에 가득 차 밤낮으로 그치지 않았다.

해 설

일연이 《삼국사기》에 나오는 말을 인용하여 헌강왕(재위 875~886) 대의 번성했던 경주의 모습을 스케치하듯이 묘사했다. 제목에 나오는 '유택遊宅'은 네 계절마다 사람들이 찾아가 놀던 데를 말한다는 점에서 요즘 말로 바꾸면 '관광'쯤이 될지 모른다.

경주 사람들의 넉넉하고 여유로운 모습은 잘 그려져 있으나, 이런 향락을 즐겼던 이들이 누구인지 나오지 않았다. 특히 계절마다 장소를 바꿔가며 놀러가던 이들이 보통의 경주 사람들이었는지, 아니면 「진한」에 나오는 금입택을 소유할 정도의 귀족이나 화랑들이었는지도 분명하지 않다. 하지만 이어서 나오는 '제49대 헌강대왕…' 문장을 보면 경주 시민으로 보아야 할 것 같다.

이 글은 「진한」에서 금입택을 열거한 뒤에 나온다. '우사절유택又四節遊宅'

가야금을 연주하는 인물이 묘사된 토우장식장경호

통일신라 시대 주택 모습을 보여주는 집모양 토기

다섯 글자가 독립된 이야기의 제목처럼 별도 행을 차지하고 있으나, 내용 면에서 금입택에 바로 이어져도 전혀 이상하지 않다. 사실 금입택을 설명하는 것도 「진한」에 들어간 건 어색해 보인다. 일연이 이 두 이야기를 어디에 배치할지 고민한 흔적이 역력하다.

원문

又四節遊宅

春東野宅 夏谷良宅 秋仇知宅 冬加伊宅 第四十九憲康大王代 城中無一草屋 接角連墻 歌吹滿路 晝夜不絶

신라의 시조 혁거세 왕

진한의 땅에 옛날 여섯 부락[六村]이 있었다.

첫 번째는 알천의 양산촌으로, 남쪽이 지금 담엄사이다. 촌장은 알평이고 처음 표암봉에 내려와 급량부 이씨의 조상이 되었다. 노례왕 9년[32]에 부를 두어 이름을 급량부라 하였고, 우리 왕조의 태조 천복 5년[940] 경자에 이름을 고쳐 중흥부라 하였다. 파잠·동산·피상·동촌이 속했다

두 번째는 돌산의 고허촌이다. 촌장은 소벌도리이고 처음 형산에 내려와 사량부 梁을 道로 읽고 혹은 涿으로도 쓰되, 역시 道로 읽는다 정씨의 조상이 되었다. 지금은 남산부라고 하며, 구량벌·마등오·도북·회덕 등 남촌이 속했다. '지금'이라 함은 태조께서 설치하신 때를 말한다. 아래의 예도 마찬가지다

세 번째는 무산 대수촌이다. 촌장은 구俱를 仇라고도 한다 례마이고 처음 이산 개비산이라고도 한다 에 내려와 점량부 탁이라고도 한다 또는 모량부 손씨의 조상이 되었다. 지금은 장복부라고 하고, 박곡촌 등 서촌이 속했다.

네 번째는 취산 진지촌 빈지 또는 빈자 또는 빙지라고도 한다 이다. 촌장은 지백호이고 처음 화산에 내려와 본피부 최씨의 조상이 되었다. 지금은 통선부라고 하고, 시파 등 동남촌이 속했다. 최치원이 바로 본피부 사람이다. 지금 황룡사 남쪽인 미탄사의 남쪽에 있는 옛터를 최후[최치원]의 옛집이라고 하는데, 거의 분명한 듯하다.

다섯 번째는 금산 가리촌이다. 지금의 금강산 백률사 북쪽의 산이다 촌장은 지타 祗他 지타只他라고도 한다 이고 , 처음 명활산에 내려와 한漢기부 또는 한韓기부

배씨의 조상이 되었다. 지금은 가덕부라고 하고 상서지·하서지·내아 등 동촌이 속했다.

여섯 번째는 명활산 고야촌이다. 촌장은 호진이고 처음 금강산에 내려와 습비부 설씨의 조상이 되었다. 지금은 임천부라고 하고, 물이촌·잉구미 촌·궐곡 갈곡이라고도 한다 등 동북촌이 속했다.

위의 글에 따르면 이 여섯 촌락의 조상들은 모두 하늘에서 내려온 듯하다. 노례왕 9년에 처음으로 여섯 촌락의 이름을 고쳤고, 또한 여섯 가지 성姓을 내려주었다. 지금 습속에 중흥부를 어머니, 장복부를 아버지, 임천부를 아들, 가덕부를 딸이라고 말하는데 그 까닭은 자세하지 않다.

전한의 지절 원년[기원전 69] 임자 고본에 '건호[건무] 원년[25]'이나 '건원 3년[기원전 138]' 이라 했음은 다 잘못이다 3월 초하룻날에 여섯 촌락의 조상들이 각각 자제들을 데리고 함께 알천 기슭에서 모여 의논하였다.

"우리가 위로 백성들을 다스릴 만한 임금이 없는 탓에 백성들이 모두 제멋대로 한다. 어찌 덕이 있는 사람을 찾아내어 그를 임금으로 삼아 나라를 창건하고 도읍을 정하지 않으랴!"

이에 높은 데로 올라가 남쪽을 내려다보았다. 양산 아래에 있는 나정 우물가에 예사롭지 않은 기운이 마치 번갯불처럼 땅에 떨어지더니 백마 한 마리가 무릎을 꿇고 절하고 있었다. 그곳을 살펴보니 자줏빛 알 한 개 푸르고 커다란 알이라고도 한다가 있는데, 말이 사람들을 보고는 긴 울음소리를 내고 하늘로 올라갔다. 그 알을 깼더니 모습이 단정하고 아름다운 사내 아이가 나오므로 놀랍고도 기이하게 여겼다. 동천 동천사는 사뇌벌[詞腦野] 북쪽에 있다에서 목욕을 시켰는데 몸에 광채가 뿜어나오고, 새와 짐승들이 춤을 추었으며, 천지가 진동하고, 해와 달이 밝게 빛났다. 이에 따라 이름을 혁거세 왕이라고 하고, 아마도 지방의 말[鄕言]이리라. 혹은 '불구내' 왕이라고도 하니, 밝은 빛으로 세상을 다스린다[光明理世]는 말이다. 잘 아는 사람[說者]이 말하기를, "이는 서술성모가 낳은 것이다. 그렇기에 중국 사람이 선도성모를 기린 글 중에 나오는 '어진 이를 잉태하여 나라를 세웠네[娠賢肇邦]'라고 한 구절이 바로 이를 말한 것이다."라고 하였다. 그게 아니라면 계룡이 상서를 나타내어 알영을 낳았으니 분명 서술성모가 나타내심이라고 어찌 하지 않을 수 있겠는가? 왕의 칭호를 '거슬한'이라 하였다. 혹은 '거서간'이라고도 한다. 이는 그가 처음 입을 뗄 때 자신을 일컬어 '알지 거서간이 함께하리라' 했던 데에 따라 그렇게 부른 것이고, 그 뒤로도 임금을 높여 부르는 말이 되었다

이에 사람들이 다투어 축하하며 "이제 천자가 이미 이 땅에 내려왔으니, 덕이 있는 여인을 찾아서 임금의 짝을 정해드려야 하겠다."라고 하였다. 이날 사량리 알영정 우물가 또는 '아리영정'이라고도 한다에 계룡이 나타나서 왼쪽 옆구리로 여자아이를 낳았는데 용이 나타났다가 죽었기에 그 배를 갈라서 얻었다고도 한다 얼굴이 아주 고왔다. 그러나 입술이 닭의 부리 같았는데 월성 북천에서 목욕시켰더니 부리가 떨어져 나갔다. 그로 인하여 시내 이름을 '발천[부리를 떼어버린 시내]'이라 하였다. 남산 서쪽 기슭에 궁실을 짓고서지금 창림사이다 신성한 아이 둘을 받들어 모셨다. 사내아이는 알에서 나왔고 알이 표주박[瓠]처럼 생겼는데, 나라 사람들이 표주박을 '朴(박)'이라 하므로 성이 박朴이 되었다. 여자아이는 나왔던 우물 이름으로서 이름을 지었다. 두 성인의 나이가 열세 살이 된 오봉 원년[기원전 57] 갑자에 남자가 왕이 되었고 이에 따라 여자를 왕후로 삼았다. 나라 이름을 서라벌 또는 서벌지금 시속에 '京'을 새길[訓] 때 '서벌'이라 함도 이 때문이다이라 하고, 혹은 사라 또는 사로라고도 하였다. 처음 왕[왕후]이 계정[닭이 나온 우물]에서 나왔으므로 혹은 일러서 '계림국'이라고도 하였으니, 이는 계룡이 상서를 보여주었기 때문이다. 일설에 탈해왕[재위 57~80] 대에 김알지를 얻을 때 숲속에서 닭이 울므로 나라 이름을 계림으로 고쳤다가, 후세에 드디어 신라라고 이름을 정하였다고 한다.

나라를 다스린 지 61년 만에 왕이 하늘로 올라갔는데 7일 뒤에 유해가 땅으로 떨어져 흩어졌고, 왕후도 역시 죽었다고 한다. 나라 사람들이 합장하려 하니 큰 뱀이 나타나 쫓아다니면서 못하게 하므로 오체를 각각 장사 지내어 오릉五陵을 만들었다. 이로써 이름을 '사릉蛇陵'이라고도 하였다. 담엄사 북쪽 왕릉이 바로 이것이다. 태자 남해왕이 왕위를 이었다.

해 설

　신라를 건국한 박혁거세와 왕후 알영의 탄생을 전하는 글이다. 고구려의 동명성왕 못잖게 신비하여 읽는 이의 마음을 사로잡는, 우리나라 영웅 탄생 설화의 본보기 같은 이야기이다. 그러나 이런 신화는 어느 정도는 당시 실제 상황을 밑바탕으로 깔고 있다고 봐야 한다. 그런 점에서 이런 글들은 단순히 신화에만 그치는 게 아니라 역사의 자양분 그 자체라고 해야 할 것 같다.

　일연은 대체로 《삼국사기》 〈본기〉 등에 나오는 글을 요약 정리하고, 그 중간 군데군데 자기 생각을 덧붙임으로써 전체 맥락이 잘 이어지도록 하였다. 신라가 건국되기 이전, 경주에 촌장이 다스리는 여섯 촌락이 각각 자리하였다가 새로운 지도자를 맞이해 커다란 하나가 되었다. 아울러, 촌장들이 촌락을 대표함은 물론이고 훗날 성씨의 시조가 되었다는 점에서 어렴풋이나마 신라 사람들의 뿌리도 범상치 않았다고 말하고자 한 듯하다. 촌장들도 하늘에서 내려온 비범한 인물이었던데다가, 이들의 왕이 된 혁거세와 알영은 알에서 태어난 그야말로 신비한 존재 그 자체였으므로, 이들의 후손인 신라 사람들의 자존감 역시 그만큼 커질 수밖에 없다.

하늘에서 내려온 알 또는 황금 상자에서 태어난 인물을 시조로 함은 고대 건국 설화의 전형이다. 《삼국사기》에도 혁거세의 탄생 설화가 이와 비슷하게 그려져 있다. 이런 이야기가 허황하다고 말하기도 하겠으나, 신성神性이 대중과 접속한 상황을 은유적으로 묘사했다고 보인다. 이런 서사는 부족국가에서 고대국가로 발전하는 과정을 전한다고 볼 수 있다.

역사가 전해지는 두 매체는 문자 기록과 구전이다. 문자 기록은 역사적 사명감에서 쓰이기도 하고, 때로는 이전부터 내려오던 구전을 채록하기도 한다. 구전은 '구비 전승'이라고도 한다. 근대 역사학에서는 문자 기록에 비해서 구전의 역사적 가치를 많이 낮춰보는 편이다. 그러나 문자 기록이 어려울 때, 혹은 그보다 좀 더 사람들에게 강렬하게 사실을 알리려 할 때 구전이 더욱 효과적일 수 있었다. 구전은 이야기체라서 어떤 사건을 극적이고 서사적이고 문학적으로 표현함으로써 사람들의 기억에 깊이 새겨질 수 있기 때문이다. 삼국의 시조 또는 건국 설화에 이런 구전에서 비롯한 구비 전승과, 이를 바탕으로 채록된 기록이 많다. 그러므로 구전을 근거없는 전설일 뿐이라고 젖혀두지만 말고, 이를 역사적 관점에서 해석하려 노력한다면 문자 기록에서 빠진 역사와 사실이 드러날 수도 있을 것이다.

6촌과 서라벌

경주에 자리했던 6촌에 관한 이야기가 자세히 묘사되어 있다. 《삼국사기》〈신라본기〉「시조 혁거세거서간」에 나오는 기록과 종합해서 보면 신라 건국 이전 삼한시대 진한辰韓의 하나였던 사로국斯盧國은 알천 양산촌, 돌산 고허촌, 취산 진지촌, 무산 대수촌, 금산 가리촌, 명활산 고야촌 등 6촌으로 구성되었고, 이 6촌이 신라 건국 직후 국가 체제가 정비되면서 32년(유리왕 9)에 6부로 확대되었다고 볼 수 있다.

6부 명칭 중 가장 앞에 나오는 급량부는 《삼국사기》에 '梁部(양부)', 신

6부촌장의 위패를 모신 경주 육부전(옛 양산재)

라의 금석문 등에 '喙部(훼부)'라고 나온다. '喙'가 '부리'를 뜻하는 글자여서 근래 학계에서는 닭 토템과 관련짓기도 한다. 위치는 대체로 경주의 북천 일대인 동천동 일대라고 추정한다. 북천은 경주 시내를 감싸 흐르는 여러 시내 중 하나로 보문호수 쪽에서 서쪽으로 흘러 형산강에 합류하는데, 과거에는 서천 혹은 알천閼川이라고도 했다.《삼국사기》에 94년 여름에 파사 이사금이 북천에서 군대를 시찰했다고 나온다.

점량부는 〈울진봉평신라비〉(524년)에 '잠탁부岑喙部'로 표기되었다. 서천의 지류인 모량천 유역에 자리했으며, 지금의 효현리 혹은 금척리 일대로 추정한다. 나중에 본피부가 되는 진지촌 촌장은 오늘날 경주 최씨의 조상인데, 일연은 최치원이 바로 그 후손이고, 황룡사 남쪽의 미탄사의 남쪽에 그의 집이 있었다고 했다.

고려도 신라와 마찬가지로 경주의 행정구역을 6부로 하였으나, 이때의 6부는 신라의 그것과 영역이 정확히 일치하지 않는다고 한다. 그 때문에 신라의 6촌이나 6부가 경주시 일대에 국한되었다거나 혹은 경상북도 일원에 폭넓게 자리했다는 등으로 의견이 일치하지 않는다.

이 글에 따르면 신라가 처음에는 서라벌·서벌·사라·사로 등으로 불렸다. '서라벌' 등은 '시내川'를 뜻하는 순우리말이 변화한 말이라고 보기도 한다. 그렇지만 이는 6부 전부를 아우르는 게 아니라 사량부沙梁部만을 지칭하는

상 | 6촌 중 알천양산촌의 본거지였던 경주 표암, 하 | 이씨 시조비

이름이었다는 신채호申采浩(1880~1936)의 의견도 있다. 여하튼, 일연은 '서울 경京'이라는 한자 새김이 '서벌'에서 나왔다는 흥미로운 의견을 내놨다. 학계에서도 수도首都를 일컫는 우리말 '서울'은 바로 '서라벌'에서 나왔다고 본다. 이렇게 보면 서라벌 등의 단어는 왕궁이 자리한 수도의 이름이 되었고, 935년 신라 왕조가 막을 내린 직후 고려 태조가 '경주慶州'로 바꾼 뒤에도 입말처럼 계속 사람들 입에서 입으로 전해지며 오늘에 이른다고 볼 수 있다.

이 글에 나오는 6부와 6촌에 관한 내용을 표로 정리하면 이러하다.

〈표〉 6부와 6촌 비교

부		촌	촌장	성씨	고려 지명 (940년)	관련 지명·유적
진한	신라					
양산부	급량부	알천 양산촌	알평	이	중흥부	표암봉, 담엄사
고허부	사량부	돌산 고허촌	소벌도리	정	남산부	형산(선도산)
대수부	점량부 (모량부)	무산 대수촌	구례마	손	장복부	
우진부	본피부	자산 진지촌	지백호	최	통선부	화산
가리부	한기부	금산 가리촌	기타	배	가덕부	금강산
명활부	습비부	명활산 고야촌	호진	설	임천부	

한편, 일연은 「진한」에서 "사량부를 사탁부라고도 하며, 이때 '탁'은 '도'로 읽는다."라고 한 말을 여기에서도 했다. '沙梁部'는 '沙涿部'라고도 하는데, '涿'자는 중국 '涿水(탁수)' 주변에서 살던 연나라 사람들이 진한으로 내려왔기에 붙여진 지명이므로, '沙涿部'는 중국 발음대로 '사도부'로 읽어야 함을 강조한 것 같다. 일연은 고대 한자어의 발음에서 신라 고대사의 비밀을 풀 수 있는 중요한 단서가 있다고 생각했던 것일까? 사실 고대사 기록이 많지 않기에 이는 오늘날에도 중요하게 활용하는 연구 방법이기도 하다. 일연은 이외에도 지명이나 인명에서 발음 문제들을 섬세하게 지적했다. 예를 들어 '혁거세赫居世'를 신라 말로 '불구내'라고 하는데 이는 '밝은 빛으로 세상을 다스린다'라는 뜻이라고 풀이했다. 한편, "왕의 호칭을 거슬한이라 하였다"라는 '位號曰居瑟邯' 문장이 주석으로 나오지만, 문맥상 원문으로 보아야 할 것 같다.

혁거세를 낳은 서술성모

일연은 하늘에서 내려온 백마가 전해준 커다란 알에서 혁거세가 나왔다고 하면서, 한편으로는 설자說者의 말을 인용해 혁거세가 서술성모西述聖母

경주 선도산 성모사

의 아들이라는 설도 소개했다. 그러면서 옛날 중국 사람이 선도산仙桃山의 성모를 찬하여 '어진 성인을 잉태하여 나라를 세우셨네'라고 한 구절이 바로 그 증거라고 말했다. 여기서 '설자'는 《삼국사기》를 편찬한 김부식으로 보인다. 《삼국사기》〈신라본기〉「경순왕」의 끝머리에 김부식이 논한 "송나라의 사신 왕양王襄이 지은 〈제동신성모문祭東神聖母文〉(동방의 신성한 성모에게 제사 올리는 글)에 '娠賢肇邦(신현조방)'이라 한 구절이 있다."라고 나오기에 일연은 이를 인용한 것이다. 같은 글에서 김부식은 송나라에 사신으로 갔을 때 사당 우신관佑神館에 모셔진 여신상을 보았던 일을 소개했다. 그곳의 학자가 말하기를 그 여신은 중국 황제의 딸로서 바다를 건너 진한에 갔는데 여기서 낳은 아들이 해동의 시조가 되었고, 그녀도 지선地仙이 되어 선도산에 살았다는 것이다. 김부식도 이 말이 인상깊어 이를 《삼국사기》에 남겼으리라. 일연은 이를 굉장히 흥미롭고 중요하게 여겼던지 이 글 외에 〈감통〉「선도성모 수희불사仙桃聖母隨喜佛事」에 이를 자세히 소개하였고, 또 「도화녀와 비형랑」에도 선도성모 이야기가 잠시 비친다. 신라를 건국한 혁거세의 어머니를 중국 황제의 딸이라고 한 면에서는 사대적 사관이 엿보인다고 할 사람도 있겠으나, 삼한시대에 토속 산신 신앙이 박혁거세의 탄생과 연결된다는 점에서 고대 신앙과 사회의 일면이 들어 있는 이야기이다.

일연이 말한 서술성모 설화는 경주 선도산을 배경으로 한다. 경주 서쪽에 자리했기에 《삼국사기》에는 서형산西兄山으로 나오는데, 보통 서악西岳이라고 한다. 선사시대 유적으로 추정되는 바위 구멍이 있는 등 고대부터 신라 사람들의 신앙처로 신성하게 여겨지던 산이다. 주변에 진흥왕릉·진지왕릉·문성왕릉·태종무열왕릉·법흥왕릉을 비롯해 고분군이 있으며, 산정상 가까이에 7세기에 새긴 '서악동 마애삼존불상'이 있다.

성인들의 탄생지, 나정과 동천 그리고 알영정과 북천

혁거세와 알영은 사람한테서가 아니라 하늘에서 내려온 인물로 그려져 있으며, 탄생 과정도 서로 닮은 점이 많다. 우선 이들의 강탄降誕을 알려주는 하늘의 전령사가 백마와 계룡 등 신성한 동물이고, 또한 혁거세가 나정蘿井, 알영은 알영정閼英井이라는 우물가에서 태어나 처음부터 '물'과 큰 관련을 지녔다는 점도 같다. 혁거세가 자줏빛 알[紫卵]에서 나왔고 알영은 계룡의 몸에서 나왔다는 점이 다르다면 다르다. 옛날 중국에서 자줏빛은 신선이나 제왕이 사는 집의 색깔로 인식했었으니, 자줏빛 알은 혁거세가 태어날 때부터 이미 왕의 신분이었음을 은유한다고 할 수 있다.

태어난 직후 혁거세는 동천東泉, 알영은 북천北川에서 '성스러운 목욕' 의식을 치렀음도 판박이처럼 닮았다. 동천은 북천에서 갈라져 생긴 작은 샘물로 보인다. 결국 하늘에서 내려와 땅에 흐르며 사람들의 젖줄 역할을 하는 시내에서 씻음으로써 인간 세계로의 접지接地를 마쳤다고 볼 수 있다. 물론 이들이 씻은 동천과 북천은 여느 시내가 아니라 경주 사람들이 특별히 여기던 물가였을 것이다.

하늘에서 번개가 번쩍 내리치며 땅에 꽂히고, 동시에 백마가 나타나 길게 울어 혁거세가 이 땅에 내려왔음을 알렸으니, 이보다 더 화려한 영웅 탄생 설화가 있을까? 백마가 내려온 나정은 남산의 서북 기슭에 자리한

상 | 박혁거세가 태어난 경주 나정, 하 | 알영이 태어난 알영정

다. 일연은 그 자리가 '양산楊山 아래'라고 했는데 양산은 지금의 남산으로 보기도 한다. 오늘날 나정은 오릉五陵 곁이며, 남간사·창림사 같은 신라 고찰들도 여기서 멀지 않다. 나정은 이름으로 보면 '우물'이지만, 이 글을 읽으면 여느 사람들이 물을 길어 마시던 데라기보다 하늘에 제사 지내는 제천祭天의 장소가 아니었을까 추측하게 한다.

알영이 탄생한 알영정은 《신증동국여지승람》(1530년)과 《동경잡기》(1711년)에 '경주부의 남쪽 5리에 있다.'라고 하였으나 딱히 어디라고 특정되지

박혁거세와 알영의 무덤으로 전하는 경주 오릉

않았고, 이에 관한 구전도 달리 없었다. 조선시대에 와서 1429년 왕명으로 혁거세의 왕릉을 관리할 숭덕전崇德殿을 세웠고, 18세기에 중창되었다. 그런데, 혁거세 왕릉 부근에도 4개의 능이 있어서 각각 혁거세의 왕비 알영, 2대 남해차차웅, 3대 유리이사금, 5대 파사이사금의 왕릉으로 추정되기에 이 다섯 개의 능을 오래전부터 오릉五陵이라고 불러왔다. 이에 따라 1931년에 오릉 경내 안에 있는 우물을 알영정으로 추정하면서 문화재로 지정하여 오늘에 이른다.

계림과 오릉

경주에 신성한 숲 네 곳이 있었고 그중 하나가 계림鷄林이다. 또 다른 숲 천경림은 흥륜사가 있던 데로(〈흥법〉 「아도가 신라 불교의 터를 닦다」 참조), 경주 안의 전문 공방들은 주로 이런 숲속에 자리해 있었다고 추정하기도 한다. 유럽의 오래된 도시에는 동네 깊숙한 데에 수백 년 된 수공업 공장들이 곳곳에 들어서 있다. 신라의 유물을 보면 공예 기술이 극성했음을 알 수 있는데, 천여 년 전 경주 시내도 유럽처럼 생활 공예품을 만드는 공방은 시내에 자리했을 수 있다. 다만, 국가가 관리하는 대규모 공방은 이런 숲에 조성하는 게 더 효율적이었을 듯하다.

원문

新羅始祖 赫居世王

辰韓之地 古有六村 一曰閼川楊山村 南今曇嚴寺 長曰謁平 初降于瓢嵓峯 是爲及梁部李氏祖 弩禮王九年 置名及梁部 本朝太祖天福五年庚子 改名中興部 波潛東山彼上東村屬焉 二曰突山高墟村 長曰蘇伐都利 初降于兄山 是爲沙梁部 梁讀云道 或作涿 亦音道 鄭氏祖 今曰南山部 仇良伐 麻等烏 道北 迴德等 南村属焉 稱今曰者 大[太]祖所置也 下例如 三曰茂山大樹村 長曰俱一作仇 禮馬 初降于伊山 一作皆比山 是爲漸梁一作涿 部 又牟梁部 孫氏之祖 今云長福部朴谷村等 西村屬焉 四曰觜山珍支村 一作賓之 又賓子 又氷之 長曰智伯虎 初降于花山 是爲本彼部崔氏祖 今曰通仙部 柴巴等 東南村屬焉 致遠乃本彼部人也 今皇龍寺南 味呑寺南 有古墟 云是崔侯古宅也 殆明矣 五曰金山加里村 今金剛山 栢栗寺之北山也 長曰祗沱一作只他 初降于明活山 是爲漢歧部 又作韓歧部 裴氏祖 今云加德部 上下西知 乃兒等東村屬焉 六曰明活山高耶村 長曰虎珍 初降于金剛山 是爲習比部薛氏祖 今臨川部勿伊村 仍仇彌村 闕谷 一作葛谷 等 東北村屬焉 按上文 此六部之祖 似皆從天而降 弩禮王九年 始改六部名 又賜六姓 今俗 中興部爲母 長福部爲父 臨川部爲子 加德部爲女 其實未詳 前漢 地節元年壬子 古本云 建虎[武]元年 又云 建元三年 等皆誤 三月朔 六部祖各率子弟 俱會於閼川岸上 議曰 我輩上無君主臨理蒸民 民皆放逸自從所欲 盍覓有德人爲之君主 立邦設都乎 於時 乘高南望 楊山下蘿井傍 異氣如電光垂地 有一白馬跪拜之状 尋撿之 有一紫卵 一云靑大卵 馬見人長嘶上天 剖其卵 得童男 形儀端美 驚異之 浴於東泉 東泉寺 在詞腦野北 身生光彩 鳥獸率舞 天地振動 日月清明 因名赫居世王 蓋鄕言也 或作弗矩內王 言光明理世也 說者云 是西述聖母之所誕也 故中華人讚仙桃聖母 有娠賢肇邦之語 是也 乃至雞龍 現瑞産閼英 又焉知非西述聖母之所現耶 位號曰居瑟邯 或作居西干 初開口之時自稱云 閼智居西干一起 因其言稱之 自後爲王者之尊稱 時人爭賀曰 今天子已降 宜覓有德女 君配之 是日 沙梁里閼英井 一作娥利

英井 邊有雞龍現 而左脇誕生童女 一云龍現死 而剖其腹得之 姿容殊麗 然而唇似雞觜 將浴於

月城北川其觜撥落 因名其川曰撥川 營宮室於南山西麓 今昌林寺 奉養二聖兒 男以卵生

卵如瓠 鄉人以瓠爲朴故因姓朴 女以所出井名名之 二聖年至十三歲 以五鳳元年甲

子 男立爲王 仍以女爲后 國號徐羅伐 又徐伐 今俗訓京字云徐伐 以此故也 或云斯羅又斯盧

初王[王后]生於雞井 故或云雞林國 以其雞龍現瑞也 一說脫解王時 得金閼智 而雞

鳴於林中 乃改國號爲雞林 後世遂定新羅之號 理國六十一年 王升于天 七日後遺體

散落于地 后亦云亡 國人欲合而葬之 有大虵逐禁 各葬五體爲五陵 亦名蛇陵 曇嚴寺

北陵是也 太子南解王繼位

제2대 남해왕

남해거서간을 차차웅이라고도 한다. 이는 웃어른[尊長]의 칭호인데 오직 이 왕에게만 그렇게 불렸다. 아버지는 혁거세이고 어머니는 알영 부인이며, 비는 운제雲帝 부인이다. '雲梯'라고도 한다. 지금 영일현[경북 포항시] 서쪽의 운제산에 성모가 계셔서 가뭄에 기도드리면 이에 응함이 있다 전한 평제 원시 4년[4] 갑자에 즉위하여 21년 동안 나라를 다스리다가 지황 4년 갑신[24]에 붕어하였다. 이 왕을 삼황의 첫 번째라고 말한다.

《삼국사》에 따르면 이러하다. 신라에서 왕을 거서간이라고 칭했으니 진辰나라 말로 왕이며, 혹은 귀인의 칭호였다. 혹은 차차웅이라 했고 혹은 자충이라고도 했다. 김대문은 차차웅은 방언으로서 무당[巫]을 말한다고 했다. 세상 사람들이 무당을 통해서 귀신을 섬기고 제사를 받들었기에 무당을 외경하였고, 나아가 웃어른을 존칭하는 말로서 '자충'이 되었다. 혹은 이사금이라고도 했음은 치리齒理를 말함이다. 처음에, 남해왕이 죽으니 아들 노례가 왕위를 탈해에게 양보하자 탈해가 말하였다.

"제가 듣기를 거룩하고 슬기로운 사람은 이가 많다고 합니다."

이에 떡을 씹어서 시험해 보았다고 한다. 예로부터 전하는 바가 그러하다. 혹은 마립간 立(립)은 袖(슈)라고도 한다 이라고 하니, 김대문은 '마립'이란 방언으로 '말뚝[橛]'을 말한다고 했다. 지위에 맞게 말뚝 표[橛標]를 설치하였는데 왕의 말뚝을 기본[主]으로 하고 신하의 말뚝은 그 아래에 벌려 놓았던 데에 따라 그렇게 불렀다고 한다.

사론에 이르기를, 신라에서 거서간 또는 차차웅으로 부른 적이 한 번씩이고, 이사금으로 부른 건 열여섯 번, 마립간이라고 부른 적은 네 번이다. 신라 말기의 이름있는 학자 최치원이 지은 〈제왕연대력〉에서는 모두 '아무개 왕'이라 하고 거서간 등은 말하지 않았다. 그러나, 어찌 비루한 말이라고 해서 언급할 만하지 못하다고 하겠는가? 이제 신라의 일을 기록하매 방언도 갖추어 실음이 역시 마땅할 듯하다. 신라 사람들이 무릇 '갈문왕'이라 추봉했는데 그 뜻이 자세하지 않다. 이 왕대[4~24]에 낙랑국 사람들이 금성을 침략해 왔으나 이기지 못하고 돌아갔다. 또한 천봉 5년[18] 무인에 고려[고구려]에 예속되었던 일곱 나라가 항복해 왔다.

해 설

일연이 《삼국사기》 〈신라본기〉에 실린 「시조 혁거세거서간」, 「남해차차웅」, 「유리이사금」, 「눌지마립간」, 「지증마립간」, 「일성이사금」 등을 두루 인용해 쓴 글이다. 그는 이 글 앞에 「신라의 시조 혁거세 왕」을, 뒤에는 「제3대 노례왕」과 「제4대 탈해왕」을 잇달아 두어 1~4대 왕까지 소개하였다. 또 탈해왕 바로 뒤에 나오는 「김알지-탈해왕 대이다」와 「연오랑과 세오녀」도 시대 배경으로 보아 「제4대 탈해왕」에 바로 이어지는 이야기라고 볼 수 있다. 그런데 「제4대 탈해왕」 바로 다음인 「미추왕과 죽엽군」은 13대 왕의 이야기이니 그 사이 9~12대 왕의 이야기는 건너뛴 셈이다. 일연은 「미추왕과 죽엽군」부터는 왕을 순서대로 설명하는 게 아니라 중요한 일을 제목으로 하여 시간 순서대로 〈기이 1〉을 이어 나갔다.

이 글에는 건국 초기에 왕의 호칭이 차차웅·이사금·마립간 등으로 바뀐 일과, 남해왕南海王이 즉위하는 과정이 나온다. 특히 남해왕이 승하하자 왕위 계승을 두고 노례와 탈해가 서로 양보하다가 떡을 물어서 치리齒理로써 왕을 정했다는 이야기는 무척 흥미롭다. 이에 따라 노례가 먼저 왕

신라의 첫 왕궁이 있었던 창림사지와 삼층석탑

위에 올랐고, 탈해도 그 뒤를 이어 네 번째 왕이 되었다. 탈해에 대한 이야기는 바로 뒤 「제4대 탈해왕」에 다시 자세히 이어진다. 일연은 "사론에서 이르기를[史論曰]"라며 《삼국사기》 외에도 7세기 중반에서 8세기 초에 활동한 김대문의 글과 최치원의 「제왕연대력」 등을 인용했는데, 다만 이 글들은 현재 전해지지 않아 정확한 내용을 알 수는 없다. 여하튼 이 「제2대 남해왕」에는 일연의 사관이 드러나 있으니, 특히 신라에 거서간, 차차웅, 이사금, 마립간 등 고유한 왕호가 있었음에도 불구하고 「제왕연대력」에서는 이들을 모두 '왕'으로만 표기했다며 매우 아쉬워한 대목이 인상적이다.

한편, 마지막에 남해왕 대에 낙랑에서 신라를 공격했다는 말은 남해왕 4년 7월에 낙랑의 병사들이 금성金城을 여러 겹으로 에워쌌다는 《삼국사기》〈신라본기〉「남해차차웅」의 기록과 일치한다. 앞서 〈낙랑국〉에도 혁거세왕 30년(기원전 28)에 낙랑 사람들이 항복해 왔다는 기사가 있다. 금성은 기원전 37년에 혁거세왕이 지은 신라 최초의 왕성王城이다. 《신증동국여지승람》·《동경집기》에도 그 위치와 흔적이 언급되었으나, 오늘날에는 그 자리가 어디였는지에 대해 여러 논의가 있다.

포항 오어사 건너편 의 운제산 전경. 운제산의 성모인 운제부인 이야기가 전한다.

신라 초기 왕의 칭호, 거서간·차차웅·이사금 그리고 갈문왕

이 글에서처럼 신라에서 왕을 가리키는 말은 다양했다. 박혁거세는 거서간이라 했고, 2대 남해왕은 차차웅, 3대 노례왕부터는 한동안 이사금, 17대 내물왕부터는 마립간이라 했다.

일연이 남해왕을 '삼황의 첫 번째'라고 한 뜻이 궁금하다. 보통 삼황이라면 중국 고대 전설에 나오는 세 명의 임금인 천황씨·지황씨·인황씨, 수인씨·복희씨·신농씨, 복희씨·신농씨·황제 등을 가리킨다. 그런데 이와 관련 없이 일연이 생각하는 삼황은 신라의 혁거세왕·남해왕·노례왕이나 남해왕을 기준으로 하여 남해왕·노례왕·탈해왕 등 세 명이었다고 볼 수 있다. 그렇지만 일연 시대 이전부터 쓰던 '삼황'을 아무런 설명 없이 보통 상식과 달리 신라의 세 왕으로 지칭했다면 그 또한 쉽게 이해되지 않는다.

거서간　거서간은 왕이나 웃어른을 존칭하는 진辰나라의 말이라는 일연의 설명은 《삼국사기》에도 나온다. 그런데 일연은 이 글 앞에 나오는 「신라의 시조 혁거세 왕」에서 거서간을 '거슬한居瑟邯'이라고도 한다고 했는데,

오늘날 이 말은 진한과 신라를 언어 문화적으로 연결하는 단서이기도 하다. 학계에서는 '간'이나 '한'은 군장君長이나 제사장 같은 무리의 우두머리 혹은 무리의 대표를 가리키는 말이었다고 본다.

차차웅 차차웅次次雄을 달리 '자충慈充'이라고 했다는 말을 가지고 오늘날 여러 학자가 신라 건국 초기 상황을 해석하는 실마리로 삼는다. 고대 음운 연구를 토대로 하여 '자충'이 '단군'과 비슷한 발음이었다고 본다거나, 혹은 스승의 존칭이나 승려를 뜻하는 말이라고 보는 것이다. 일찍이 신라의 김대문이 '차차웅은 무당을 일컫는 방언이었다'라고 했음과 연결하여, 차차웅이나 자충이라는 칭호는 임금이 제사장이기도 했던 고대의 제정일치 상황을 보여준다고 해석한다. 그래서 거서간은 정치적 칭호이고, 차차웅은 제사적祭司的 칭호라는 게 학계의 통설이다.

이사금 '이사금尼師今'이 이빨 개수와 관련하여 나온 말이라는 얘기는 무척 토속적으로 들린다. 남해왕이 죽으니 아들 노례가 왕위에 오를 수 있었으나, 그는 먼저 매부인 탈해에게 양보하였다. 그러자 탈해 역시 사양하면서 어질고 현명한 이는 이빨 수효가 많다는 옛말을 들어 이로써 판별하자고 제안했다. 떡을 물어 비교하니 노례의 이빨 자국이 더 많아 그가 왕위에 올랐다. 그로 인하여 노례를 '치리齒理'라는 뜻의 방언인 '이사금'이라고 불렀다고 한다. 학계에서는 '이빨 자국'의 신라말 '잇금'을 한자로 풀어 쓴 게 '치리'라고 본다. 이 글에 이사금을 '이질금'이라고도 했다고 나와 이런 의견이 어느 정도 뒷받침되지만, '잇금'이라 발음되는 글자가 다른 옛 기록에도 나오는 게 아니라서 확언하기가 어렵다. 이사금·이질금이 정확히 '치리'를 뜻하는지도 단언할 수 없다.

갈문왕 신라에는 왕에 대한 칭호는 아니지만 그에 준하는 말로 갈문왕葛文王이 있었다. 신라 사람들이 남해왕이 죽은 뒤 그에게 갈문왕이라

포항 〈영일냉수리 신라비〉에 보이는 '지도로갈문 至都盧葛文'

는 존호를 올렸는데, 일연은 그 말뜻을 자세히 모르겠다고 했다. 《삼국사기》에도 이와 비슷한 말이 나온다. 오늘날 학계에서는 왕의 아버지, 왕비의 아버지, 왕의 동생이 주로 책봉되었다고 보고 있다. 사실 신라 역사 전체로 보면 그 외에도 다양한 상황에서 여러 인물에게 갈문왕 칭호가 올려졌기에 어떤 특정 상황에서 갈문왕 칭호를 받았는지 정확히 말하기가 어렵고, 국왕과 혈연이나 혼인 등으로 맺어진 중요한 사람에게 봉해진 칭호로 보는 정도에 그친다. 일연이 품었던 의문은 오늘날에도 그대로 남아 있는 셈이다.

원 문

第二南解王

南解居西干 赤云次次雄 是尊長之稱 唯此王稱之 父赫居世 母閼英夫人 妃雲帝夫人 一作雲梯 今迎日縣西有雲梯山 聖母所旱有應 前漢平帝元始四年甲子 即位御理二十一年 以地皇四年甲申崩 此王乃三皇之第一云 按三國史云 新羅稱王曰居西干 辰言王也 或云

呼貴人之稱 或曰次次雄 或作慈充 金大問云 次次雄方言謂巫也 世人以巫 事鬼神

尚祭祀 故畏敬之 遂稱尊長者爲慈充 或云尼師今言謂齒理也 初南解王薨 子弩禮讓

位於脫解 解云 吾聞聖智人多齒 乃試以餅噬之 古傳如此 或曰麻立干 立一作袖 金大問

云 麻立者方言謂橛也 橛標准位而置 則王橛爲主 臣橛列於下 因以名之 史論曰 新

羅稱居西干次次雄者一 尼師今者十六 麻立干者四 羅末名儒崔致遠 作帝王年代曆

皆稱某王 不言居西干等 豈以其言鄙野不足稱之也 今記新羅事 具存方言 亦宜矣

羅人凡追封者稱葛文王 未詳 此王代樂浪國人來侵金城 不克而還 又天鳳五年戊寅

高麗之裨屬七國來投

제3대 노례왕

박노례는 이질금이다. 유례왕이라고도 한다 처음에, 왕이 매부인 탈해에게 왕위를 양보하려 하자 탈해가 말하였다.

"대개 덕 있는 사람이 이빨이 많다고 하니 치리齒理를 가지고 시험해 봅시다."

이에 떡을 물어 시험해 보니 왕의 이빨이 더 많았으므로 먼저 즉위하였다. 그로 인하여 이질금이라 하였으니 이 칭호는 이 왕 때부터 시작된 것이다. 유성공劉玄[후한 경시제更始帝] 경시 원년[23] 계미에 즉위하였다. 연표[《삼국사기》〈연표〉]에는 갑신[24]에 즉위하였다고 한다 육부六部의 이름을 고치고 이에 육성六姓을 하사하였다. 〈도솔가〉가 처음 나왔는데, '차사'와 '사뇌'의 격이 있었다. 보습과 얼음 창고를 처음 만들었고, 수레도 만들었다. 건호[건무] 18년[42]에 이서국을 정벌해 멸하였다. 이 해에 고려[고구려] 군사가 쳐들어왔다.

해 설

《삼국사기》〈신라본기〉「유리이사금」의 내용을 인용하여 노례왕의 업적 등을 설명한 글이다. 오늘날 노례왕은 《삼국사기》에 나오는 대로 유리왕儒理王(재위 24~57)으로 부른다. 고구려 동명성왕에 이어서 두 번째 임금으로 오른 유리왕琉璃王(재위 기원전 19~18)과는 다른 사람이다.

창업보다 수성守成이 어렵다고 하듯이, 거창하게 나라는 세웠으나 다음

상 | 노례왕 대의 얼음 창고를 연상시키는 경주 월성의 석빙고
하 | 노례왕이 보급했다는 쟁기와 보습으로 농사를 짓는 모형(농업박물관)

대에 가자마자 사라져 버린 나라들이 역사에 헤아릴 수 없이 많다. 나라를 처음 일으키는 일이 보통 어려운 일이 아니었겠으나, 이를 이어받아 발전의 기틀을 책임져야 할 후대 임금이 받는 압박감도 대단했으리라. 3대 노례왕 역시 마찬가지였을 텐데, 비록 고구려 군대의 공격을 받기는 했으나 오늘날 경상북도 청도군 일대 부족 국가인 이서국을 멸망시켜 영토를 넓혀 갔으니 수성은 어느 정도 했다고 보인다. 그 대에 백성을 계몽하는 〈도솔가〉가 처음 지어졌다는 것도 당시의 사회 분위기가 건실했음을 보여준다.

이 시대에는 또 농기구인 보습, 물품 유통과 공중위생에 관계된 얼음 창고, 교통 편의를 위한 수레[車乘] 등이 제작되었다. 이런 데에서도 국방과 백성의 편의를 위한 여러 가지 정책이 계발되고 시행된 시대의 분위기가 느껴진다. 그런데 이 보습·얼음 창고·수레 등을 노례왕이 직접 만들었다고 보기도 하나, 그의 시대에 이런 새로운 발명품들이 나왔다고 보는 게 역사적 해석에 맞을 듯하다.

도솔가

비파를 치는 천인상 (감은사 서삼층석탑 사리구)

노례왕 대에 처음 지어졌다는 〈도솔가兜率歌〉는 오늘날 어떤 특정한 노래 제목이라기보다는 신라에서 유행했던 가악歌樂의 장르 이름으로 보고 있다. 하지만 그 뜻이 무엇인지는 분명하지 않다. '도솔'이라는 발음에 주목해서 '돗놀애'로서 나라의 번성을 노래한 국도가國都歌라거나, 제신가祭神歌의 일종으로 보는 등 여러 가지 의견이 있다. 사실 '도솔'이라는 말부터 정확하게 해석하기 어렵다. '기쁘고 즐겁다[歡康]'라는 의미인 '두리'로서 이른바 동이악東夷樂을 가리키는 '조리朝離'·'주리侏離'를 다른 소리로 표현한 말이라거나, 농악인 '두레 노래'의 원류라거나, 혹은 소생·재생을 뜻하는 '도살놀애'에서 나온 말이라고 하는 등 다양한 해석이 있다.

노례왕 대에 만들어진 도솔가는 그 가사가 전하지 않으나 '차사嗟辭'와 '사뇌詞腦'의 격格이 있다는 말을 통해 국어학계에서 그 형식을 추정하기도 한다. 그래서 가사가 남아 있는 신라 향가를 참고하여 '차사'는 슬픔을 표현하는 말인 '아으'와 같으며, 끝 구절을 언제나 '차사'로 시작함이 도솔가의 격식이었다고 보고 있다. 〈의해〉「월명사 도솔가」에 760년(경덕왕 19)에 월명月明 스님이 지은 〈도솔가〉 가사가 소개되어 있다. 그런데 이는 노례왕 대의 〈도솔가〉와 형식이 다른 향가로 본다.

한편, 《삼국사기》〈신라본기〉「유리이사금」에도 '이 해에 민속이 기쁘고 편안한 덕에 〈도솔가〉가 처음 나왔으니, 바로 가악의 시초였다.[是年 民俗歡康 始製兜率歌 此歌樂之始也]'라고 하여 이 글과 비슷한 말이 나온다.

원문

第三弩禮王

朴弩禮尼叱今 作儒禮王 初王與妹夫脫解讓位 脫解云 凡有德者多齒 宜以齒理試之 乃 咬餠驗之 王齒多故先立 因名尼叱今 尼叱今之稱自此王始. 劉聖公更始元年癸未即 位 年表云 甲申即位 改定六部號 仍賜六姓 始作兜率歌 有嗟辭詞腦格 始製黎耜及藏氷 庫 作車乘 建虎[武]十八年 伐伊西國滅之 是年 高麗兵來侵

제4대 탈해왕

탈해치질금 토해이사금이라고도 한다 이 남해왕 때[재위 4~24] 옛 책에서 임인년에 왔다 했음은 잘못이다. 가깝게는 노례왕[재위 24~57] 즉위 이후이므로 양위를 놓고 다투던 일이 있을 수가 없었으며, 이전으로는 혁거의 재위[기원전 57~4] 기간이었다. 그러므로 임인년은 아님을 알 수 있다 가락국의 바다에 어떤 배가 와서 닿았다. 가락국의 수로왕이 신하 백성과 함께 나와 북 치고 환호하며 맞이함으로써 가락국에 머무르도록 하고자 했으나, 배는 쏜살같이 지나쳐 버려 계림의 동쪽인 하서지촌의 아진포 지금도 상서지촌, 하서지촌이라는 이름이 있다 에 닿았다.

그때 포구에 '아진의선'이라는 이름을 가진 한 늙은 여인[嫗]이 있었는데, 혁거왕 대의 어부[海尺]의 어머니였다. 배를 바라보더니, "이 바다에는 원래 바위가 없거늘 무슨 까닭에 까치들이 모여들어 울고 있을까?" 하면서 배를 당겨와서 살펴보았다. 까치들이 배 주변으로 모여들고 있고 배 안에는 궤짝 하나가 있었는데, 길이 20자이고 넓이 13자였다. 배를 끌어다가 나무가 우거진 숲 아래에 매어두고는, 흉한 일인지 길한 일인지를 몰라 하늘을 향해 빌었다. 조금 있다가 궤짝을 열어보니 단정히 생긴 사내아이가 있고, 그와 함께 칠보와 노비들이 그득하였다. 이레 동안 잘 대접하고 나니 드디어 말하였다.

"저는 본디 용성국 혹은 정명국, 혹은 완하국이라 한다. '완하'는 화하국이라고도 한다. 용성은 왜의 동북쪽으로 천 리이다 사람입니다. 우리나라에 일찍이 스물여덟 용왕이 있었는데, 모두 사람 몸에서 태어나 대여섯 살부터 왕위에 올라 만민을 가르치면서 천성과 천명[性命]을 올바로 닦도록 했습니다. 그리고 8품의 성골[姓骨]이 있으나 가려져 뽑힘이 없이 모두 왕위에 올랐습니다. 그때 저의 부왕이신 함달파께서 적녀국 왕의 딸에게 장가들고 비로 삼았습니다. 오래도록 뒤를 이을 아들이 없었으므로 자식 얻기를 기도하였더니 7년 뒤에 커다란 알 한 개를 낳았습니다. 이에 대왕이 군신들을 불러 모아 묻기를, '사람이 알을 낳음은 예로부터 없던 일이다. 길하고 상서로운 일은 아니리라.'라고 하였습니다.

이에 궤를 만들어 저를 넣고, 더불어 칠보와 노비들을 함께 배 안에 실어 바다에 띄우고는 '부디 인연 있는 땅에 닿아 나라를 세우고 일가를 이루거라.' 하고 축언하였습니다. 문득 붉은 용이 나타나 배를 호위함으로써 여기까지 오게 된 것입니다."

말을 마친 아이는 지팡이를 끌고 종 둘을 데리고서 토함산 위로 올라갔다. 돌무지를 짓고 이레 동안 지냈다. 성에서 살 만한 데를 살폈더니 마치 초승달같이 생긴 한 봉우리가 보였는데 오래도록 살 만한 땅이었다. 이에 내려와서 그곳을 찾아갔더니 바로 호공의 집이었다. 이에 간교한 꾀를 내어 몰래 숫돌과 숯을 그 집 곁에 묻어놓았다. 아침에 문 앞에 가서 따지며 말했다.

"여기는 조상 대대로 저희의 집이었습니다."

호공이 "아닙니다." 하므로 서로 다투었으나 해결하지 못하였다. 이에 관가에 가서 알리니, 관리가 물었다.

"거기가 너희 집임을 어떻게 증명할 수 있는가?"

"저희는 본래 대장장이였습니다. 잠깐 이웃 고을에 간 사이에 저 사람이 빼앗고 사는 것입니다. 청컨대 땅을 파서 조사해 주십시오."

그대로 했더니 과연 숫돌과 숯이 나왔다. 이에 집을 빼앗아 살게 되었다. 그러자 남해왕이 탈해가 지혜로운 사람임을 알고 맏공주를 아내로 삼도록 하였으니, 그가 바로 아니 부인이다.

하루는 토[탈]해가 동악[토함산]에 올랐다가 돌아오는 길에 시종[白衣]더러

물을 떠 오게 하였다. 그가 물을 떠 오다가 도중에 먼저 마셨더니 뿔잔이 입에 붙어 떨어지지 않았다. 그로 인해 꾸짖으니 "앞으로는 가까운 데 있든지 먼 데 있든지 간에 감히 먼저 맛보지 않겠습니다."라고 맹세하자 겨우 떨어졌다. 이로부터 시종이 마음 깊이 따르며[襲服] 감히 속이려 하지 않았다. 지금 사람들이 '요내정'이라 부르는 동악에 있는 우물이 이것이다.

노례왕이 붕어하자 광호[무]제 중원 2년[57] 정사 6월에 왕위에 올랐다. '옛날[昔] 이곳이 우리 집이었습니다.' 함으로써 남의 집을 빼앗았기에 석昔씨가 성이 되었다. 혹은 까치[鵲]들로 인해 궤짝을 열게 되었으므로 '鳥'를 뗀 '昔'을 성씨로 하였고, 궤짝을 여니[解] 알을 벗어던지고[脫] 나왔으므로 '탈해'라 이름했다 한다.

재위 23년째인 건초 4년[79] 기묘에 세상을 떠났다. 소천구 안에다 장사 지냈는데 나중에 신이 되어 "내 뼈를 정성스럽게 묻어라."라고 일렀다. 그 해골의 둘레는 3척 2촌, 신골은 길이 9척 7촌이나 되었다. 이빨은 서로 붙어 있어서 마치 하나인 듯하였으며, 뼈와 뼈가 서로 맞닿아 연결된 데[骨節]가 모두 이어져 있는 게 이른바 천하무적 역사力士의 골격이었다. 부수어서 소상塑像을 만들어 궁궐 안에 안치하였더니 신이 다시 "내 뼈를 동악에 두어라." 하였으므로, 그렇게 모시도록 하였다. 달리 전하는 말에는 붕어한 뒤, 27세 문호[무]왕 대인 조로 2년[680] 경진 3월 15일 신유 밤에 태종[문무왕으로 추정]의 꿈에 위세가 있고 맹렬한 모습인 한 노인이 나타나서, "내가 바로 탈해이다. 소천구를 파서 내 유골로 소상을 만들어 토함산에 안치해 달라." 하므로 왕이 그대로 따랐다. 그런 까닭에 지금까지 국가 제사가 끊이지 않았으므로 이에 동악신이라 부르게 되었다고 한다

해 설

가락국 바다에 정체 모를 배 한 척이 나타났다. 수로왕과 신하들이 모두 나와 해안에 들어오기를 기대했으나, 배는 모른 척 지나치고 경주 바닷

아진포(경주시 양남면 나아리) 탈해왕탄강유허비

가에다 돛을 내렸다. 이는 42년에 인도 아유타국에서 허황옥이 배를 타고 가야에 상륙하던 광경을 떠올리게 한다. 하지만 《삼국사기》〈신라본기〉 「탈해이사금」에는 다르게 나온다. 탈해가 들어 있는 궤짝이 든 배가 처음에는 금관국의 바닷가에 닿았으나, 나라 사람들이 괴이하게 여겨 배를 그냥 보냈다는 것이다. 이를 역사적으로 해석하면 수로왕과 탈해는 같은 시기에 살았으나 그다지 우호적 관계가 아니었다고 볼 수 있다. 〈기이 2〉의 「가락국기」에 나오는 얘기에도 이런 정황이 보인다. 수로왕과 탈해가 가락국의 왕권을 두고 술법으로 겨루었는데, 여기서 진 탈해가 계림으로 도망 갔다는 것이다. 이 이야기는 외국에서 온 도래인渡來人 집단을 상징하는 탈해가 가락국이 아니라 신라를 선택했던 옛 일이 설화 형식으로 재구성되었다고 보인다. 여하튼 가락국에는 비슷한 상황이 두 번 일어났던 셈이다. 다만, 이 글에서 탈해가 처음 발견될 때 그가 그냥 궤짝 안에 있었던 것처럼 묘사했다가, 뒤에서는 그의 이름을 설명할 때 궤를 열었더니[解] 알을 벗어던지고[脫] 나왔으므로 탈해라고 했다 하여 앞뒤 상황이 조금 다르다. 이 글대로 이해하자면, 처음 용성국에서 알에 든 채로 태어났다가 배에 실려 바다를 건너 신라에 오는 도중에 알을 깨고 나왔고, 신라 해안에 도착

신라시대 술잔인 동물뿔모양 각배角盃
(미추왕릉지구 출토)

해 궤가 열려 그 안에서 나왔다고 보아야 할 듯하다.

한편, 이때를 두고 일연은 옛글에 임인년이라 한 게 잘못이라고 풀이했다. 이 무렵의 임인년이라면 노례왕 19년인 42년과 그보다 앞선 기원전 19년인 혁거세거서간 39년 등이 있는데, 둘 다 노례[유리가 즉위하기 전에 탈해에게 양보하려 했던 일과 시간 배경이 다르기 때문이라고 설명했다.

탈해가 호공의 집을 빼앗은 뒤 동악에 올라갔다 내려올 때 생긴 일이 재미있다. 탈해에게 바칠 물을 떠 오던 시종이 도중에 몰래 먼저 마시니 물잔이 그만 입에 붙어버렸다는 것이다. 그런데 이 글에 '각배角盃'라고 나오는 이 물잔은 실제로 현대에 들어와서 5세기 이전의 신라 유적에서 적잖게 발견된다. 짐승 뿔처럼 생겨서 현대 고고학자들이 '각배'라고 이름을 붙였는데, 이 글을 참고해 그랬는지는 모르겠으나 고고학자들이 이름을 잘 붙였다는 생각이 든다.

동악신이 된 탈해

산악을 숭배했던 신라 사람들은 나라의 명산 중에서 방위대로 동서남북과 중앙에 자리한 다섯 곳을 골라서 산신에게 제사 지내는 풍습이 있었다. 이른바 오악五岳 신앙인데, 불국사와 석굴암이 자리한 토함산을 동악, 계룡산을 서악, 지리산을 남악, 태백산을 북악, 그리고 팔공산을 중악으로 삼았다. 그중 동악 토함산은 동해에서 솟아오르는 해를 정면으로 바라보는 자리인 데다가 서울 경주와 가까이 있어서 신라 사람들에게 아무래도 좀 더 많은 의미가 있었으리라 보인다. 이런 신라 사람들 정서로 본다면 탈해가 죽은 다음 토함산의 신이 되었다는 이야기는 곧 신라 사람들에게 그의 존재감이 굉장했었다고 볼 수 있다. 다만, 이 《삼국유사》나 《삼국사기》 등에 나오는 탈해 관련 기록만 갖고서는 그가 신으로 추앙된 이유가 충분히 설명되지 않는다. 신으로 모셔질 정도의 강렬함이 잘 느껴지지 않기 때문이다. 어쩌면 사실은 그가 상당한 업적을 이루었는데 정작 우리에게 알려진 일은 극히 일부만인지도 모르겠다.

소천구에서 화장된 탈해의 뼈가 보통 사람보다 훨씬 컸다고 나오니, 평소 그는 기골이 장대했던 장사의 풍모였을 것이다. 「가락국기」에 수로왕과 왕위를 두고 술법을 다투었다는 전설과 연결해 보면 그는 국토를 넓히기 위해 사방으로 전쟁을 펼치던 군주였다는 이미지로도 그려진다. 탈해는 죽어서 토함산에 묻히기를 바랐으나 그 뒤를 이은 왕은 뼈를 빻아서 소상塑像으로 만들어 궁중에 두었다. 얼핏 들으면 굉장히 예우한 듯하지만, 유언대로 하지 않았으니 탈해의 뜻을 거스른 셈이었다. 당시 왕은 적통임에도 불구하고 처음에는 탈해에게 왕위를 양보하려 했다가 마지못해 왕위에 올랐던 유리이사금의 둘째 아들 파사이사금(재위 80~112)이다. 그가 전왕인 탈해의 유언을 따르지 않았음을 보면, 그 전에 유리와 탈해가 왕위를 서로 양보했음이 사실은 두 사람 간의 왕위 쟁탈을 위한 다툼이었는데 이것이 후세에 우아하게 윤색된 게 아닌가 생각하게 한다. 그래서 파사가 부왕과 껄끄러운 사이였던 탈해의 유언을 곧바로 실행하지 않자 신이 된 탈해가 다시 나타나 재차 요청함으로써 비로소 토함산에 묻히게 된 게 아닐까. 이 글에서 일연이 주석으로 소개한 이설異說에도 어느 날 갑자기 탈해가 문무왕의 꿈에 나타났는데 그 모습이 '위세가 있고 맹렬한 모습이었다[貌甚威猛]'라고 한 데서도 심기가 불편했던 그의 모습이 그려진다.

석탈해왕과 석씨 임금들

용성국龍城國에서 왔다고 스스로 밝혔듯이 탈해는 신라 토착민이 아니라 이른바 외래인이다. 《삼국사기》에 용성국은 다파나국多婆那國으로, 또 어머

신라 오악 중 탈해세력의 근거지인 동악(토함산) 전경

토함산 요내정(포수우물)

니의 나라 적녀국積女國은 '여국女國'이라고 조금 다르게 나온다. 중국의 《삼국지》〈위서〉「동이전」에는 용성국이 동해 가운데에 있는 여인국이라고 한다.

이 글이나 《삼국사기》를 토대로 하여 역사학자들은 탈해의 정체성에 몇 가지 특징이 있다고 보았다. 우선 바닷길로 왔으니 해상 세력과 밀접한 연관이 있었으리라는 것이다. 표류하던 그를 발견한 사람이 해척海尺, 곧 어부였다는 점도 이를 뒷받침한다. 그가 호공의 집을 뺏을 때 자기 집안이 대장장이[冶匠]였다고 한 데에 따라 철을 다루는 집단 출신이라는 추정도 한다. 고대에서 금속을 다루는 대장장이는 대단한 지위에 있었으므로 그 역시 신라에 오기 전부터 상당한 세력을 지니고 있었다고 볼 수 있다. 또한 탈해가 '천하무적'의 커다란 골격이었다는 표현은 곧 그가 무장武將이었을 가능성을 보인다. 이를 종합하면, 탈해는 발달한 철제 무기와 도구를 배경으로 동해 일대에서 어업·해상 세력을 장악한 무장이었다고 볼 수 있다.

또한 백주에 눈뜬 채로 탈해에게 집을 빼앗긴 호공瓠公도 왜인倭人이라는

상 | 토함산 정상의 탈해왕 사당터, 하 | 경주 동천동 소금강산 기슭의 탈해왕릉

게 정설이다. 신라에 건너와서 정착한 뒤 혁거세거서간 대인 기원전 20년에
사신이 되어 마한에 파견되었으며, 탈해이사금 대인 58년에는 대보大輔라는
고위직이 되었다(《삼국사기》〈신라본기〉). 〈기이 1〉「김알지-탈해왕 대이다」에
도 60년 무렵 그가 김알지가 신라에 세력을 확보하는 데에 일정한 역할을
했다고 나온다.

신라에서는 박·석·김 등 세 성씨가 왕위를 번갈아 이어갔다. 석탈해는
첫 번째 석씨 왕이며, 나중에 유리왕의 아들 파사에게 왕위를 물려주고

내려왔다. 이후 박씨가 잇달아 네 차례 왕이 되었고, 그 뒤 다시 석씨인 벌휴가 왕위에 올라 내해·조분·첨해에 이르기까지 석씨가 잇달아 왕이 되었다. 다음은 김씨로는 처음으로 미추가 왕이 되었고, 이어서 다시 유례와 기림, 흘해 등 석씨가 왕위에 올랐다. 그러나 다음 내물왕부터는 김씨 왕이 끝까지 이어졌다. 그래서 석씨 임금은 탈해부터 흘해까지 모두 8왕, 173년간을 왕위에 있었다.

탈해의 자취, 숭신전

지금 경주에는 탈해왕의 제전祭殿 숭신전崇信殿이 있다. 1898년 군수 권상문權尙文이 반월성이 있는 언덕 높은 곳에다 처음 세웠다가, 1906년부터 박·석·김 등 신라의 3성 시조 임금의 위패를 같이 모시면서 대한제국 황제로부터 편액을 하사받았다. 이로써 석씨 왕의 제전은 숭신전, 박씨 왕의 제전은 숭덕전崇德殿, 김씨 왕의 제전은 숭혜전崇惠殿이 되었다. 1979년 반월성 전체가 경주국립공원 정비계획에 포함되고 반월성 복원 사업이 시작되면서 숭신전은 탈해왕릉에 가까운 지금의 동천동으로 옮기고, 〈신라 석

탈해왕 비명〉비석이 있는 모우각慕虞閣을 앞뜰에 새로 지었다. 이때 숭덕
전은 오릉으로, 숭혜전은 대릉원으로 각각 자리를 옮겼다. 그 뒤로 각 문
중에서 따로 제사를 올렸는데, 최근에는 2023년 3월 23일 춘분에 '박·
석·김 시조왕 춘계 향사亨祀'가 동시에 열렸다.

현재 반월성에는 옛 숭신전의 팔각 석주 몇 기가 남아 있고, 그밖에 연꽃
이 새겨진 우물이 있다. 우물은 신라시대 형식의 우아하고 격조 있는 조각이
새겨져 있어서 금광정金光井으로 보는 추측도 있으나 분명한 근거는 없다. 금
광정은 753년 가뭄이 극심했을 때 용장사의 대현 스님이 대궐에 와서《금
광경》을 읽고 기우제를 올렸더니 물길이 일곱 길이나 솟아났다던 우물이다.

원문

第四脫解王

脫解齒叱今 一作吐解尼師今 南解王時 古本云 壬寅年至者謬矣 近則 後於弩禮卽位之初 無爭讓之事 前則 在於
赫居之世 故知壬寅非也 駕洛國海中 有舡來泊 其國首露王與臣民鼓譟 而迎將欲留 而舡乃
飛走至於雞林東 下西知村 阿珍浦 今有上西知 下西知村名 時浦邊有一嫗 名阿珍義先 乃赫
居王之海尺之母 望之謂曰 此海中元無石嵒 何因鵲集而鳴 拏舡尋之 鵲集一舡上舡
中有一櫃 長二十尺廣十三尺 曳其舡置於一樹林下 而未知凶乎吉乎 向天而誓爾 俄
而乃開見有端正男子 并七寶奴婢滿載其中 供給七日迺言曰 我本龍城國人 亦云正明國
或云琓夏國 琓夏或作花厦國 龍城在倭東北一千里 我國嘗有二十八龍王 從人胎而生 自五歲六歲 繼
登王位 敎萬民修正性命 而有八品姓骨 然無揀擇 皆登大位 時 我父王含達婆 娉積
女國王女爲妃 久無子胤 禱祀求息七年後産一大卵 於是 大王會問羣臣 人而生卵 古
今未有 殆非吉祥 乃造櫃置我并七寶奴婢載於舡中 浮海而祝曰 任到有緣之地 立國
成家 便有赤龍護舡而至此矣 言訖 其童子曳杖率二奴 登吐含山上 作石塚留七日 望
城中可居之地 見一峯如三日月 勢可久之地 乃下尋之卽瓠公宅也 乃設詭計 潛埋礪
炭於其側 詰朝至門云 此是吾祖代家屋 瓠公云 否 爭訟不決 乃告于官 官曰 以何驗

是汝家 童曰 我本冶匠乍出隣鄉而人取居之 請堀地檢看 從之 果得砺炭乃取而居爲

時南解王知脫解是智人 以長公主妻之 是爲阿尼夫人 一日吐解登東岳迴程次 令白

衣索水飲之 白衣汲水中路先嘗而進 其角盃貼於口不解 因而嘖之 白衣誓曰 爾後若

近遥不敢先嘗 然後乃解 自此白衣讋服不敢欺罔 今東岳中有一井 俗云遥乃井是也

及弩禮王崩 以光虎[武]帝中元二年丁巳六月 乃登王位 以昔是吾家取他人家 故因姓

昔氏 或云因鵲開櫝 故去鳥字姓昔氏 解櫝脫卵而生 故因名脫解 在位二十三年 建初

四年己卯崩 葬䟽川丘中 後有神詔 愼埋葬我骨 其髑髏周三尺二寸 身骨長九尺七寸

齒凝如一 骨節皆連瑣 所謂天下無敵力士之骨 碎爲塑像安闕内 神又報云 我骨置於

東岳 故令安之 一云 崩後 二十七世文虎王代[文武王代] 調露二年庚辰 三月十五日辛酉 夜見夢於太宗[文武]王曰 有老

人貌甚威猛曰 我是脫解也 拔我骨於䟽川丘 塑像安於土含山 王從其言 故至今國祀不絶 即東岳神也云

김알지-탈해왕 대이다

영평 3년 경신[60] 중원 6년[61]이라고도 함은 잘못이다. 중원은 전부 2년으로 끝이 났다 8월 4일 밤중에 호공이 월성 서쪽 마을[西里]을 지나다가 시림 구림이라고도 한다 한가운데에 커다랗고 밝은 빛이 드리우는 광경을 보았다. 자색 구름이 하늘에서 땅으로 곧장 내려왔는데 그 속에 있던 황금 궤짝이 나뭇가지에 걸렸고, 빛은 궤짝에서 나오는 것이었다. 그러자 흰 닭 한 마리가 나무 밑에서 울어대었다.

본 대로 왕에게 아뢰니 친히 그 숲에 행차했다. 궤짝을 열었더니 사내아이가 누워있다가 벌떡 일어났다. 혁거세의 고사와 비슷한 일이었다. 그로 인해 '알지'를 이름으로 삼았다. 알지는 곧 우리말로 어린아이[小兒]를 부르는 말이다. 잘 감싸안아 궁으로 돌아오는데 새와 짐승들이 서로 기뻐하며 이리저리 뛰어놀았다. 왕이 길일을 택하여 태자로 책봉했으나, 나중에 파사에게 물려주고 왕위에 오르지 않았다.

금궤에서 나왔으므로 성이 '김金'씨가 되었다. 알지는 열한을 낳고, 열한은 아도를 낳고, 아도는 수류를 낳고, 수류는 욱부를 낳고, 욱부는 구도'仇刀'라고도 한다 를 낳고, 구도는 미추를 낳았다. 미추가 왕위에 즉위하니, 신라 김씨 왕은 알지로부터 시작되었다.

해 설

신라 김씨의 시조 알지閼智에 관한 이야기이다. 알지가 태어나는 장면에서 빛과 구름, 나무와 흰 닭, 궤짝 등이 나오며 신비로움을 더하는데, 일연도 말했다시피 시조 혁거세의 탄생 장면과도 흡사한 분위기이다. 혁거세가 알에서 나오며 스스로 "알지 거서간"이라고 한 데에 따라 이름을 '알지'라고 붙였다는 일과 비교해 보면 김알지 이야기는 더더욱 혁거세의 다른 버전 같아 보인다. 성씨는 서로 다르지만, 신라가 건국한 지 얼마 안 된 시기라서 신비하고 기이한 면모를 강조하느라 비슷해진 걸까? 아니면 영웅 탄생의 장면은 모두 이런 상투적 효과가 들어가기 마련인 걸까.

신라 초기의 외교가, 호공

경주 계림내 김알지탄강비

알지를 품은 금궤 한 짝이 하늘에서 내려오는 광경을 처음 본 이는 호공瓠公이다. 이 글 앞 「제4대 탈해왕」에는 멀쩡히 잘 살던 집을 탈해의 술책으로 빼앗기는 어리숙한 모습으로 나온다. 그런데 여기서는 신라 김씨의 시조가 되는 알지의 강탄을 목격한 이로 나오니, 김알지와 탈해왕을 연결하는 중요한 인물로 그려졌다고 볼 수 있다. 이 설화가 외래 인사였던 알지가 신라 조정에 참여한 일에 관한 신비적 서사극이라면, 호공은 이 극에서 상당히 중요한 역할을 맡았다고 볼 수 있다. 그런데 《삼국사기》〈신라본기〉에는 그가 본래 왜국 사람인데 신라에 관리로 등용되었고, 혁거세왕 대인 기원전 20년에 마한에 사신으로 다녀왔다고 한다. 이에 따르면 아마도 외교 전문가로 신라에 초빙되었다고 볼 수

경주 반월성 전경

있을 듯하다. 또 탈해왕 대인 58년에 대보大輔라는 벼슬을 받았다고 하니, 상당히 오랫동안 중용된 셈이다. 능력이 뛰어나기도 했겠고 또 굽힐 때 굽히고 말할 때 말할 줄 아는 처세의 달인이었다고 해야 할까.

월성과 시림

알지가 하늘에서 내려온 데가 경주 월성의 시림始林이다. 월성은 왕궁이 자리한 작은 규모의 도성으로 모양이 반달 같다 하여 반월성半月城 또는 신월성新月城이라고도 했다. 그리고 시림은 신라에서 신성한 장소로 여겨지던 숲 중의 하나인데, 알지가 나타날 때 흰 닭이 울어댔기에 이후 계림鷄林으로 불렸다고 한다《신증동국여지승람》. 한편, 일연이 주석에서 언급한 '구림鳩林'도 계림의 또 다른 이름이다.

경주 김씨의 유래

경주 김씨의 시조 김알지의 출자出自, 곧 그가 어디서 신라에 왔는지에 관

김알지가 탄생했다는 경주 계림. 가운데에 김알지탄생비각이 보인다.

한 이야기이다. 이 글에서 선언하듯이 분명하게 말하지는 않았어도 그가 신라 토착민이 아니라 한반도가 아닌 다른 데에서 온 인물일 가능성을 짙게 시사하고 있다. 당시 신라는 탈해왕이 다스리고 있었는데 탈해왕이 김알지를 거두게 된 인연도 나온다. 그리고 '알지'라는 이름의 유래와 함께 일연은 "금궤에서 나왔으므로 성이 김씨가 되었다. 알지는 열한을 낳고… 구도는 미추를 낳았다. 미추가 왕위에 즉위하니, 신라 김씨 왕은 알지로부터 시작되었다"라며 그가 김씨의 시조가 되었고, 그의 7세손 미추가 왕위에 올라 최초의 김씨 왕이 되었음을 강조하였다.《삼국사기》에도 이에 관련한 이야기가 이렇게 나온다.

"탈해이사금 9년[65] 왕이 금성金城 서쪽 시림에서 닭의 울음소리가 들려오므로 호공을 보내 살펴보게 하였다. 황금빛 궤가 나뭇가지에 걸려 있고 궤에서 빛이 나오며 흰 닭이 나무 밑에서 울고 있었다. 호공이 보고 돌아와 왕에게 아뢰고, 왕이 친히 가서 궤를 열었더니 용모가 뛰어난 사내아이가 나왔다. 이로부터 시림을 '계림'이라 하고 국호로 삼았다. 탈해왕은 이 아이를 거두어 길렀는데 금궤에서 나왔으므로 성을 '김'씨로 했으며, 커갈수록 총명하고 지략이 뛰어나 '알지'라고 이름했다."

이 두 기록을 비교하면 탈해가 등장하는 시기에 5년의 차이가 있고, 《삼국유사》에 호공이 알지가 하늘에서 내려오는 광경을 우연히 보고 이를 탈해왕에게 알린 듯이 나오지만 《삼국사기》에는 탈해왕이 닭 울음소리를 먼저 듣고 호공에게 확인해 보도록 한 게 다르다. 그러나 대체로 비슷한 내용이라고 볼 수 있다. 이에 따라 오늘날 김씨의 시작을 김알지로 보고, '경주 김씨' 문중에서도 그를 시조로서 족보의 맨 앞에 올려 놓았다.

그런데, 이와 다른 이야기가 담긴 기록도 있다. 〈문무왕릉비〉가 그중 하나로, 여기에 신라 김씨의 내력이 나온다. '투후의 7대 후손[秅侯祭天之胤傳七葉]'이자 '문무왕의 15대조가 성한왕[十五代祖成漢王]'이라는 뜻으로 읽히는 구절이 있는 것이다. 이로부터 학계에 큰 논란이 일었다. 투후란 《한서》〈열전〉에 나오는 김일제金日磾(기원전 134~기원전 86)이다. 흉노 휴도왕休屠王의 태자로 한 무제가 파견한 장수 곽거병과의 전투 때 포로가 되어 한나라로 잡혀갔다가, 이후 한의 신하가 되어 여러 중요한 역할을 맡았던 인물이다. 그래서 〈문무왕릉비〉에 따르면 신라 시조는 김알지가 아니라 흉노 출신인 김일제의 후손으로서

김알지 탄생설화를 그린 조속의 〈금궤도〉(국립중앙박물관)

문무왕릉비 비편(국립경주박물관)

성한왕星漢王으로 불렸던 사람이라는 이야기이다. 이렇게 되면 신라 김씨의 선조가 흉노족이 되는 것이다. 또 문무왕의 동생 김인문의 묘비(695년 무렵), 흥덕왕릉 비(836년 무렵), 진철대사 탑비(937년), 진공대사 탑비(941년)에도 태조가 성한왕이라는 말들이 나온다. 그러나 이러한 금석문 자료만 가지고 그대로 확신하기에는 역사적으로 너무 중요한 일이다. 그래서 학계에서는 성한왕을 곧 김알지라고 보거나, 혹은 이름이 비슷한 김알지의 아들 세한勢漢을 성한왕으로 추정한다. 또는 '태조 성한'이라고 지칭하는 만큼 성한이 김씨 최초의 왕 미추를 가리킨다고도 한다. 이렇듯 현재로서는 김씨가 흉노의 후예라는 설을 학계에서는 아직 사실로 받아들이지 않는 분위기이다. 다만, 7세기 이후 신라 왕족이나 귀족 일부가 김일제를 자신들의 선조로 보았던 의식 또는 관념이 있었음은 분명하다. 이에 관련해서 앞으로 연구가 더 진행되어야 할 듯하다.

　문무왕릉비는 본래 사천왕사에 세워졌다가 후대에 파손되었다. 그 일부가 1796년 처음 발견된 이후 몇 개가 더 발견되었고, 지금은 국립경주박물관에 있다.

원문

金閼智 脫解王代

永平三年庚申 一云 中元六年 誤矣 中元盡二年而已 八月四日 瓠公夜行月城西里 見大光明於始

林中 一作鳩林 有紫雲從天垂地 雲中有黃金櫃 掛於樹枝 光自櫃出 亦有白雞 鳴於樹下

以狀聞於王 駕幸其林 開櫃 有童男臥而即起 如赫居世之故事 故因其言 以閼智名之

閼智即鄉言小兒之稱也 抱載還闕 鳥獸相隨喜躍蹌蹌 土[王]擇吉日 冊位大[太]子 後

讓故[於]婆娑 不即王位 因金櫃而出 乃姓金氏 閼智生熱漢 漢生阿都 都生首留 留生

郁部 部生俱道 一作仇刀 道生未鄒 鄒即王位 新羅金氏自閼智始

연오랑과 세오녀

제8대 아달라왕 즉위 4년[157] 정유에 동해 바닷가에 연오랑과 세오녀 부부가 살고 있었다. 어느날 연오가 바다로 나아가 미역[海菜]을 따고 있는데, 갑자기 바위 하나 물고기 한 마리라고도 한다 가 연오를 태워 일본으로 가 버렸다. 일본 나라 사람들이 연오를 보더니 "그는 보통 사람이 아니다."라며 왕으로 세웠다. 〈일본제기〉에 따르면 그 앞뒤로 신라 사람이 왕이 된 일이 없다. 이는 곧 변경 고을[邊邑]의 작은 왕이지 진짜 왕은 아닐 것이다.

세오는 남편이 돌아오지 않음을 이상히 여겨 그를 찾아나섰다가 남편이 벗어놓은 신을 보았다. 그녀도 바위에 올라갔더니 바위가 역시 전처럼 세오를 태우고 갔다. 그 나라 사람들이 놀라 왕에게 아뢰어 부부가 서로 만나고, 귀비貴妃도 되었다.

이때 신라의 해와 달에서 빛이 나지 않자, 기상을 관측하는 관리[日官]가 해와 달의 정기가 우리나라에 있었으나 지금은 일본으로 가버렸기에 이런 괴변이 일어났다고 아뢰었다. 왕이 일본에 사신을 보내어 두 사람더러 돌아오라고 하자 연오가 말하였다.

"내가 이 나라에 온 것은 하늘이 시킨 일이오. 이제 어찌 돌아갈 수 있겠소? 그러나, 짐의 비妃가 고운 명주실로 짠 비단이 있으니 이를 가지고 하늘에 제사 지내면 될 것이오."

이에 그 비단을 주니 사신이 돌아와 아뢰었다. 그 말에 따라 제사를 지냈더니 바로 해와 달이 전처럼 되었다. 그 비단을 어고御庫에다 간직하여 국보로 삼고 어고를 귀비고라 하였다. 하늘에 제사 지낸 데를 영일현이라 했는데, 또는 도기야 都祈野라고도 한다.

해 설

'연오랑 세오녀'는 일견 평범해 보이는 사람일지라도 실은 엄청난 일을 이뤄낼 수 있음을 말한 이야기라고 생각한다. 《삼국유사》에는 이런 내용을 담은 게 적잖다. 연오랑과 세오녀의 이름 끝에 붙은 '郞'과 '女'는 신라에서 젊은 남성과 여성의 이름에 붙던 접미어이다.

평범한 어부가 갑자기 일본에 건너가서 왕이 된 이야기는 비현실적으로 들릴 수 있다. 이를 잘못 받아들이면 근대의 어느 무렵, 한 서양인이 타고 가던 배가 난파되어 표류하다가 알려지지 않은 미개한 원시 종족에게 구조받은 뒤 그가 지닌 문명 지식을 바탕으로 하여 그들의 왕이 되었다는 모험소설이 머릿속에 겹칠 수도 있다. 또는 고구려·백제·신라 삼국으로부터 불교를 들여오고 불상이나 불탑을 만드는 정교한 기술 등을 익히기는 했어도, 일본이 신라에서 표류해온 어부를 이유 없이 왕으로 받들 만큼 두 나라 간 문화나 민도民度의 차이가 컸다고 보는 것도 역사적 합리성이 아니다. 그렇다면 어떻게 해서 이 '연오랑과 세오녀'의 이야기가 나오게 된 걸까?

연오가 신라 정계에서 배척받았거나, 자신의 재주를 세상에 드러내지 않고 동해에 은거하던 재사才士 은자隱者로 본다면 충분히 가능성이 있는 이야기가 된다. 그의 인품과 학식을 익히 들어 알고 있던 일본의 어느 고을이 그를 초빙해 자기들의 지도자로 세운 이야기가 신기하고 극적인 구성 형식을 빌려서 묘사되었다고 보는 것이다. 만일 그렇다면 연오에 관한 정보를 진즉 알고 있었을 만큼 두 나라의 교류가 빈번했다고 볼 수 있다.

한편, 연오와 세오가 신라를 떠나 일본에 가니 '신라의 해와 달에서 빛

상 | 포항시 연오랑세오녀 테마공원에서 바라본 영일만과 동해
하 | 포항시 남구 동해면 일월사당. 동해면 행정복지 센터 뒤 숲안에 위치한다.

이 나지 않았다.' 함은 일식 월식 현상을 말한 것으로 볼 수도 있다. 《삼국
사기》에 '아달라왕 13년에 일식日蝕이 있었다.'라고 하여 연오가 일본에 간
지 9년 후인 166년에도 일식 현상이 관찰되었음이 나온다. 《삼국사기》에
는 이외에도 일식 월식 또는 지진 같은 천문과 자연 현상이 자주 언급되
어 있다. 당시 사람들은 이런 현상들을 하늘이 주는 암시로 여겼기에 주
의 깊게 살펴 기록에도 남겼는데, 오늘날 《삼국사기》 천문 기록을 검증해
보면 과거의 천문 현상과 대체로 일치한다는 연구 결과도 있다. 그래서 연

포항 호미곶광장의 연오랑세오녀상

오 부부에 관한 설화가 166년에 일어났던 일식 현상을 두고 훗날에 만들어진 이야기가 아니겠느냐 하는 주장도 있다.

연오에게 받은 비단으로 하늘에 제사 지냈던 영일迎日은 오늘날 경상북도 포항시 남구 연일읍 일대이다. 영일의 또 다른 이름 '도기야 都祈野'도 '제사 지냈던 벌판'을 뜻하며, 오늘날 포항시 동해면 도구동 근처로 본다. 여기에서 가까운 오천면 일월동의 일월지日月池가 바로 귀비고 貴妃庫의 옛터로 추정되며 그 일대를 '도기뜰'이라 불렀다고 한다.

'천일창' 설화와 '연오랑 세오녀'

고대에 한반도에서 일본으로 건너간 사람이 그 지역의 왕이나 여왕 또는 그와 비슷한 지위에 올라 나라나 고을을 다스렸다는 얘기는 적어도 4세기 이전 《삼국사기》나 일본 고대 기록에 드물지 않게 보인다. 이는 당시가 고대국가를 형성하는 과정이어서 민족이나 국가 개념이 강하지 않았기에 비교적 자유롭게 서로 왕래할 수 있었기 때문일 수 있다. 또 7세기 후반에서도 고구려와 백제가 망하고 그 유민들이 일본으로 건너가 지역의

천일창[아메노히보코]과 그가 가져왔다고 전하는 보물을 제사지내는 효고현 이즈시의 이즈 신사出石神社

중심 세력이 되었던 일이 꽤 많았다.

연오랑 세오녀 일화처럼 역사적 사실에 근거한 이야기가 설화 형태로 변용되어 일본 고대 기록에도 실린 사례 중 하나가 천일창天日槍 설화로, 두 이야기의 구조가 비슷하다. 천일창에 관해서는 7세기 후반에서 8세기 초반에 완성되어 일본에서 가장 오래된 정사로 꼽히는 《일본서기日本書紀》와 《고사기古事記》에 나온다. 우선 《일본서기》에 따르면, 스이닌垂仁 천황 3년[기원전 27] 춘삼월에 신라 왕자 천일창[아메노 히보코]이 여러 종류의 옥 3개, 작은 칼, 창, 일경日鏡(銅鏡), 대나무 제품 등 7종의 진귀한 물건들을 지니고 오늘날 효고현兵庫縣에 해당하는 단마국但馬國에 가서 정착하였으며, 그가 가져온 물건들은 대대로 신물神物로 보관되었다고 나온다.

또한 정사는 아니더라도 연대로만 보면 《일본서기》보다 빠른 710년에 편찬된 《고사기》에 나오는 천지일모天之日矛도 역시 천일창에 관한 전승으로 본다. 다만 시대 배경은 《일본서기》의 천일창보다 약 200년 뒤에 있었던 일로 나온다. 《일본서기》에는 '천일창이 일곱 가지 신물을 가지고 귀래歸來했다.'라는 정도로 간략히 나오는 데에 비해서, 《고사기》에는 그가 일본에 오게 된 과정과 동기가 비교적 자세히 나오는데, 이를 요약하면 이러하다.

"옛날 신라의 아구누마阿具奴摩(阿具沼)라는 늪에서 한 여인이 햇빛을 받고 붉은 구슬을 낳았고, 이를 한 남자가 얻어 항상 지니고 다녔다. 어느 날 남자가 소를 끌고 가던 중 천일창이 감옥에 가뒀다가 구슬을 받고 풀어주었다. 구슬은 아름다운 여인으로 변했고, 천일창은 그녀를 아내로 삼았다. 그러나 천일창에게 꾸지람을 받은 아내가 배를 타고 난바難波의 히메코소比賣碁曾 신사神社로 떠나버렸다. 뉘우친 천일창이 아내를 찾으려 난바 해협을 지날 때 수신의 방해로 더 나아가지 못하고 부득이 근방인 다지마국多遲摩國에 상륙하였다. 그는 그곳에서 현지 여인 마에쓰미前津見와 결혼하여 정착하였다. 마에쓰미의 원래 이름은 아카루히메阿加流比売이다."

이 천일창 설화에는 고대 한국과 일본이 교류하던 면모가 설화 형식으로 깔려 있다. 그래서 이를 가지고 복잡하게 풀어내기도 한다. 사실 설화라고는 해도 오랜 옛날의 역사가 세월이 지나면서 흥미진진한 내용으로 각색되어 기록에 전한 것이므로, 고대의 설화는 단순한 설화 이상의 의미가 있다. 설화이기에 고대국가 완성 이전 두 나라의 관계가 사서史書의 기사보다 훨씬 역동적으로 그려진 것 같다. 역사학계에서는 이 천일창 설화를 역사적 맥락으로 이해할 때 고대의 신라 또는 진한辰韓 지역에서 건너온 사람들이 서부 일본 지역에 정착한 뒤 유력한 세력 집단이 되었다는 사실을 반영한다고 해석한다. 이러한 대규모 이주가 이뤄진 지역은 이를 뒷받침할 만한 해상 운송 능력도 갖춘 데임은 물론이다. 그래서 천일창의 발자취가 닿은 효고·오사카·사가 등지를 고대 한일 해상교통로로 주목하기도 한다.

아구누마 늪에서 한 여인이 햇빛으로 잉태하여 알을 낳았고 이 알이 아름다운 여인으로 변했다는 이야기는 고대 시베리아와 한반도에 널리 퍼진 '난생卵生설화'의 하나이다. 고구려의 시조 주몽, 사로국의 시조 혁거세, 용성국에서 건너온 석탈해, 금관국의 시조 수로왕 등의 출생 이야기 등이 다 같은 계열이라고 할 수 있다.

그런데 천일창 설화가 '연오랑 세오녀'와 같은 이야기라는 주장도 적지 않다. 일연이 인용한 〈일본제기〉가 《고사기》 서문에 소개된 〈제기帝紀〉를 가리킨다고 보고 두 이야기가 실은 하나이며, 천일창 설화가 연오랑 세오녀 설화로 재구성되었다고 보는 것이다. 그러나 이와 같은 역사적 해석이 맞는지는 잘 모르겠다. 이야기의 구조나 고대 한일 간 교류의 이면을 보여 준다는 점에서는 서로 닮았으나, 주인공의 신분이나 이야기의 기본적 분위기와 흐름 등이 분명히 서로 다르기 때문이다. 예를 들어서 연오가 바닷가에 나가 미역을 따려고 갯바위에 올라갔는데 갑자기 바위가 바다를 건너서 일본의 한 바닷가 마을로 그를 데려다주었다고 한 것은 신비로움을 강조해야 하는 설화의 서술적 구조를 위해 들어간 이야기로 보아야 맞지 않을까 싶다.

원 문

延烏郎細烏女

第八阿達羅王即位四年丁酉 東海濱有延烏郎細烏女夫婦而居 一日延烏歸海採藻 忽有一巖 一云 一魚 負歸日本 國人見之曰 此非常人也 乃立爲王 按日本帝記 前後無新羅人爲王者 此乃邊邑小王而非眞王也 細烏怪 夫不來歸 尋之 見夫脫鞋 亦上其巖 巖亦負歸如前 其國人 驚訝 奏獻於王 夫婦相會立爲貴妃 是時 新羅日月無光 日者奏云 日月之精 降在我國 今去日本 故致斯怪 王遣使來二人 延烏曰 我到此國 天使然也 今何歸乎 雖然朕之 妃 有所織細綃 以此祭天可矣 仍賜其綃 使人來奏 依其言而祭之 然後日月如舊 藏 其綃於御庫爲國寶 名其庫爲貴妃庫 祭天所名迎日縣 又都祈野

미추왕과 죽엽군

제13대 말[미]추니질금 미조 또는 미고라고도 한다 은 김알지의 7세손이며, 대대로 영달한 집안이었다. 성인의 덕이 있기에 이해가 자리를 물려주어 왕위에 올랐다. 오늘날 이 왕릉을 속칭 '시조당'이라 한다. 대개 김씨로 처음 왕위에 올랐기 때문이다. 그렇기에 후대 김씨의 여러 왕이 모두 미추로써 시조로 삼았음은 마땅하였다 왕의 자리에 있은 지 23년째에 죽었다. 능은 흥륜사 동쪽에 있다.

제14대 유리왕[유례왕, 재위 284~298] 대에 이서국 사람들이 쳐들어와 금성[신라의 궁성]을 공격하였다. 우리가 많은 사람을 동원해서 막았으나 오래 맞서기가 어려웠는데, 홀연히 귀에 죽엽을 꽂은 이상한 병사들이 와서 도와주었다. 우리 병사와 힘을 모아 적을 공격해 부순 다음 군대가 돌아갔는데 어디로 갔는지 알 수 없었다. 다만 죽엽들이 미추왕릉 앞에 쌓여 있음이 보였고, 그제야 선대 왕[미추왕]의 음즐陰騭의 덕분임을 알았다. 이로써 죽현릉이라 부르게 되었다.

세월이 지나, 제37대 혜공왕 대 대력 14년[779] 기미 4월에 돌연 회오리바람이 유신[김유신] 공의 무덤에서 일어났다. 그 속에 준마를 탄 장군 차림새를 한 사람이 있고 역시 갑옷을 입고 무기와 병장기를 갖춘 40명쯤의 군사가 그를 따라와 죽현릉으로 들어갔다. 얼마 뒤 능 안에서 울고 흐느끼는 소리 혹은 하소연하는 듯한 목소리가 크게 들려왔다. 그 말은 이러하였다.

"신은 평생 벼슬을 하면서 어지러운 나라를 구하고 국토를 통합한 공이 있습니다. 지금 혼백이 되어서도 나라를 지켜 재앙을 물리치고 근심을 없

애고자 하는 마음을 한시도 가벼이 하거나 버리지 않았습니다. 지난 경술
년[770]에 신의 자손이 죄없이 죽임을 당하게 되었는데도 군신들이 저의
뛰어난 공적은 헤아려주지 않았으니, 신은 멀리 다른 데로 가 다시는 애쓰
지 않으려 합니다. 임금께서 윤허해 주시기를 바랍니다.”

왕이 답하여 말하였다.

“나와 공이 이 나라를 지키지 않는다면 저 백성들은 어떻게 되겠소? 공은
전처럼 다시 노력해 주시오.”

세 번 청하였으나 세 번 모두 허락하지 않자, 회오리바람은 마침내 돌아갔다.
왕이 이 소식을 듣고 두려워하여 바로 공[상신 김경신]을 김공의 능에 보
내어 사과하도록 하였다. 공을 위하여 공덕보전 30결을 취선사에 두어 절
이 복을 비는 비용으로 쓰도록 하였다. 이는 김공이 평양을 토벌한 후 복
을 심으려 세운 데이기 때문이다. 미추왕의 혼령이 아니었더라면 김공의
노여움을 막을 수 없었을 터이니, 왕이 국가를 보호했음이 크지 않다고
할 수 없다. 그러므로 나라 사람들이 그 덕을 기리려 삼산과 함께 제사 지
냄이 끊이지 않게 하였고, 등급을 올려 오릉[박혁거세의 능] 위에 두어 ‘대묘
大廟’라고 불렀다고 한다.

해 설

  297년 경상북도 청도군 지역에 자리를 잡고 있던 이서국伊西國의 기습으
로 신라 왕성이 함락될 뻔했다. 이 위기에 미추왕味鄒王(재위 262~284)의 혼
령이 죽엽군竹葉軍을 동원해 이서국 군사를 물리치고 신라를 구해냈다. 싸
울 때는 정신이 없어 그들이 누구인지 물어볼 경황도 없었는데, 나중에 보
니 미추왕릉 주변에 그 병사들이 귀에 꽂던 댓잎이 수북한 게 보임으로써
그제야 사람들은 죽엽군은 미추왕이 불러낸 신군神軍임을 알았다.

  그로부터 거의 500년이 지난 779년에 역시 혼백이 된 김유신金庾信이 무

미추왕은 김알지의 후손으로서 처음 왕이 된 인물이다.
상 | 경주 대릉원 내에 있는 그의 능. 하 | 미추왕의 위패를 모신 경주 숭혜전

덤에서 나와 군대를 이끌고 미추왕의 능을 찾아갔다. 그가 억울하고 서운함을 하소연하며 나라를 떠나겠다고 하자 미추왕은 이를 힘써 만류하며 그의 결심을 바꾸도록 했다. 만일 사람들이 혼령이나마 김유신이 신라를 버렸다고 여긴다면 사회에 더할 수 없이 큰 혼란이 일어났을 테니, 미추왕은 죽어서도 전쟁을 막은 것 이상의 일을 해낸 셈이다. 마치 한 편의 판타지를 읽는 듯한 느낌이 드는 흥미진진한 이야기이다. 죽엽군이 드나들었던 미추왕릉은 경주시 황남동에 있으며 사적 175호로 지정되어 있다.

미추왕대인 3세기경 신라군의 갑옷
(경주 구정동고분)

제13대 미추왕은 김알지의 7세손이며 김씨로서는 처음으로 왕위에 올랐다. 제17대 내물마립간(재위 356~402)부터 김씨가 계속 왕위를 이어갔는데 미추왕이 그 토대를 마련했다고 본다. 그리고 그에게 왕위에 물려준 이해理解(재위 247~261)이사금은 석씨로서, 첨해沾解 혹은 점해詀解 등이라고도 하는데 모두 원이름을 발음이 비슷한 다른 한자어로 썼던 관습에서 나온 이명異名들이다.

이 글에 미추왕이 '누대에 걸쳐 영달했다.赫世紫纓'라고 하여 훌륭한 가문에서 나왔음이 강조되어 있으나 사실 '赫世紫纓'은 뜻이 분명한 말이 아니다. '赫世'는 '대대로'라는 뜻이어서 '혁세공경赫世公卿'이라고 하면 누대로 벼슬을 하던 명문 집안이라는 말이 된다. 그러나 '紫纓'은 글자 그대로는 의미가 잘 통하지 않는 말이고 옛글에 용례가 보이는 단어도 아니다. 일연이 의미를 강조하기 위해 만든 말인 듯하다.

한편, 규장각 판본에는 이 글 제목에서 '말추왕未鄒王'으로 나온다. 그러나 본문에서는 미未인지 말未인지 구분하기 어렵다.《삼국사기》등 다른 데에 모두 '미추왕'으로 나오므로 미추왕이 맞을 텐데, 아마 옮겨 쓴 이나 목판본을 새긴 각수가 글자 모양이 비슷해 혼동한 것으로 보인다.

죽어서도 나라를 위해 음즐陰騭을 베푼 미추왕 덕분에 신라가 큰 위기를 넘겼다는 이 이야기는 신라 사회에서 미추왕이 어떤 비중을 차지하고 있었는지를 보여준다. 음즐이란 음덕陰德, 곧 '돌아가신 조상이 후손에게 베푼 공덕'과 비슷한 말로서 그 유래는《상서尙書》〈홍범洪範〉에 나오는 "오직 하늘이 하민下民을 은밀히 돕는다.惟天陰騭下民"이다. 그런데 여러 글에서 이를 '음척陰隲'으로 잘못 쓰는 예가 많다. 글자가 비슷해서 혼동한 듯하지만 '음척'은 없는 말이다. 다만 '鷙'이 복잡해 속자俗字로서 '隲'을 쓸 수는 있으나, 그때에도 독음은 '즐'로 해야 맞다.

김유신의 원혼을 불러낸 사건

미추왕을 찾아가 하소연하던 김유신이 끝내는 '이 나라를 떠나고야 말겠습니다!'라고까지 한 것은 자기의 후손이 억울한 죽임을 당했기 때문이다. 이 글에 김유신이 원통해 마지않았던 그 일이 정확히 무엇인지 나오지는 않지만, 그럴 만하다고 보이는 일련의 사건들이 실제로 있었다. 비록 김유신이 죽은 지 100년이 지난 뒤에 일어났던 일이지만, 김유신의 처지에서 본다면 죽은 것이 억울해 혼령이 무덤에서 뛰쳐나올 만한 일이기는 했다. 이런 역사적 맥락이 이 설화에 담겨 있다.

김유신은 신라가 국가 명운을 걸고 고구려와 백제 그리고 당나라와 겨룬 전쟁에서 모두 승리하는 데 일등 공신이었다. 그는 국민적 영웅으로 추앙받았고, 사후에도 그의 후광을 받은 직계 후손들이 중앙정치 무대에서 큰 비중을 차지할 만큼 세력화하였다. 오늘날 학계에서는 이들을 '김유신계'라고 부른다. 하지만 이들은 얼마 뒤에 큰 시련을 맞는다. 문무왕에 이어 신문왕(재위 681~692)이 왕위를 이었는데, 즉위하자마자 다른 사람도 아닌 장인 김흠돌金欽突 일당이 반란을 일으켰다. 이들은 신문왕에 의해 곧 진압되었고, 신문왕은 그 뒤 심기일전하여 국정에 힘써 선대 못잖은 여러 가지 치적을 이뤄냈다. 그런데 반란의 핵심인 김흠돌은 바로 김유신의 조카이다. 반란의 원인을 두고는 여러 해석이 있으나 이 일로 인해 김유신계와 그가 양성했던 화랑 조직이 큰 타격을 받았음은 분명해 보인다.

김유신 가문 후손들이 김유신을 추복한 〈중화3년명 사리기〉(883년 헌강왕9, 국립경주박물관)

김유신계는 그로부터 100년 뒤 다시 크게 된서리를 맞았다. 신라 하대에 들어서면서 잦아진 민란은 특히 혜공왕 대에 심해졌고, 여러 번의 반역도 일어났다. 770년 8월에도 대아찬 김융金融이 반역죄로 처형당했다. 김융이 어떤 인물이고 반역한 원인이 무엇인지 잘 알려지지 않았다. 그런데 이글에 나오는 김유신이 '지난 경술년에 신의 자손이 죄도 없이 죽임을 당했습니다'라고 한 말은, 시점이나 성씨로 볼 때 바로 이 일을 가리켰을 수도 있다. 만일 그렇다면 김융의 모반 사건으로 김유신계는 완전히 몰락했다고 볼 수 있다.

원문

未鄒王 竹葉軍

第十三末[未]鄒尼叱今 一作未祖 又未占 金閼智七世孫 赫世紫纓 仍有聖德 受禪于理解 始登王位 今俗稱王之陵 爲始祖堂 盖以金始[氏] 始登王位 故後代金氏諸王 皆以未鄒爲始祖 宜矣 在位二十三年而崩 陵在興輪寺東 第十四儒理[禮]王代 伊西國人來攻金城 我大擧防禦久不能抗 忽有異兵來助皆珥竹葉 與我軍并力 擊賊破之 軍退後不知所歸 但見竹葉積於未鄒陵前 乃知先王陰隲[騭]有功 因呼竹現陵 越三十七世惠恭王代 大曆十四年己未四月 忽有旋風從庾信公塚起 中有一人乘駿馬如將軍 儀狀亦有衣甲器仗者四十許人 隨從而來入於竹現陵 俄而陵中 似有振動哭泣聲 或如告訴之音 其言曰 臣平生有輔 時救難匡合之功 今爲魂魄 鎮護邦國 攘災救患之心 暫無渝改 徃者庚戌年 臣之子孫 無罪被誅 君臣不念 我之功烈 臣欲遠移他所 不復勞勤 願王允之 王答曰 惟我與公護此邦其如民庶何 公復努力如前 三請三不許 旋風乃還 王聞之懼 乃遣工[上]臣金敬信 就金公陵謝過焉 爲公立功德寶田三十結 于鷲仙寺 以資冥福寺 乃金公討平壤後 植福所置故也 非未鄒之靈 無以遏金公之怒 王之護國 不爲不大矣 是以邦人懷德與三山同祀而不墜 躋秩于五陵之上稱大廟云

내물왕 나밀왕이라고도 한다 과 김제상

제17대 나밀왕 즉위 36년[390] 경인에 왜왕이 보낸 사신이 와서 말하였다.
"저희 임금이 대왕께서 고결하고 거룩하다는 말을 듣고서 신 등을 시켜
백제의 죄를 대왕에게 아뢰게 하였습니다. 바라옵건대 대왕께서는 왕자
한 분을 보내어 저희 임금에게 정성스러운 마음을 보여주십시오."
이에 왕은 셋째 아들 미해 미토희라고도 한다 를 왜에 가도록 했다. 미해의 나이
가 열 살이라 말과 행동이 아직 잘 갖추어지지 않았으므로 내신 박사람을
부사로 삼아 왜에 보냈다. 왜왕은 머무른 지 30년 동안 돌려보내지 않았다.
눌지왕 3년 기미[419]에 이르러 고구려 장수왕이 보낸 사신이 와서 말하였다.
"저희 임금께서 대왕의 아우 보해가 지혜가 뛰어나고 기예가 있다고 들었
습니다. 서로 가깝게 지내기를 원해 특별히 소신을 보내어 간곡히 청하라
고 하셨습니다."
왕은 이 말을 듣고 매우 다행스럽게 생각하였다. 이를 계기로 평화스럽게
지내고자 아우 보해가 고구려에 가도록 명하고, 김무알을 보필로 삼아 떠
나보냈다. 장수왕도 또한 눌러 앉히고 돌려보내지 않았다.
10년[426] 을축에 왕이 신하들과 나라 안의 호걸 협객[豪俠]들을 모아 친히
잔치를 베풀었다. 술이 세 순배 돌고 나서 여러 음악도 연주되었다. 왕이
눈물을 흘리며 여러 신하에게 말하였다.
"옛날 돌아가신 선왕께서 정성 어린 마음으로 백성들을 보살피려 했기에
사랑하는 아들을 동쪽의 왜에 보냈다가 다시 못 본 채로 돌아가시었소.

내가 왕위에 오른 후에는 이웃 나라 군사가 강성하여 전쟁이 그치지 않았으나, 고구려만은 화친을 맺자고 하였으므로 내가 그 말을 믿고 아우를 고구려에 보내었지요. 고구려도 붙잡아놓고 보내지 않으니 내가 비록 부귀를 누리고 있으나, 하루 잠시라도 생각날 때마다 통곡하지 않을 수 없소. 만일 두 아우를 다시 만나 함께 선왕의 사당에 가서 아뢰게 될 수 있다면, 그 은혜를 나라 사람들에게 갚고자 합니다. 누가 이런 계책을 낼 수 있겠소?"

그러자 모든 관원이 함께 아뢰었다.

"이 일은 결코 쉬운 일이 아닙니다. 반드시 지략과 용기가 있는 사람이어야만 합니다. 신들은 삽라군[경남 양산시] 태수 제상이면 할 수 있다고 봅니다."

이에 왕이 불러서 물었다. 제상은 두 번 절하고 나서 대답하였다.

"신은 임금이 근심하면 신하는 욕보이게 되고, 임금이 욕보이게 되면 신하는 죽어야 한다고 들었습니다. 만일 어렵고 쉬움을 헤아린 다음에 행한다면 충성스럽지 않은 것이며, 죽는가 사는가를 따진 다음 행한다면 용기가 없다고 할 것입니다. 신이 비록 불초하나, 명을 받들어 행하고자 합니다."

왕은 이를 매우 가상하게 여겨 마시던 술잔을 따라주어 함께 마신 다음 두 손을 잡고 작별했다.

제상이 임금에게[簾前] 은밀히 명을 받고 북해 길을 지나 변장하여 고구려로 들어갔다. 보해가 있는 데로 찾아가 만나서 도망갈 일을 함께 의논하였다. 5월 15일에 고성군[강원도 고성]에서 물길로 돌아가기로 하고서 먼저 가서 기다렸다. 약속한 날짜가 가까워지자 보해가 병이 있다고 하고서 며칠 동안 조회에 안 나갔다. 드디어 밤중에 도망쳐 나와 고성 바닷가에 도착했다. 왕이 이를 알고는 십수 명의 군사를 보내 뒤쫓아 고성에까지 이르렀다. 그러나 보해가 고구려에 있을 때 늘 여러 사람에게 은혜를 베풀었기에 군사들은 그가 다칠 것을 안타깝게 여겼다. 모두 화살촉을 뽑고 쏘므로 마침내 다치지 않고 돌아오게 되었다.

왕은 보해를 보고 나니 미해가 더욱 생각났다. 한편으론 기쁘고 한편으론 슬퍼 눈물을 흘리면서 주위 사람들에게 말하였다.

"마치 몸에 한쪽 팔만 있고, 얼굴에 한쪽 눈만 있는 듯하구려. 비록 하나는 얻었으되 하나가 없으니 어찌 마음 아프지 않겠소!"

이때 제상이 이 말을 듣고는 두 번 절을 한 다음 조정을 떠나 말을 타고는 집에 들르지도 않은 채 율포[울산] 바닷가로 곧바로 향하였다. 아내가 이를 듣고 말을 달려 율포에 이르렀는데 남편은 이미 배에 올라타 있는 게 보였다. 아내가 간절히 외쳤으나 제상은 손만 흔들 뿐 내리지 않았다. 왜국에 도착하여 거짓으로 "계림의 왕이 죄 없는 아버지와 형을 죽였으므로 도망쳐 여기에 이르게 되었습니다." 하였다. 왜왕이 이를 믿어 가정과 집을 내려 편히 살도록 해주었다. 이때 제상은 늘 미해와 함께 바닷가로 나가 노닐곤 했는데, 물고기와 새와 짐승을 잡을 때마다 왜왕에게 바쳤다. 왜왕이 아주 기뻐하여 의심을 품지 않았다.

새벽안개가 바닷가에 자욱하게 퍼진 날에 제상이 "떠나셔도 되겠습니다." 하자 미해가 "같이 갑시다."라고 하였다. 제상이 말하였다.

"제가 같이 떠나면 왜인들이 알아채고 추격해 올 듯합니다. 바라건대 저는 남아서 쫓아가는 것을 막겠습니다."

미해가 말하였다.

"지금 나는 그대를 부형처럼 생각합니다. 어찌 나 홀로 돌아가겠습니까?"

제상이 말하였다.

"제가 공의 목숨을 구하여 임금님의 심정을 위로할 수 있다면 족합니다. 어찌 살기를 바라겠습니까?"

술병을 들고 미해에게 따라드렸다. 이때 계림 사람인 강구려康仇麗가 왜국에 와 있었기에 그를 따라 보내게 하였다. 제상이 미해의 방에 들어가 다음날 해 뜰 때까지 있었다. 주위 사람들이 들어와 보려 하자 제상이 나와 막으며 말하였다.

"어제 사냥하러 많이 다녀 병이 나시 아직 못 일어나셨습니다."

해가 저물어 주변 사람들이 이상히 여기며 다시 물어보매 미해는 이미 오래전에 떠났다고 말하였다. 주변 사람들이 왕에게 달려가 알려 왕이 기병을 시켜 쫓게 하였으나 따라잡지 못하였다. 이에 제상을 가두고는 물었다.

"너는 어찌하여 너희 나라 왕자를 몰래 보냈느냐?"

대답하였다.

"나는 계림의 신하이지 왜국의 신하가 아니오. 지금 우리 임금의 뜻을 이루려 할 뿐인데 어찌 감히 그대에게 말해줄 수 있겠소."

왜왕이 노하여 말하였다.

"네가 이미 나의 신하가 되어놓고도 계림의 신하라고 한다면 반드시 오형五刑[다섯 가지 극형]을 받을 것이나, 만일 왜국의 신하라고 말한다면 꼭 후한 녹봉을 내려주겠다."

대답하였다.

"차라리 계림의 개돼지가 될지언정, 왜국의 신하는 되지 않겠소. 차라리 계림의 볼기[箠楚]를 맞을지언정 왜국의 벼슬과 녹봉은 안 받겠소."

왕이 노하여 제상의 발 가죽을 벗기고 갈대를 베어 그 위를 걷게 하였다.

지금 갈대에 핏자국 같은 게 있는데, 바로 제상의 피라고 한다

다시 물었다.

"너는 어느 나라 신하인가?"

말하였다.

"계림의 신하이오."

다시 일으켜 세워 불에 달군 쇠 위에 있게 하고서 물었다.

"너는 어느 나라 신하인가?"

말하였다.

"계림의 신하이오."

왜왕이 굴복시키지 못할 것임을 알고는 목도木島[대마도 일대로 추정]에서 불태워 죽였다.

미해는 바다를 건너왔는데, 강구려를 시켜 먼저 나라 안에 알리도록 하였다. 왕이 놀라고 기뻐하며 백관들에게 굴헐역[울산]에서 맞이하도록 명하고, 왕은 아우 보해와 더불어 교외 남쪽에서 맞이하였다. 대궐에 들어가

잔치를 베풀고 나라 안의 죄인들을 널리 사면하였다. 제상의 아내를 '국대부인'으로 봉하고 딸을 미해 공의 부인으로 삼았다. 역사를 평하는 사람[議者]이 말하였다.

"옛날 한나라의 신하 주가周苛가 영양榮陽[滎陽]에 있을 때 초나라 군사에게 잡힌 일이 있었다. 이때 항우가 주가를 보고 '네가 내 신하가 된다면 만록후萬祿侯로 봉하겠다.'라고 하였으나, 주가는 이를 꾸짖고 굴복하지 않은 채 초왕 항우에게 죽임을 당했다. 제상의 충성과 절의는 주가에 못지않다."

처음 제상이 출발해 떠났을 때였다. 부인이 이를 듣고 쫓아갔으나 따라가지 못하였다. 망덕사 문 남쪽의 모래 위에서 주저앉고 오래도록 흐느껴 울었다. 그로 인해 그 모래를 '장사長沙'라고 이름하였다. 친척 두 사람이 겨드랑이를 붙들고 집으로 돌아가자 하였으나 부인은 다리를 펴고 앉은 채로 일어서지 않으려 하였으므로 그 땅이 '벌지지伐知旨'라고 불렸다. 세월이 오래 흘러도 부인이 그리워하는 마음을 누르지 못했다. 딸 셋을 데리고 치술령에 올라가 왜국을 바라보며 통곡하다가 죽었다. 이에 '치술신모鵄述神母'가 되었는데 지금도 사당이 남아 있다.

해 설

임금과 나라를 위해 목숨을 바친 김제상金堤上에 관한 글이다. 그는 어쩌면 우리나라 역사에 숱한 충신 중에서도 원조 격이 아닐까 싶다. 《삼국사기》〈열전〉에도 실렸는데 다만 거기에는 '박제상'이라고 나와 성씨가 다르다. 그래서 지금은 교과서 등에 '김제상'보다는 '박제상'으로 널리 알려져 있다.

실제로 역사에서 일어났던 사건과 그와 관련한 인물들의 이야기이지만, 자세히 들여다보면 시대와 인물이 사실에 들어맞지 않는 부분이 있다. 우선 내물왕 36년[390]에 셋째 아들 미해를 왜에 보냈다고 하는데, 《삼국사기》에는 이런 사실이 나오지 않는다. 다만 비슷한 시기인 391년 고구려에 인

상ㅣ울산광역시 울주군 두동면 박제상기념관 내 박제상추모비
하ㅣ박제상과 부인을 기리는 울주군 두동면 치산서원 전경

질로 간 이가 있는데 그는 내물왕의 사촌인 보금寶金이다. 보금은 10년 동
안 고구려에 머물러 있다가 401년에 귀국했고, 이듬해에 내물왕이 승하하
자 화백회의를 통해 왕위에 올랐으니 바로 실성왕이다. 실성왕은 즉위 이
듬해인 402년에 내물왕의 아들 미사흔未斯欣을 왜에 보냈다고 나온다. 따
라서 《삼국사기》와 이 글을 비교해 보면 일연이 내물왕의 사촌 보금과 아들
미해를 혼동했거나, 두 이야기가 섞인 설화를 그대로 실은 게 아닌가 싶다.

사실 이 글에 나오듯이 390년에 인질로 보낸 사람이 미해라면, 그가 당
시 열 살이었다고 하므로 380년에 태어난 게 된다. 이게 문제가 되는 것은
이 글에 이어진 「제18대 실성왕」에 402년 내물왕이 죽어 후계자를 정할 때,
내물왕의 왕자들이 나이가 어려서 실성왕이 계승했다고 나오기 때문이다.
당시 셋째 아들 미해가 이미 스물두 살이니 첫째 눌지와 둘째 보해가 나이가

어려서 배제되었다는 게 성립되지 않는
것이다. 혹시 '내물왕 36년 경인'이 '내
물왕 46년 경자'의 착오라면 어느 정도
연대가 맞지만, 역사는 후대 사람이 짜
맞추는 게 아니니 이 글에 나오는 그대
로를 갖고 역사적 사실성을 따져보아
야 한다.

또한, 이 글에는 눌지왕이 고구려에
동생을 인질로 보낸 해가 419년이라고
나오는 데 비해서《삼국사기》에는 실성
마립간 11년인 412년이라고 한다. 김제
상의 도움으로 돌아온 해는《삼국사
기》는 눌지왕 2년인 418년이고,《삼국
유사》는 10년인 426년이다.

삼국시대 한반도와 일본을 왕래하던 쌍돛배 복원
모형(한성백제박물관)

일연은 이 글에 다른 관련 기록을 하나도 인용하지 않았다. 다른 글에
서는 다양한 기록을 근거로 제시하며 이야기를 풀어나갔던 것과는 사뭇
다르다. 아마도 김제상 또는 박제상이라는 충신 이야기가 고려후기 무렵
에는 구전 형태로만 전해졌던 모양이다. 실성이사금 또는 눌지왕 대 등으
로 엇갈리는 것도 그 때문 같다.

김제상이 죽임을 당한 왜국이 구체적으로 어떤 나라를 가리키는지는
분명하지 않다. 보통 야마토大和 정권으로 보거나, 또는 기타규슈北九州의
후쿠오카福岡 일대에 자리했던 나라였다고 추정한다.

김제상의 죽음은 장렬하고 안타깝지만, 부인의 마음은 또 어떠했겠는
가. 남편이 떠난 일본을 향해 통곡했던 바닷가 모래사장은 장사長沙로, 또
남편의 죽음이 믿기지 않아 주저앉은 두 발에 힘이 쭉 빠져 일어나지 못
했기에 벌지지伐知旨로도 불렸음도 그런 그녀의 마음이 사람들에게 잊히지
않고 와 닿았기 때문일 것 같다.

보해와 미해

내물왕의 둘째 아들이자 눌지마립간의 동생 보
해寶海는 《삼국사기》에 복호卜好로 나온다. 그의 가계
에 대해서 다소 이론이 있으나, 내물왕과 보반부인保
反夫人 사이에서 둘째 아들로 태어났다고 한다. 그리
고 〈신라경순왕전비新羅敬順王殿碑〉에는 지증왕의 아버
지 습보갈문왕이 복호의 아들[八世奈勿王 九世卜好 十世習寶
葪追封葛文王…十一世智證王]이라고 나온다. 경주 황남동 숭
혜전에 있는 이 비는 예조판서 등을 지낸 김계락金啓洛
이 비문을 짓고 경상도 관찰사 등을 지낸 김노경金魯
敬이 글씨를 써서 1814년에 세웠다.

내물왕의 셋째 아들 미해美海는 이 글에 일명 미토
희未吐喜라고도 한다고 하였으나 〈왕력〉에는 미흔未欣
으로 나온다. 《삼국사기》에 418년 왜에서 돌아왔고
433년에 죽은 뒤 서불감舒弗邯으로 추증되었다고 나
오는 미사흔未斯欣이 바로 그인 듯하다. 또한 《일본서
기》의 미질기지파진간기微叱己知波珍干岐도 그를 가리킨다고 본다.

장사 벌지지

남산 자락에 자리한 화랑수련원을 지나면 화랑교가 있다. 화랑교 아래
로 흐르는 작은 시내 남천南川은 경주 시내로 흘러가 북천과 만나 형산강
이 된 다음 포항을 거쳐서 동해로 흘러 들어간다. 남천 주변이 배반동이
며 망덕사지가 자리한다. 김제상의 부인이 이 절 남문을 지나 백사장 쪽
으로 황급히 뛰어갔던 그곳이다. 학계에서는 당간지주와 목탑지, 그리고
주춧돌만 남은 이 망덕사지 주변 벌판을 '장사 벌지지'로 보고 있다. 이

경주 망덕사지 앞의 장사 벌지지 전경과 벌지지 비석

글에 모래사장이었다고 나오지만 1,500년이 넘게 흐르면서 모래가 없어지고 지금처럼 들판이 되었다. 조금 멀리 남천을 따라 길게 펼쳐진 모래사장이 옛날에는 여기까지 이어지고 있었을 것이다.

국어학자들은 '벌지지'는 '두 발을 뻗치다'에서 나왔다고 본다. 이 들판을 '양지버들'이라고도 하는데, 역시 '두 발을 뻗치다[뻗다]'에서 나온 이름이라고 한다. 들판 가운데에 1969년 석굴암연구회에서 세운 표지석이 있다.

치술령

울주 치술령 정상의 망부석

치술령鴟述嶺은 경북 경주시 외동과 울산광역시 울주군 두동면에 이어지는 고개이다. 김제상의 부인이 이곳에서 생을 마감했고, 훗날 '치술령 신모'가 되었다고 한다. 이 일이 훗날 '망부석 전설'로 구비전승되었다. 민속학에서는 '치술

망부석에서 내려다본 울주 및 동해. 왼쪽은 망부석 옆에 자리한 치술신모사지비

을 '솔개[소리개]'로 보고 이런 구비전승이 이뤄진 데에는 별도의 민속적 기반이 있었기 때문으로 본다. 그리고 치술령 신모 전설은 〈의해〉 「선도산 신모」와 함께 산신제의 기원 설화가 되었다고 여겨지기도 한다.

원문

奈勿王 一作那密王 金堤上

第十七那密王 即位三十六年庚寅 倭王遣使來朝曰 寡君聞大王之神聖 使臣等 以告百濟之罪於大王也 願大王遣一王子 表誠心於寡君也 於是 王使第三子美海 一作未吐喜 以聘於倭 美海年十歲 言辭動止 猶未備具 故以內臣朴娑覽 爲副使而遣之 倭王留而不送三十年 至訥祇王 即位三年己未 句麗長壽王 遣使來朝云 寡君聞大王之弟寶海 秀智才藝 願與相親 特遣小臣懇請 王聞之幸甚 因此和通 命其弟寶海 道於句麗 以內臣金武謁 爲輔而送之 長壽王又留而不送 至十年乙丑 王召集群臣及國中豪俠 親賜御宴 進酒三行 衆樂初作 王垂涕而謂群臣曰 昔我聖考 誠心民事 故使愛子 東聘於倭 不見而崩 又朕即位已來 隣兵甚熾戰爭不息 句麗獨有結親之言 朕信其言 以其親弟 聘於句麗 句麗亦留而

不送 朕雖處富貴 而未甞一日暫忘而不哭 若得見二弟 共謝於先主之廟 則能報恩於國人 誰能成其謀策 時百官咸奏曰 此事固非易也 必有智勇方可 臣等 以爲歃羅郡太守堤上可也 於是 王召問焉 堤上再拜對曰 臣聞 主憂臣辱 主辱臣死 若論難易而後行 謂之不忠 圖死生而後動 謂之無勇 臣雖不肖 願受命行矣 王甚嘉之 分觴而飲 握手而別 堤上簾前受命 徑趨北海之路 變服入句麗 進於寶海所 共謀逸期 先以五月十五日 歸泊於高城水口而待 期日將至 寶海稱病數日不朝 乃夜中逃出 行到高城海濱 王知之使數十人追之 至高城而及之 然寶海在句麗常施恩於左右 故其軍士憫傷之 皆拔箭鏃[鏃]而射之 遂免而歸 王既見寶海 益思美海 一欣一悲 垂淚而謂左右曰 如一身有一臂 一面一眼 雖得一而亡一 何敢不痛乎 時堤上聞此言 再拜辭朝 而騎馬不入家 而行直至於栗浦之濱 其妻聞之 走馬追至栗浦 見其夫已在舡上矣 妻呼之切懇 堤上但搖手而不駐 行至倭國詐言曰 雞林王以不罪殺我父兄 故逃來至此矣 倭王信之 賜室家而安之 時堤上常陪美海遊海濱 逐捕魚鳥 以其所獲 每獻於倭王 王甚喜 而無疑焉 適曉霧濛晦 堤上曰 可行矣 美海曰 然則偕行 堤上曰 臣若行 恐倭人覺而追之 願臣留而止其追也 美海曰 今我與汝 如父兄焉 何得弃汝而獨歸 堤上曰 臣能救公之命 而慰大王之情則足矣 何願生乎 取酒獻美海 時雞林人康仇麗在倭國 以其人從而送之 堤上入美海房至於明旦 左右欲入見之 堤上出止之曰 昨日馳走於捕獵 病甚未起及乎 日昃左右恠之而更問焉 對曰 美海行已久矣 左右奔告於王 王使騎兵逐之不及 於是 囚堤上問曰 汝何竊遣汝國王子耶 對曰 臣是雞林之臣 非倭國之臣 今欲成吾君之志耳 何敢言於君乎 倭王怒曰 今汝已爲我臣 而言雞林之臣則必具五刑 若言倭國之臣者 必賞重祿 對曰 寧爲雞林之犬独 不爲倭國之臣子 寧受雞林之箠楚 不受倭國之爵祿 王怒命屠剥堤上脚下之皮 刈蒹葭使趨其上 今蒹葭上有血痕[痕] 俗云堤上之血 更問曰 汝何國臣乎 曰 雞林之臣也 又使立於熱鐵上 問 何國之臣乎 曰 雞林之臣也 倭王知不可屈 燒殺於木島中 美海渡海而來 使康仇麗先告於國中 王驚喜 命百官迎於屈歇驛 王與親弟寶海迎於南郊 入闕設宴 大赦國內 冊其妻爲國大夫人 以其女子爲美海公夫人 議者曰 昔漢臣周苛 在滎[滎]陽爲楚兵所虜 項羽謂周苛曰 汝爲我臣 封爲萬祿侯 周苛罵而不屈 爲楚王所殺 堤上之忠烈 無怍於周苛矣 初堤上之發去也 夫人聞之追不及 及至望德寺門南沙上放臥長號 因名其沙曰長沙 親戚二人扶腋將還 夫人舒脚坐不起 名其地曰伐知旨 久後夫人不勝其慕 率三娘子 上鵄述嶺 望倭國痛哭而終 仍爲鵄述神母 今祠堂存焉

제18대 실성왕

의희 9년[413] 계축에 평양주 남평양인 듯하다. 지금의 양주이다 에 큰 다리가 완성되었다. 왕은 전왕의 태자인 눌지가 덕이 높고 인망이 있는 게 두려워 해치려고 하였다. 고구려의 군사를 청한 다음 눌지를 속여 맞이하도록 했다. 고구려 사람들이 눌지가 어질고 덕행이 있음을 알고는 오히려 왕을 죽이고 눌지를 왕으로 세우고 가버렸다.

해 설

실성왕이 눌지를 미워해 고구려 병사를 끌어들여 그를 없애려 했다. 그러나 고구려 병사가 막상 눌지를 만나 보니 그 훌륭한 인품을 알게 되어, 오히려 실성왕을 죽이고 눌지를 왕으로 앉혔다는 이야기이다.

그런데, 역사적 사실은 이와는 조금 다르다. 실성왕과 눌지가 정권을 두고 큰 갈등을 빚기에 고구려가 어느 정도 정략적 개입을 한 것은 맞지만, 고구려가 아니라 눌지가 정변을 일으켜 실성왕을 살해하고 스스로 왕위에 올랐다는 게 《삼국사기》의 기록이다. 고구려 사람이 눌지의 인물됨을 알아본 다음 눌지에게, "그대 나라 왕이 나더러 그대를 죽이라고 했으나 지금 그대를 보니 차마 죽일 수가 없구려!" 하고 말하고 곧바로 되돌아갔다는 것이다[麗人見訥祗…遂告曰 爾國王使我害君 今見君 不忍賊害 乃歸].

경주 대릉원 내 황남대총. 실성왕 혹은 눌지왕의 능으로 추측된다.

그래서 이 글은 눌지가 실성왕의 선제공격을 받았으나 결국에는 승리한 역사적 사실이 고려 후기 무렵에 극적인 요소가 첨가되고, 여기에 눌지의 왕위 계승이 폭압적이 아니라 순리에 따른 것임을 강조하기 위해 다소 윤색된 내용으로 전해졌다고 볼 수 있다.

실성왕과 인질 외교

내물왕의 뒤를 이어 왕위에 오른 실성왕(재위 402~417)은 김알지의 후손으로서 내물왕과는 사촌간이므로 왕위 계승 1순위가 아니었다. 하지만 화백회의에서 내물왕 아들들의 나이가 어려서 실성을 추대했다(《삼국사기》).

실성왕을 죽이고 왕위를 빼앗은 내물왕의 맏아들 눌지의 나이는 분명하지 않다. 그런데 「내물왕

경주 교동 출토 5세기 신라 금관

과 김제상」을 보면 402년 당시 눌지의 동생 미해가 스물두 살이니, 맏형인 그는 충분히 장성해 있을 나이이다. 그런데도 눌지가 아버지의 뒤를 바로

실성왕을 살해한 고구려 중장기병의 전형적인
모습(덕흥리고분벽화)

잊지 못한 데에는 나이가 아닌 다른 이유가 있었다고 보아야 한다. 눌지 처지에서 무언가 억울한 일이 있었을 수 있다. 더군다나 실성왕이 즉위하자마자 둘째 동생 보해[복호]도 고구려에 인질로 보냈으니《삼국사기》눌지는 실성왕에 대해 아주 불편한 심경이지 않았을까. 그런 그가 결국 왕위에 오르게 된 데에는 어머니 집안인 석씨 가문의 비호와 고구려의 간섭이 작용했다고 보기도 한다.

사실, 실성왕 자신도 391년 내물왕에 의해 고구려에서 보내져 401년까지 10년 간이나 볼모 생활을 한 적이 있었다. 그가 왕위에 오르고 나서 전왕 내물왕의 아들들을 왜와 고구려에 인질로 보낸 것도 자기가 당한 데 대한 보복이었다고 보는 주장도 있다. 실성왕과 눌지 사이 반목의 근간에는 이런 외교의 폐해도 있는 것 같다. 왕실 인사를 외국에 볼모로 보낸 것은 당시의 외교 관행이었다기보다는 4세기 무렵 신라의 국력이 아직 약했기 때문일 것이다.

고구려의 남평양

일연은 평양주平壤州를 남평양南平壤이라 추정하고, 양주楊州라고 지역을 특정하였다. 오늘날 경기도 양주를 말하는데, 이 말대로라면 이 지역이 고구려의 수도 평양성의 분도分都로 기능했다는 의미로 읽힐 수 있다. 학계에서도 일연의 이 주장에 동의하는 측도 있으나, 이에 관한 기사가《삼국사기》〈지리지〉,《세종실록》〈지리지〉등 고려 이후의 기록에 단편적으로만 나오므로 '남평양'은 실체가 없다는 비판도 적지 않다. 남평양의 존재를 직접 입증할 수 있는 자료적 근거가 없다는 뜻이다. 또한 '남평양'이라는 일련의 주석은 무시한 채 본문의 '평양주'라는 언급에만 주목하여 실성왕 당시 신라의 영토가 지금의 평양 일대였다고 말하기도 한다. 결국 이 짧은 구절은 '삼국의 영토가 대륙의 만주滿洲에 있었다'라는 이른바 재야사학자의 역사관을 다시금 소환하는 강력한 부적이기도 한 셈이다.

삼국의 위치가 어디에 있었는지에 대한 강단사학과 재야사학 사이 인식의 편차가 워낙 크니 여기서는 평양주 또는 일련이 말한 남평양의 위치가 어디인지는 젖혀두더라도, 평양에 '대교'를 세움은 고대국가 완성을 향해 나아가던 초기 신라에 있어서 의미 있는 일로 받아들여진다. 그래서 이는 신라 실성왕의 치적 중 하나로 평가받는다. 《삼국사기》에도 413년 8월에 '평양주에 대교를 새로 세웠다.[新成 平壤州 大橋]'라고 나온다. 역사 기록에서 '大橋'로 표현된 첫 다리이기도 하여 오늘날 토목건축사에서 특기하는 구절이기도 하다. 일연은 아마도 이 부분을 강조하고 싶어서 글 맨 앞에 밝혀 놓았을 것이다.

그렇다고는 해도 이 「제18대 실성왕」의 주제는 실성왕과 눌지와의 암투이고, 내용도 여기에 집중되어 있다. 그런데도 일연은 이와는 관계가 없는 평양주의 대교 이야기부터 적어놓았기에 글의 전체 맥락에 잘 안 들어맞는다는 느낌은 있다.

원문

第十八 實聖王

義熙九年癸丑 平壤州大橋成 恐南平壤也 今楊州 王忌憚前王太子訥祗有德望 將害之 請高麗兵而詐迎訥祗 高麗人見訥祗有賢行 乃倒戈而殺王 乃立訥祗爲王而去

거문고 갑을 쏘아라

제21대 비처왕소지왕이라고도 한다이 즉위 10년[488] 무진에 천천정에 거둥하였다. 이때 까마귀와 쥐가 와서 우는데, 쥐가 사람의 말로 "이 까마귀가 가는 곳을 찾아가 보십시오." 했다. 혹은 신덕왕이 흥륜사에 참례하러 가는 길에 서로 꼬리를 물고 있는 쥐떼가 보여서 괴이하게 여겼다. 돌아와 점쳐보게 했더니 '내일 가장 먼저 우는 까마귀를 찾아보라'라는 점사가 나왔다고도 하지만, 이 말은 사실이 아니다

왕이 말탄 병사에게 까마귀를 따라가 보게 하니 남쪽의 피촌에 이르게 되었다. 오늘날 양피사촌이다. 남산 동쪽 기슭에 있다 돼지 두 마리가 싸우고 있기에 이를 보다가 까마귀가 날아가는 데를 그만 놓치고 말았다. 길가에서 헤매고 있는데 한 노인이 연못 한가운데서 솟아 나와서 편지를 건네주었다. 겉면에 '열어보면 두 사람이 죽고, 열어보지 않으면 한 사람이 죽는다.'라고 쓰여 있었다. 병사가 돌아와 바치니 왕이 말하였다.

"두 사람이 죽는다면 안 열어보아 한 사람만 죽느니보다 못하다."

일관이 아뢰었다.

"'두 사람'은 뭇사람이고 '한 사람'은 왕을 가리킵니다."

왕이 그렇겠다고 여겨 편지를 열어보았더니 '거문고 갑을 쏘아라.'라고 쓰여 있었다. 왕이 궁에 들어가 거문고 갑을 찾아서 쏘았다. 그 안에서 내전의 분수승과 궁주가 남몰래 정을 통하여 간음하고 있었다. 두 사람을 처형하였다.

이로부터 나라 풍속에 매해 정월 상해일·상자일·상오일 등에는 모든 일

경주시 서출지 전경

을 조심하고 꺼리며 함부로 행동하지 않았다. 15일을 까마귀를 기리는 날로 삼아 찰밥[약밥]으로 먹이를 주곤 했으며 지금도 이를 행한다. 항간에서 말하는 '달도'는 '슬프고 시름이 있다'라는 뜻으로서, 모든 일에 조심하고 꺼림을 말한다. 그 연못을 서출지라고 부르게 하였다.

해설

비처왕 대인 488년 왕의 후궁과 궁내에서 예불을 맡아보던 분수승焚修僧 사이에 있었던 음행淫行에 관한 이야기이다. 난데없이 쥐가 나타나 예사롭지 않은 일이 있음을 비처왕에게 암시하고, 왕이 보낸 사람은 까마귀의 인도와 돼지의 도움 덕에 연못에서 솟아 나온 신비로운 노인을 만났다. 노인이 건네준 편지에는 후궁과 분수승이 궁중에서 불륜을 저지르고 있는 밀회 장소가 적혀 있다.

'琴'은 흔히 '거문고'라고 하지만, 가야금을 가리키기도 한다. 가난해서 세밑에 떡 찧을 쌀이 없다고 아내가 한탄하자 '금'을 뜯어서 방앗소리를 내어 위로했다는 백결선생百結先生 일화도 비처왕 직전 자비왕(458~479) 대에 있었던 일이다. 국악계에서는 백결선생이 탄 금을 가야금으로 본다. 그렇다면 비처왕이 화살을 쐈다는 금갑도 '거문고 갑'이 아니라 '가야금 갑'으로 볼 수도 있다. 신라의 토우土偶에도 가야금을 뜯는 모양이 있다. 그런데 이 글에 밀회 장소가 거문고 갑[琴匣] 안이었다는 점이 의외이다. 거문고든 가야금이든 그것을 집어넣는 갑에 두 사람이 들어갈 수 있었을까?

일연은 이 일이 신덕왕[재위 912~916] 대에 있었다는 항간의 말은 잘못이라고 주석을 달았다. 이로써 볼 때 이 일에 관한 여러 형태의 전승을 일연이 종합해서 역사의 틀에 맞도록 재구성한 게 아닌가 한다.

신라에서 불교는 527년에 공인되었다(〈흥법〉 「원종이 불법을 흥성케 하고자 하니 염촉이 몸을 바치다」 참조). 그런데 이 일이 일어났던 488년은 불교 공인 30여 년 전이라 궁내에 분수승이 있었다는 건 좀 이상하다. 그래서 공인 이전에 민간이나 왕실에서 불교를 믿고 있다가 토착 신앙과 갈등을 빚었던 양상이 이 이야기의 핵심이라고 보면 될 것 같다.

《삼국사기》에 소지왕炤智王으로 나오는 비처왕(재위 479~500)은 자비왕이 아버지이고 어머니는 「내물왕과 김제상」에 나오는 미해美海, 곧 미사흔의 딸이다. 비처왕은 신라에서 처음으로 공적 통신·교통 기관인 우역郵驛을 설치하였고, 490년에 역시 처음으로 경주에 시장을 열어 전국의 물자가 유통되도록 했다. 또 백제와 혼인 동맹을 맺으며 평화를 추구하는 등 신라의 국력을 착실히 다졌다. 비록 아끼는 궁녀에게 배신을 당하기는 했으나, 역사에서는 좋은 평가를 받는 임금이다.

정월대보름 풍속을 낳은 '거문고 갑을 쏘아라'

이 글에 정월 대보름날 행하는 여러 민속행사의 기원이 담겨 있기에 민속학에서도 중요한 사료로 여긴다. 비처왕이 거문고 갑을 쏜 날이 1월 15일이었는데 이 뒤로 사람들이 이날만큼은 행동거지를 각별히 조심하였고 이는 하나의 풍속으로 자리 잡았다는 것이다.
일연도 액땜을 위해 찰밥을 먹고 제를 지내게 되

거문고

는 풍습이 고려후기까지 이어졌고, 이를 민간에서는
'달도怛忉'라고 한다고 소개했다. '怛'은 '슬퍼하다', '忉'는
'근심하다'라는 뜻이다. 조선의 김종직金宗直이 지은 서정성
짙은 〈달도가怛忉歌〉는 바로 이 일을 소재로 하였다(《점필재집》).
한편, '달도'는 '신일愼日(근신하는 날)'의 뜻이며 설날의 다른 말이
라는 견해도 있다.

　　민속학에서는 왕이 받은 편지에 '열어보면 두 사람이 죽고, 열어보지 않
으면 한 사람이 죽는다.'라고 쓰인 점을 들어 이른바 '수수께끼 설화'의 하
나로 분류한다. 그리고 이 수수께끼를 풀어 왕에게 알려준 일관은 신라
사회에서 제의적祭儀的 역할을 했다고 본다. 일관은 왕 가까이 있으면서 천
문과 자연 현상을 통한 운수를 알려주는 관직이다. 그래서 비처왕이 큰
물의를 일으킨 왕궁 인사들을 처형한 역사적 사실을 근거로 하여 오기
일·달도 등의 풍속과 지명의 유래 등이 훗날 덧붙여졌다는 것이다.

까마귀가 날아간 자리

　　이 글에는 궁중에서 일어난 흉한 일을 해결하는 과정에서 쥐·까마귀·
돼지 등 동물이 주요 전령사로 등장한다. 그래서 정월 중 처음 나오는 돼
지의 날[상해일]·쥐의 날[상자일]·까마귀의 날[상오일]에는 특별히 조심하는
습속이 생겼다고 한다. 특히 왕이 보낸 병사를 서출지 부근까지 인도한
까마귀에게 고마움을 표현하기 위해 민간에서 1월 15일 정월 대보름날이
면 까마귀에게 찰밥을 먹이로 주었다니 신라시대만 해도 매우 특별한 날
로 여겨졌던 듯하다. 그래서 이날을 '오기일烏忌日'이라고 부르기도 했는데, 이
는 최치원崔致遠이 붙였다고 한다(「태종 김춘추」 참조). 고대 미술에서 태양의
상징인 삼족오三足烏는 곧 까마귀이고, 「연오랑과 세오녀」에는 부부의 이름

경주 염불사(양피사)지 동서 삼층석탑

진파리 7호고분 출토 금동관식
중 까마귀 (삼족오)

중 한 글자[鳥]로도 쓰일 정도이니 옛날에는 까마귀를 상서로운 새로 여겼던 모양이다.

까마귀가 인도한 서출지 부근의 피촌避村이 어디인지 분명하지 않은데, 일연은 이 글에서 남산 동쪽 기슭 양피사讓避寺가 있던 마을로 추정하였다. 그런데 〈피은〉「염불사」에는 남산 동쪽 기슭에 피리촌이 있고, 마을 안에 피리사避里寺 혹은 염불사念佛寺가 있다고 나온다. 그래서 피리사와 양피사는 같은 절이며 피촌이라는 마을에서 절 이름이 유래했다고 볼 수 있다. 그런데 《신증동국여지승람》에는 남산사가 곧 양피사라고 나온다. 이에 따라 양피사·피리사·염불사를 모두 하나로 볼 수 있다. 지금 양피사가 어디인지 알 수 없으나, 1944년 우리나라 최초의 미술사학자 고유섭은 경주 남산동 탑말[탑마을]의 동·서 삼층석탑이 서있는 자리를 양피사로 추정한 바 있다. 근래에는 그 부근 안말[안마을]의 '양피제' 저수지를 서출지로 추정하고 있다.

처음 비처왕이 쥐에게 '까마귀를 따라가 보십시오.'라는 얘기를 들었

근래 서출지로 추정되고 있는 양피제 저수지 전경. 멀리 보이는 석탑 있는 자리가 염불사지다.

던 천천정天泉亭도 어디인지 확실하지 않은데, 아마도 서출지 부근이었을 듯하다.

원문

射琴匣

第二十一毗處王 一作炤智王 即位十年戊辰 幸於天泉亭 時有烏與鼠來鳴 鼠作人語云 此烏去處尋之 或云 神德王欲行香興輪寺 路見衆鼠含尾 恠之 而還占之 明日先鳴烏尋之云云 此說非也 王命騎 士追之 南至避村 今壞避寺村 在南山東麓 兩猪相鬪 留連見之 忽失烏所在 徘徊路旁 時有 老翁 自池中出奉書 外面題云 開見二人死 不開一人死 使來獻之 王曰 與其二人死 莫若不開但一人死耳 日官奏云 二人者庶民也 一人者王也 王然之 開見書中云 射琴 匣 王入宮見琴匣射之 乃內殿焚修僧與宮主潜通而所奸也 二人伏誅 自爾國俗 每正 月上亥上子上午等日 忌慎百事不敢動作 以十五日 爲烏忌之日 以糯飯祭之 至今行之 俚言 怛忉言悲愁而禁忌百事也 命其池 曰書出池

지|철로왕

철로왕은 성은 김씨, 이름은 지대로이며, 또는 지도로라 한다. 지증이라 시호하였는데, 시호는 이때부터 시작되었다. 또한 우리말로 왕을 마립간이라고 하는 것도 이 왕에서 비롯하였다. 왕은 영원 2년[500] 경진에 즉위하였다. 혹은 신사라 하는데 그러면 3년이다

왕은 음경의 길이가 1척 5촌이나 되어 좋은 배필을 구하기가 어려웠기에 사신을 전국[三道]에 보내 짝을 구하였다. 사신이 모량부에 이르렀는데 동로수 아래에서 개 두 마리가 북 만한 큰 똥 한 덩어리를 양쪽에서 물고 크게 싸우는 광경을 보았다. 마을 사람들을 찾아갔더니 한 여자아이가 말하기를 이곳 상공의 딸이 이 숲에서 빨래하다가 몰래 눈 것이라 하였다. 그 집을 찾아가 확인했더니 키가 7척 5촌이나 되었다. 이 사실을 잘 아뢰었다. 왕은 수레를 보내 궁중으로 맞이하여 황후로 삼았다. 신하들이 모두 축하드렸다.

또한 아슬라주 지금 명주[강릉]이다 의 동쪽 바다로 바람을 잘 타면 이틀 걸리는 거리에 울릉도 지금 우릉이라 한다 가 있는데 둘레가 2만 6,730보이다. 섬나라 오랑캐들이 바닷물이 깊음을 믿고서 교만하여 신하의 도리를 지키지 않았다. 왕이 이찬 박이종에게 명하여 군사를 거느리고 토벌하게 하였다. 박이종이 나무로 사자를 조각해서 커다란 배에 실어 놓고 항복하지 않으면 이 맹수들을 풀어버리겠다고 위협하자 섬나라 오랑캐들이 무서워하여 항복하였다. 박이종에게 상을 내리고 주백州伯[軍主]으로 삼았다.

해 설

지철로왕智哲老王 대에 왕이 어렵게 왕비를 구한 일화와, 왕의 명으로 박이종이 울릉도를 복속시킨 두 이야기가 병렬적으로 배치되어 있다. '지철로'는 왕명이 아니고 이름이기에 오늘날에는 시호에 따라 지증왕智證王(재위 500~514)이라 하고, 《삼국사기》에도 이렇게 나온다. 시호란 왕이나 고관이 죽은 뒤 다음 왕이 올리는 특별한 이름으로, 중국 주나라 중기인 기원전 9세기경에 시작되었다고 알려진다. 《삼국사기》나 이 글에 따라 신라에서는 지증왕부터 올려받았음을 알 수 있다.

지철로왕이 음경, 곧 성기가 유난히 커서 좋은 배우자를 쉽게 못 만났다가 모량부에서 드디어 어울리는 여인을 찾아 왕비로 삼았다는 이 이야기는, 《삼국유사》가 외설스럽고 저급하다는 혹평을 받을 때 빠지지 않고 거론되곤 한다. 《삼국사기》에는 지증왕의 치적이 자세히 실려 있으니 이를 일연도 보았을 것이다. 그런데 이런 얘기들은 거의 빼고 굳이 이 이야기만 소개한 게 약간 짓궂다는 느낌은 있다. 하지만 개인 혼사에 관한 뒷이야기일 뿐이지 음행淫行에 관한 말이라고는 볼 수 없다. 오히려 솔직담백했던 신라 사회를 이해하는 데 좋은 자료일 수도 있다. 무엇보다도 엄숙주의에 묻혀 알려지지 않은 이런 이면의 이야기들을 소개한 게 《삼국유사》의 미덕이기도 하다.

7척 5촌의 큰 키 덕에 지철로왕의 천상배필이 된 여인은 이찬 박등흔朴登欣의 딸 연제부인延帝夫人이다. 1척이 후한척으로 23.7cm, 당대척으로 29.7cm이니 대략 178~223cm 사이이다. 왕비를 배출한 모량부는 신라 6부 중의 하나로 오늘날 경주 건천읍 일대로 본다. 사실 6부의 위치가 어디인지 그동안 분명하지 않았고 모량부도 마찬가지였다. 그런데 2019년 건천읍 모량리·방내리 일대에서 5세기 이후의 유물이 포함된 노시 유석이 발견됨으로써 여기를 모량부라고 추정하는 근거가 되었다.

왕의 배필을 구하러 모량부에 갔던 사신이 동로수冬老樹 아래에 누어진

경주 모량부의 조선시대 지명인
모량역(현 모량리) 지도(여지도, 규장각)

배변물을 차지하려는 개들의 싸움을 보고는 그 주인공을 찾아나서게 되었다는 것도 재미있다. 사람 건강의 가장 중요한 요소인 배변과 배뇨에 쓸데없는 체면을 내세우지 않는 신라 사람들의 싱싱한 원시성이 보이는 것 같다. 그런데 '동로수'가 무슨 나무일까? 이런 이름의 나무가 없고, 이를 서술어로 이해해서 '겨울철 늙은 나무'라고 해석하기에도 뜬금없어 적절해 보이지 않는다. 혹시 이 글에 나오는 '冬'을 우리말 '똥'과 연관지으면 '동로수'가 야외 화장실 같은 게 아니었는지 모르겠다.

지증왕

'거문고 갑을 쏘아라' 일화의 주인공 소지왕[비처왕]이 후계를 남기지 않고 죽고, 육촌 동생 지철로, 곧 지증왕이 왕위에 올랐다. 《삼국사기》에 내물왕의 증손인 습보갈문왕의 아들이라고 나오는데, '습보갈문왕'은 〈흥법〉「원종이 불법을 흥성케 하고자 하니 염촉이 몸을 바치다」에는 이차돈의 아버지로도 나온다. 학계에서는 대체로 이름은 같지만 다른 사람으로 보고 있다.

즉위할 때 예순네 살이었으니 상당히 나이가 많은 편이었으나 '본디 몸이 건장하고 담력이 있어서'《삼국사기》 나이는 문제가 안 되었던 모양이다. 실제로 그는 재위 14년 동안 왕성히 활동하면서 많은 업적을 남겼다.

502년 순장殉葬을 금지하고, 농사에 소를 이용하는 우경牛耕을 하게 하

순장 모형 (김해 대성동고분박물관)
하 | 지증왕 대에 시행되었다는 우경(김홍도 그림)

는 등 농업을 권장했다. 왕이 죽으면 시종했던 사람도 함께 묻는 순장의 금지는 넓게 보면 사회 안정과 노동력 증대라는 효과를 기대한 것이겠으나, 한편으로는 불교의 영향이 컸다는 분석도 있다. 그는 505년에 전국을 주·군·현의 행정 체제로 정비하는 주군 州郡 제도를 시행하였다. 이는 영토 확장, 효과적 지방통치 등을 위한 것이었으니 이 해에 강원도 삼척 지역을 실직주 悉直州로 설치했음도 같은 맥락이었다. 이때 실직주의 군주가 된 이사부는 훗날 울릉도 정벌의 선봉이 되었다.

503년에 사라·사로·신라 등 상황에 따라 달리 쓰던 국호를 신라로 확정하고 왕호도 마립간에서 왕으로 바꾸었다.《삼국사기》에는 '신라'는 '왕의 덕업이 나날이 새로워지고, 사방의 영역을 두루 망라한다[新者德業日新 羅者網羅四方之義]'라는 희망과 목표를 의미한다고 설명되어 있다. 학계에서는 시증왕의 이러한 정책들이 신라가 적어도 이 시점에는 명실공히 고대국가로 정비되었음을 의미한다고 본다.

지증왕릉으로 추측되는 경주 천마총 전경
하 | 천마총에서 발견된 〈천마도〉(국가유산청)

경주 대릉원 일원의 황남동 고분군 중 제155호분은 일명 '천마총'으로 널리 알려져 있다. 1973년 발굴에서 유명한 〈천마도〉, 금관·금모 등 숱한 장식 미술품이 나왔다. 발굴보고서《천마총》에는 고분의 축조 연대로 보아서 무덤의 주인공을 소지왕 또는 지증왕으로 추정하였다. 이 고분은 돌무지덧널무덤 축조 형식인데 경주 분지에서 이런 형식의 고분이 축조되는 것은 지증왕 대까지만이고, 이후 법흥왕 대부터는 서악 지역으로 옮겨갔다는 게 고고학적 연구이다. 그래서 지증왕의 고분이라는 쪽에 더 무게를 두고 있다.

박이종[이사부]의 울릉도 정벌

우산국于山國을 정벌하라는 지증왕의 명을 받고 박이종朴伊宗이 동해를

우산국 정벌 때 박이종(이사부)이 만들었다는 나무사자 조형물 (삼척 정라항 이사부광장)

건너갔다. 우산국은 오늘날 울릉도인데, 울릉도를 지배하던 토착 세력들은 신라의 복속 요구를 거절하고 있었다. 이 글에는 그들이 뱃길로 이틀거리나 떨어져 있는 지리적 이점을 믿었기 때문이라고 나온다. 그런 만큼 신라로서는 어려운 싸움이 될 수도 있었다. 하지만 박이종이 좋은 책략 하나를 생각해 냈다. 사자 獅子 모양의 나무 조각들을 배에 한가득 실어 놓은 것이다. 그러고는 우산국 사람들에게 항복하지 않으면 이 맹수들을 섬에 풀겠노라고 위협하였고 이것이 효과를 발휘해 그들은 별다른 저항 없이 항복했다는 것이다.

우산국 사람들이 너무 무기력하게 항복한 듯도 하지만, 당시 배경을 알면 그럴 성싶은 이야기이기도 하다. 사자는 아프리카·인도 서식이라 아시아에서는 아주 보기 드문 동물이었다. 중국에서도 이 무렵에야 중동 지역에서 선물로 보낸 사자를 처음 보았을 정도였다. 맹

〈단양 신라 적성비〉

수로서의 특성은 호랑이와 비슷했어도 보다 신비화되었기에 불교미술에서도 불법을 수호하는 동물 중 으뜸으로 표현되기도 했다. 이런 소문을 듣고 있던 우산국 사람들로서는 충분히 겁을 집어먹었을 수 있다.

박이종은 《삼국사기》에 이사부異斯夫이고 성도 김씨라고 나온다. 〈단양 신라 적성비〉(545~550년)에 '伊史夫', 《일본서기》(720년)에도 '이질부伊叱夫'로 나올 만큼 저명한 인물이었다. 내물왕의 4대손으로 우산국을 정복한 이후 병부령이 되어 군사 업무의 최고 지휘자가 되었다. 그 뒤 진흥왕 대 562년에는 신라군을 이끌고 대가야를 멸망시켰다. 그는 또한 545년에 신라의 역사를 담은 책을 나라에서 펴내야 한다고 건의하였다. 이 건의가 받아들여져 진흥왕의 명으로 거칠부 등이 《국사》를 편찬하였다.

원 문

智哲老王

第二十二智哲老王 姓金氏 名智大路又智度路 諡曰智證 諡號始于此 又鄉稱王爲麻立干者 自此王始 王以永元二年庚辰即位 或云辛巳 則三年也 王陰長一尺五寸 難於嘉耦 發使三道求之 使至牟梁部 冬老樹下 見二狗嚙一屎塊如皷 大爭嚙其兩端 訪於里人 有一小女告云 此部相公之女子 洗澣于此隱林而所遺也 尋其家檢之 身長七尺五寸 具事奏聞 王遣車邀入宮中封爲皇后 群臣皆賀 又阿瑟羅州 今溟州 東海中便風二日程 有于[于]陵島 今作羽陵 周迴二萬六千七百三十步 島夷恃其水深憍傲不臣 王命伊喰朴伊宗 將兵討之 宗作木偶師子載於大艦之上 威之云 不降則放此獸 島夷畏而降 賞伊宗爲州伯

진흥왕

제24대 진흥왕은 즉위 때 나이가 열다섯 살이어서 대[태]후가 섭정하였다. 대[태]후는 법흥왕의 딸이고 입종갈문왕의 비이다. 생을 마칠 때 머리를 깎고 법의를 입고서 돌아가셨다.

승성 3년[554] 9월에 백제 병사가 진성을 침범하여 남녀 3만 9,000명과 말 8,000필을 빼앗아 갔다.

이에 앞서 백제가 신라 군사와 함께 고구려를 치고자 하자, 진흥왕이 말하였다.

"나라의 흥망은 하늘에 달려 있다. 하늘이 고구려를 미워하지 않거늘 어찌 우리가 감히 바랄 일이겠는가."

이 말이 고구려에 알려지게 되매 고구려가 감동하여서 신라와 평화롭게 지냈으나, 백제는 이를 원망해 침범한 것이다.

해 설

554년 9월 백제가 신라를 공격하여 4만 명에 가까운 포로를 잡아가고 말 8,000필도 빼앗았다. 이 글은 신라가 이 공격을 당하게 된 직접적 원인을 설명하였다. 백제가 먼저 신라에 고구려를 함께 공격하자고 제안했으나, 진흥왕眞興王(재위 540~576)이 이를 거절하자 오히려 보복했다는 것이다.

북한산 진흥왕순수비

이 이야기들은 대체로 사실에 부합한다. 신라가 백제의 고구려 침공 제안을 거절했고, 이를 고구려에 알렸다고 《삼국사기》에 나온다. 다만 백제가 공격해 온 진성珍城이 어디인지는 분명하지 않다. 전북 무주라는 연구가 있으나, 당시의 전투 정황으로 볼 때 경남 합천 부근일 가능성도 있다.

진흥왕 대를 전후하여 고구려·백제·신라는 두 나라가 군사동맹을 맺고서 다른 한 나라를 공격하는 일이 여러 차례 있었다. 이른바 '나제동맹', '여제동맹' 등이다. 그러나 이런 동맹관계를 이루는 요인은 지극히 자국 중심적이어서 이해관계에 따라서는 동지와 적의 관계가 수시로 바뀌기도 하였다. 바로 이런 점이 대단히 역동적으로 흘러갔던 당시 삼국 간의 정세를 대변한다고도 할 수 있다.

사실, 이 3년 전에는 고구려가 돌궐과의 전쟁에 몰입하는 틈을 이용해 백제와 신라가 연합하여 고구려의 한강 상류 유역을 공격하여 16개 군을 차지하였다. 이에 고무되어 백제가 신라에게 고구려의 평양성을 함께 공격하자고 제안했다. 이를 알아챈 고구려가 신라를 회유했다. 진흥왕은 이를 받아들여 백제의 제안을 거절했을 뿐만 아니라 얼마 뒤 오히려 백제가 차지하고 있던 한강 유역을 공격해 손에 얻기까지 하였다. 이 글에 나오는

진흥왕 때 쌓은 명활산성
하 | 명활산성 작성비(국립경주박물관)

백제의 신라 공격은 바로 이에 대한 보복이었다. 두 달 전 7월에도 성왕이 직접 군사를 이끌고 신라 강역인 관산성[충북 옥천]을 공격했었다. 그러나 이때는 정반대로 백제의 대패로 끝나고 성왕도 전사했다. 이를 역사학계에서 '관산성 전투'라고 한다. 백제는 나라가 휘청거릴 만한 타격을 받았음에도 곧이어 다시 공격해 이번에는 기어코 승리한 것이다.

이 같은 삼국 간의 치열한 전쟁은 6세기부터 불붙기 시작한 '영토 전쟁'이라는 복잡한 국제 관계에서 이해해야 할 문제이다. 이 글에서 말한 것처럼 진흥왕 개인의 신의 문제만은 아니었을 것이다. 신라 처지에서야 그렇게 말할 수 있겠으나, 백제 시각에서 본다면 오히려 신라가 배신한 데 대한 복수이기도 했다. 역사는 이렇게 자기 처지에 따라 은수恩讐 관계를 정반대로 보는 일이 흔하다.

진흥왕과 불교

이 글에는 진흥왕이 540년 열다섯 살에 즉위해 한동안은 어머니가 섭

상 | 혜량이 주관한 백고좌법회를 떠올리게 하는 조선후기의 〈진북사관등〉(이정직 그림)
하 | 창녕 진흥왕순수비

정하였고, 생전에 승려가 되었다는 이야기 등이 나온다. 그러나 《삼국사기》에는 일곱 살에 즉위했다고 나와서 오늘날 그의 출생 연도는 두 가지로 표기된다.

진흥왕이 이룬 많은 업적에 비해서는 비교적 짧게 쓴 글인데 《삼국사기》 등에는 신라의 국토를 크게 넓혀 오늘날 함경남도 지역까지 차지했던 이야기가 잘 나온다. 창녕·북한산·황초령(함경남도 함흥)·마운령(함경남도 이원) 등 근대 이래 전국에서 발견된 영토 확장을 기념한 척경비拓境碑, 곧 '진흥왕 순수비' 4기가 이를 증명한다. 이런 왕성한 활동을 통해 이전보다 3배 넓은 영토를 차지했다고 한다.

진흥왕은 전왕인 법흥왕 대에 공인되었던 불교를 널리 장려해 불교가 신라 사회에 튼튼하게 자리 잡는 데에 큰 역할을 했다. 즉위 5년 뒤인 544년 2월, 법흥왕 대에 착공했던 흥륜사가 드디어 완성되었다. 그는 이를 계기로 백성들이 출가하여 승려가 됨을 허용하는 정책을 펴며 불교를 발전시켜 나갔다. 549년 남조 양梁에 갔던 유학승 각덕覺德이 불사리를 얻어 귀국할 때는 백관들이 흥륜사 앞에서 받들어 맞이하게 하였다. 565년에 진陳에 갔던 유학승 명관明觀이 불교 경론 1,700여 권을 가지고 돌아옴으로써 신라 불교는 교리 면에서 한층 발전하게 된 것도 진흥왕의 불교 장려 정책의 영향이었을 수 있다. 551년 고구려에서 명망 높던 혜량惠亮이 신라에 망명한 것도 그런 맥락으로 이해된다. 진흥왕은 그를 승통으로 임명하고 신라 불교계의 승정僧政 기구를 정비하였다.

그의 재위 동안 여러 사찰이 창건되고 규모가 큰 법회도 열렸다. 553~566년 황룡사를 완공하고, 574년에 장륙상을 봉안하였다. 551년에는 백좌百座 강회를 열어 고구려에서 넘어와 승통이 된 혜량이 주관하도록 했는데, 이는 우리나라 최초의 백고좌법회였다. 572년 10월에도 전쟁에서 죽은 병사들의 명복을 빌기 위해 팔관회를 열었다. 또 566년에 포석정 근처에 기원사·실제사가 완공되었다.

이 글에 나오듯이, 진흥왕은 만년에 출가하여 스스로 법운이라는 법명을 짓고 승려가 되었다. 그리고 불법으로 다스리는 이상적 제왕인 전륜성왕을 자처하여 두 아들의 이름을 전륜성왕의 이름을 빌려 동륜·사륜[철륜]이라 지었다. 왕비 역시 진흥왕을 따라 출가하여 법명을 묘법이라 하고 영흥사에 머물렀다. 동륜과 사륜은 「도화녀와 비형랑」에 서로 정반대 성격의 인물로 등장한다.

眞興王

第二十四眞興王 即位時年十五歳 大[太]后攝政 大[太]后乃法興王之女子 立宗葛文
王之妃 終時削髮被法衣而逝 承聖三年九月 百濟兵來侵於珍城 掠取人男女三萬
九千 馬八千匹而去 先是 百濟欲與新羅合兵謀伐高麗 眞興曰 國之興亡在天 若天未
猒高麗則 我何敢望焉 乃以此言通高麗 高麗感其言與羅通好 而百濟怨之故來爾

도 화녀와 비형랑

제25대 사륜왕은 시호가 진지[재위 576~579]이다. 대왕의 성은 김씨이며 비는 기오 공의 딸 지도부인이다. 대[태]건 8년[576] 병신에 왕위에 올랐다. 옛날 책에는 '11년 기해'라고 하였으나 잘못이다 나라를 다스린 지 4년 만에 정사를 돌보지 않고 미색에만 빠졌으므로 나라 사람들이 그를 폐위시켰다.

이보다 앞서, 사량부의 여염집 여인의 용모와 자태가 매우 아름다워 도화랑[복숭아꽃 같은 여인]이라고 불렸다. 왕이 듣고서 궁중에 불러들여 그녀를 범하려 하자 여인이 말하였다.

"여자가 지켜야 할 것은 두 남자를 섬기지 않는다는 것입니다. 남편이 있음에도 다른 남자에게 시집가라 함은 비록 천자의 위세로도 결코 얻지 못할 일입니다."

왕이 말하였다.

"너를 죽인다면 어찌할 테냐?"

여인이 말하였다.

"차라리 저잣거리에서 목이 베인들 어찌 다른 마음을 가지려 하겠습니까?"

왕이 농처럼 "남편이 없으면 되겠느냐?" 하자 "그렇습니다." 하였다. 왕은 그녀를 풀어주고 보내주었다.

이 해에 왕이 폐위되고 죽었다. 2년 뒤 그녀 남편도 죽었는데, 열흘이 지나 어느 날 밤중이었다. 왕이 평소 모습대로 여인의 방에 들어와서 말하였다.

"네가 옛날에 허락한 대로 지금 남편이 없으니, 이제 되겠느냐?"

여인이 쉽게 그렇게 하겠다고는 못하여 부모에게 이 사실을 알리니 부모가 "임금의 명인데 어찌 피하겠느냐?" 하며 여인을 방에 들어가도록 했다. 7일 머무르는 동안 늘 오색구름이 집을 덮었고 향기가 집 안에 가득 풍겼다. 7일 뒤에 홀연히 자취가 사라졌고, 여인은 이 일로 인해 잉태하였다. 달이 차서 낳으려 할 때 천지가 진동하였다. 사내아이를 낳고 이름을 비형이라 하였다.

진평대왕[재위 579~632]이 그 기이함을 듣고 궁중으로 데려다가 길렀다. 나이가 열다섯이 되자 집사 자리를 내렸다. 날마다 밤이면 어디론가 멀리 나가서 놀곤 하므로 왕이 병사 50명더러 못 가도록 막았으나 그때마다 날아 넘어가 월성 서쪽의 황천 언덕 경성[경주]의 서쪽에 있다 위에서 도깨비들을 거느리고 놀았다. 병사들이 숲에 숨어 엿보았더니, 도깨비들은 여러 절에서 치는 새벽 종소리가 들려서야 각자 흩어졌고 비형랑도 돌아가는 것이었다. 병사들이 돌아와서 아뢰니 왕이 비형을 불러 말하였다.

"네가 도깨비들을 거느리고 논다는 게 사실이냐?"

비형랑이 대답하였다.

"그렇습니다."

왕이 말하였다.

"그렇다면 네가 도깨비들을 이끌고서 신원사의 북쪽 도랑 신중사라고도 하나 잘못이다. 황천 동쪽에 있는 깊은 도랑이라고도 한다 에 다리를 놓아 보아라."

비형랑이 명을 받들어 그 무리로 하여금 돌을 다듬어 하룻밤 만에 큰 다리를 놓았다. 그런 까닭에 귀교라고 한다.

왕이 다시 물었다.

"도깨비 중에 사람들 사이에서 나라의 정사를 도울 만한 자가 있느냐?"

말하였다.

"길달이라는 자가 능히 나라의 정사를 도울 만합니다."

왕이 말하였다.

"데려오라."

다음 날 비형과 함께 뵈었더니 집사 벼슬을 내렸다. 과연 비길 만한 사람이 없을 만큼 충직하였다.

이때 각간 임종이 아들이 없기에 왕이 길달을 아들로 삼도록 명하였다. 임종은 길달에게 흥륜사 남쪽에 문이 딸린 다락집[樓門]을 세우게 하였다. 밤마다 거기로 가서 문 위에서 잤기에 '길달문'이라고 이름하였다. 하루는 길달이 여우로 변하여 도망가 버리므로 비형이 도깨비를 부려 잡아서는 죽여버렸다. 그러므로 도깨비들은 '비형'이라는 이름만 듣고도 두렵고 무서워 달아났다. 그때 사람들이 노래를 지어 불렀다.

어질고 덕이 뛰어난 임금님의 혼이 낳은 아들
여기가 비형랑의 집이로다.
날고뛰는 여러 도깨비여
여기에 머물면 안 되느니라.

고을 풍속에 이 글을 붙여서 도깨비를 물리치곤 했다.

해 설

진평왕 대에 있었던 죽은 사람의 혼령과 산 사람의 사랑에 관한 기이한 이야기다. 국문학에서는 이런 종류의 설화를 '사자교혼死者交婚' 설화, 또는 시애屍愛 설화로 분류한다. 중국의 《수신기搜神記》에 이런 종류의 설화가 많이 실렸고, 우리나라의 〈금방울전〉은 바로 이런 설화의 응집체라고도 한다. 그런데 이 「도화녀와 비형랑」은 그보다 한 걸음 더 나아간다. 진지왕·진평왕·임종 등 실재했던 이들이 인물 배경으로 등장하고, 그들의 행위 결과로 황천·신원사·흥륜사·귀교 같은 경주의 특정 지명과 유적이 지금까지 전한다는 점에서 구체성과 현실성을 띠고 있다.

이 글의 주인공 도화桃花와 비형鼻荊의 이름 뒤에 붙은 '娘'·'女', '郎'은 신라의 여성과 남성 이름 뒤에 붙는 접미사이다. 일연은 비형이나 길달을 가리켜 '귀鬼'라고 했다. 보통 '귀신'이라고 번역하지만 여기서는 '도깨비'라고 해도 괜찮을 것 같다. 귀신과 도깨비는 비슷한 듯 다르다. 우리나라 전설이나 설화에 사람하고 가깝게 지내는 도깨비가 자주 나오기에, 비형랑과 무리들을 도깨비라 하여도 이상할 게 없어 보인다.

진지왕과 진평왕

이 이야기의 시대 배경은 진지왕과 진평왕 대이다. 진지왕은 주색에 빠진 인물로, 진평왕은 선왕이 어지러뜨린 일들을 수습하는 역할로 나온다. 물론 《삼국사기》 등 정사에 나오는 행적과 품평과는 거리가 있는 묘사도 많다.

진지왕은 진흥왕의 아들로 이름은 사륜舍輪이다. 형인 동륜銅輪이 일찍 죽어 그가 왕위를 이어받았다. 아버지는 평생 나랏일에 바빴고 만년에는 불교에 귀의해 출가했을 만큼 불심도 돈독했으나, 아들은 그 반대로 정사는 돌보지 않고 미색에만 빠져 지내다가 폐위되고 얼마 뒤 죽었다. 그런

경주 월정교 전경

데 그는 2년 전 궁중에 불러들여 한 번 본 도화라는 미녀를 죽어서도 잊지 못했다. 혼령이 되어서 도화 앞에 나타나더니 결국 7일을 함께 했고, 그 결과 비형이 태어났다.

진지왕의 뒤를 이은 진평왕은 비형을 궁중으로 불러 직책도 주었다. 혼령의 아들답게 그에게는 귀신들을 부리는 능력이 있었다. 또 건축에도 뛰어난 재주가 있어서, 왕에게 신원사 북쪽에 다리를 놓으라는 명을 받고는 하룻밤 만에 끝내기도 했다. 이 다리는 훗날 '귀교'[귀신이 놓은 다리라고 불렸다. 흡족해진 왕이 비형의 능력을 인정하고 그가 거느린 귀신 중에서 한 명을 천거해 보라고 하자 비형은 길달吉達을 소개했다. 길달은 처음에는 충직하기가 그지없어서, 고위 인사인 임종林宗의 양아들이 되고 흥륜사의 남문도 지었다. 하지만 귀신의 본성이 본래 그런 것인지 얼마 안 있어 비형의 통제를 벗어난 채 멋대로 도망쳤고, 결국 비형에 의해 죽임을 당했다. 이런 소동에도 불구하고 신라 사람들은 비형의 비범함을 존중했고 또 그의 기이한 힘을 믿었다. 그래서 '여기가 비형랑이 머무는 집이다'라는 글귀를 집집이 걸어놓아 귀신들이 들어오는 것을 막았다고 한다.

도화(복숭아꽃)가 상징하는 이상향인 무릉도원을 그린 안중식의 〈도원행주도〉(국립중앙박물관)

도화녀

　　도화의 뛰어난 미모를 탐낸 진지왕이 궁중으로 불러들여 겁박하였으나 그녀는 꿋꿋이 도리를 지켰다. 하지만 그녀와 정을 나누고 싶어 안달이 났던 진지왕은 단념하지 않고 집요하게 어르고 달랬다. 그녀는 왕이 내건 억지 약속을 마지못해 받아들이고 나서야 겨우 그 자리를 빠져나올 수 있었다. 얼마 뒤 진지왕이 죽고, 도화의 남편도 세상을 떠났다. 그러자 죽은 진지왕의 혼령이 그녀를 찾아와 약속을 지키라고 재촉했다. 도화는 어쩔 수 없어 그와 7일을 같이 했고, 그제야 진지왕의 혼령은 사라졌다. 그로 인해 아들 비형이 태어났다.

　　'도화'는 중국이 원산인 '복숭아꽃' 또는 '복숭아'이다. 그래서인지 복숭아는 중국에서 특별한 의미를 지닌다. 곤륜산에는 중국 설화에서 모든 신들의 어머니 격으로 받들어지는 서왕모西王母가 살며 반도원蟠桃園을 관리하고 있다. 반도원의 복숭아는 한 번 먹으면 늙어 죽지 않는다는 선도仙桃라고 여겨져 이로부터 복숭아는 장수의 상징이 되었다. 또한 중국의 유명한 문장가 도연명陶淵明(365~427)의 〈도화원기〉에 묘사되었듯이 복숭아 만발한 도원경桃源境·도원향桃園鄕은 이상향 무릉도원武陵桃源을 암시하는 단어로 쓰였다. 우리나라도 그런

영향을 받았으니, 신라 경주의 선도산仙桃山에 산다는 선도산모仙桃山母 설화도 이와 비슷한 맥락으로 볼 수 있다. 「신라의 시조 혁거세 왕」에도 '서술성모[선도산모]가 혁거세 왕을 낳았다'라는 설이 나오고, 〈감통〉「선도성모수희불사仙桃聖母隨喜佛事」에는 그보다 좀 더 길고 자세하게 소개되었다.

도화, 곧 복숭아꽃은 모양이나 발그레한 예쁜 색깔로 말미암아 옛날부터 여성의 아름다운 용모를 의미하기도 했다. 《시경》에도 복숭아꽃을 젊은 여인의 아름다움에 견주어 읊은 노래가 있다. 그래서 더 나아가 성적인 매력과 욕망을 의미하기도 한다. 그런데 점술에서는 '桃'가 '木'과 '兆'로 구성되어서 '길흉을 미리 알려주는 나무'로도 본다. 농사에서는 복숭아꽃은 잎보다 먼저 피어서 꽃이 많이 피면 그해 풍년을 기대한다. 도화에는 이렇게 많은 의미가 담겨 있는데, 이를 이름으로 한 도화녀는 무엇을 상징했던 걸까.

비형랑

비형은 출생도 신비하거니와 집과 다리 등 건물도 잘 짓고 또 무엇보다 귀신들까지도 맘대로 부릴 줄 알았다. 그 점이 신라 사람들에게 깊은 인상을 주었을 것이다. 그래서 잡귀를 막기 위해 집집마다 그의 이름이 나오는 노랫말을 종이에 써서 대문에다 붙여 놓는 일종의 주사呪辭 풍습이 유행하기도 했다. 이는 9세기 헌강왕 대를 무대로 하는 처용 설화와도 비슷한 맥락이다. 비형으로 인해 삿된 것들을 쫓을 수 있다는 믿음은 고려에도 이어져, 무신정권 시대의 실력자 이의민李義旼은 '두두을豆豆乙'을 섬

안압지(동궁과 월지) 출토 신라의 도깨비 기와(국립경주박물관)

겼는데 이는 나무로 만든 귀신 인형인 '목매木魅'라고 한다(《고려사》〈지〉「오행」). 또 무신정권의 또 다른 실력자였던 최우崔瑀도 나무로 만든 귀신 형

상의 '목랑木郎'을 곁에 두었다. 조선시대에서도 경주 남쪽 10리에 있는 왕가수王家藪에서 목랑인 두두리를 제사 지냈는데, 이는 비형랑 이래로 믿어온 풍습이라고 한다《신증동국여지승람》. 왕가수는 오늘날 배동·탑정동·율동에 걸친 숲으로, 처음에는 일종의 종교림宗敎林으로 조성되었다고 본다.

진지왕의 혼령이 사람과 관계해 태어난 비형랑이 사람들과 함께 살아가면서 한편으로는 도깨비 또는 귀신들과 어울리며 그들을 부렸다는 이야기는 확실히 환상적이다. 그래서 글의 구조상으로는 도깨비 설화 이상의 의미를 두기 어렵다. 그러나 사실은 왕족의 한 명으로서 음지에서 활동했던 실재 인물이었으나 다소 기이한 행적으로 말미암아 그의 이야기가 설화로 전하게 되었다는 의견도 있다. 《삼국사기》에 진지왕에게 두 아들 김용춘·김용수가 있었다고 나오는데, 이 중 한 명이 바로 비형랑 설화의 주인공이라는 것이다. 실존 인물을 모델로 해서 비형랑 설화가 나왔거나, 적어도 이 설화는 7세기 신라 사회의 풍속과 인물을 바탕으로 하고 있음은 분명하다. 예를 들어 비형이 길달을 진평왕에게 천거하자 그의 양아버지가 되었다는 임종은 실제로 각간 벼슬을 하였던 신라 최고위급 인사였다. 그의 이름은 뒤의 「진덕왕」에도 나온다.

귀교나 흥륜사 남문을 지었다고 하듯이 비형이나 길달은 모두 건축에 능했다. 위에서 말한 것과 같은 맥락에서 중동 등 외국에서 건너온 특별한 기술을 보유한 집단들이 신라 사회에 자리 잡는 과정에서 그들의 독특한 습관과 외모로 인해서 생겨난 설화라고 보기도 한다.

귀교와 신원사

경주 시내는 서천·남천 등 하천에 둘러싸여 있어서 예로부터 다리가 많이 놓였다. 전하는 이름만 해도 귀교鬼橋 외에 금교[송교], 유교, 춘양교[일정교], 월정교, 누교, 예교, 대교, 효불효교, 굴연천교 등이 있었고 오늘날 대부분 위치도 알려져 있다. 또한 이름은 전하지 않으나 최근 월성 북편의

귀교가 있었다고 추정되는 경주 효현교 전경

발천에서 교량 터 두 군데가 확인되었고, 남천 부근에서도 교량 석재들이 발견된 적이 있다. 따라서 경주에는 왕성 일대와 주변 지역을 연결하는 다리가 적잖게 놓였음을 알 수 있다(김경열, 〈월정교·춘양교로 본 신라 왕경의 교량과 월성 이남 개발 양상〉, 2024). 실제 용도라기보다 불교적 이상을 상징하는 것이기는 해도 불국사 안에도 청운교·백운교·연화교·칠보교 등이 있었으니 신라시대 경주에는 크고 작은 다리가 퍽 많았을 것이다.

비형이 신원사 북쪽 도랑 위에 세웠다는 귀교가 어디인지 분명하지 않다. 한때 오릉 북편에 있던 석교石橋 터가 귀교라고 보았으나 이는 발굴 조사 결과 조선시대의 교량으로 확인되었다. 또한 조선시대에는 오릉 서남쪽 신원평의 신원교를 옛 귀교로 보았다(《신증동국여지승람》). 이에 따라 조선시대 신원교 자리에 오늘날에 새로 놓은 효현교 부근이 바로 귀교가 놓였던 데라고 보지만 아직 확정적이지는 않다.

그래서 일연의 '신원사 북쪽 도랑은 황천의 동쪽에 있는 깊은 도랑을 말한다'라는 주석을 단서로 삼아 그 위치를 어름 추정하기도 한다. 황천은 오늘날 그런 이름의 시내는 없으나 월성 서쪽을 흐르는 모량천과 기린천이 만나는 삼천기三川岐 주변으로 추정하거나(이근직, 〈신라 왕경의 교량지 위

신원사 터로 추정되는 경주 탑동정수장과 주변 전경

치 재고〉, 2000), 혹은 외동읍 신계리 지역을 흐르는 남천 상류 '사등이천史
等伊川'을 달리 부르던 이름이라고도 한다(《신증동국여지승람》).

'귀교' 이름이 들어간 지명을 통해 옛 귀교와 연관성을 추정할 수도 있
다. 오릉의 남에서 북으로 흐르는 서천은 강폭 100m가 넘는 널찍한 형산
강으로 이어지며 일대의 농업용수를 책임진다. 이 강의 물줄기를 가두는
제방을 오늘날 귀교보鬼橋堡라 하고, 양쪽 제방 너머의 너른 벌판도 '귀교
들'이라고 부르니 옛날의 귀교와 관련이 있을 것 같다.

귀교 남쪽에 있었다는 신원사神元寺 자리는 어디쯤일까? 앞에서 보았듯
이 만일 삼천기가 황천이라면 신원사나 귀교는 그 동북쪽이 된다. 이 부
근에 탑동정수장[오릉정수장]이 있고 일대에 탑재가 널려 있어서 바로 이
자리를 신원사 터로 보는 것이다(김경동, 〈경주 삼천기 주변 절터 위치 비정에 관
한 일고〉, 2008).

원문

桃花女鼻荊郎

第二十五舍輪王 諡眞智大王 姓金氏 妃起烏公之女知刀夫人 大[太]建八年丙申即
位 ^{古本云十一年己亥 誤矣} 御國四年 政亂荒婬 國人廢之 前此 沙梁部之庶女 姿容艶美 時
號桃花娘 王聞而召致宮中 欲幸之 女曰 女之所守 不事二夫 有夫而適他 雖萬乘之
威 終不奪也 王曰 殺之何 女曰 寧斬于市 有願靡他 王戲曰 無夫則可乎 曰可 王放而
遣之 是年 王見廢而崩 後二年 其夫亦死 浹旬忽夜中 王如平昔 來於女房曰 汝昔有
諾 今無汝夫可乎 女不輕諾 告於父母 父母曰 君王之教 何以避之 以其女入於房 留
御七日 常有五色雲 覆屋杳[香]氣滿室 七日後 忽然無蹤 女因而有娠 月滿將産 天地
振動 産得一男 名曰鼻荊 眞平大王 聞其殊異 收養宮中 年至十五 授差執事 每夜逃
去遠遊 王使勇士五十人守之 每飛過 月城西去荒川岸上 ^{在京城西} 率鬼衆遊 勇士伏林中
窺伺 鬼衆聞諸寺曉鍾各散 郎亦歸矣 軍士以事來奏 王召鼻荊曰 汝領鬼遊信乎 郎曰
然 王曰 然則汝使鬼衆 成橋於神元寺北渠 ^{一作神衆寺 誤 一云荒川東深渠} 荊奉勅 使其徒鍊
石成大橋於一夜 故名鬼橋 王又問 鬼衆之中 有出現人間 輔朝政者乎 曰 有吉達者
可輔國政 王曰 與來 翌日 荊與俱見 賜爵執事 果忠直無雙 時角干林宗無子 王勅爲
嗣子 林宗命吉達 創樓門於興輪寺南 每夜去 宿其門上 故名吉達門 一日吉達變狐而
遁去 荊使鬼捉而殺之 故其衆 聞鼻荊之名 怖畏而走 時人作詞曰 聖帝魂生子 鼻荊
郎室亭 飛馳諸鬼衆 此處莫留停 鄕俗帖此詞以辟鬼

천사옥대 청태 4년[937] 정유 5월에 정승 김부[경순왕]가 금을 새기고 옥을 두른 허리띠 한 벌을 바쳤다. 길이가 10뼘이고 고리[銙]는 62개이다. 이것이 하늘에서 내려준 진평왕의 허리띠[天賜帶]이다. 태조가 그것을 받아 내고에 보관하였다

제26대 백정왕의 시호는 진평이다. 대왕은 김씨로, 대[태]건 11년[579] 기해 8월에 즉위하였다. 키가 11척이나 된다. 내제석궁 천주사라고도 하는데 왕이 창건하였다에 행차했을 때 돌계단을 밟자 두 개가 한꺼번에 부서졌다. 왕이 좌우 사람들에게 말하였다.

"이 돌들을 치우지 말고 후세 사람들이 볼 수 있도록 하라."

곧 성안에 있는 다섯 개의 부동석不動石 중 하나이다.

즉위한 해에 하늘의 사신[天使]이 궁궐 뜰로 내려와 왕에게 말하였다.

"상제[上皇]께서 저더러 옥대를 전해드리라고 하셨습니다."

왕이 직접 꿇어앉아 받고 나자 사신은 하늘로 올라갔다. 천지와 선조에게 제사[郊廟] 지내거나 나라에서 큰 제사[大祀]를 지낼 때마다 이를 찼다.

후에 고구려 왕이 신라 정벌을 꾀하면서 말하였다.

"신라에는 세 가지 보물이 있기에 침범할 수 없다고 하는데, 무엇인가?"

"황룡사의 장륙존상이 첫째요, 그 절의 구층탑이 둘째이며, 진평왕이 하늘에게서 받은 옥대가 셋째입니다."

이에 그 계획을 그만두었다.

찬한다.

진평왕릉

구름 너머에서 하늘이 내린 옥대를 두르니
벽옹에서 황제가 입었던 곤룡포에 어울리도다
우리 임금 옥체 이로써 더욱 무거워지셨으니
다음엔 쇠를 써서 섬돌을 만들어야 하겠네

해 설

　진평왕眞平王(재위 579~632)이 하늘로부터 옥대玉帶를 받은 이야기, 그리고
궁내의 사찰 내제석사에 갔을 때 계단을 힘껏 밟자 두 개가 부서졌다는
일을 소개하며 그가 보통 사람보다 신체가 훨씬 장대했음을 말하였다.
옥대나 우월한 체격 등에 관한 언급은 곧 그의 위엄과 비범함이 남달랐
음을 말하려는 것 같다.
　하늘이 귀한 옥대를 내려준 연유가 직접 나오지는 않았으나, 이 글을
읽으면 당시 신라 사람들이 진평왕을 '하늘이 내린 사람'이라고 여겼던 것
같다는 생각도 든다. 일연은 제목 옆에 주석을 달아 936년 신라가 고려에
항복할 때 경순왕이 태조 왕건에게 바친 옥대가 바로 진평왕이 하늘에서

받은 '천사대'이며, 태조는 이를 궁중 창고인 내고에 잘 보관했다고 확인까지 해주었다. 그가 이 옥대를 직접 보고 쓴 건지는 알 수 없으나, 적어도 당시 고려 사회에는 신라 도약의 상징과 같았던 천사옥대가 여전히 전하고 있었다는 믿음은 있었던 듯하다. 참고로, 옥대는 글자 그대로 옥으로 장식한 의례용 허리띠를 말한다. 옥대 착용에 관한 의례는 중국에서 주周나라부터 있었다. 일상에서 착용한다기보다 왕이 행사나 의식이 있을 때 허리에 차는 장식용이었다. 그러나 우리나라 고대 고분 유적에서 옥대가 발견된 예는 아주 드물다.

이 글 끝에 고구려 왕의 말을 빌려서 진평왕의 옥대를 포함하여 신라에 세 가지 보배인 '삼보'가 있기에 외적이 감히 넘볼 마음을 갖지 못했다고 하였다. 사실 이 글에는 그의 업적이 구체적으로 안 나오지만,《삼국사기》등을 참조해 보면 대체로 국력 신장에 괄목할 업적을 남겼다고 볼 만하다. 선왕인 진흥왕이 이끈 영토 확장 정책을 충실히 이어갔으며, 관료체제 정비에 공을 들임으로써 효율적 행정체계가 이뤄지게 한 대목도 눈길을 끈다. 이 같은 개혁은 왕의 권위를 높이고 왕권은 단단히 다지는 결과를 가져왔을 것이다. 그러므로 진평왕 대는 그 뒤인 7세기 중반에서 후반 사이에 신라가 비약적으로 발전하게 되는 기반을 닦은 시기였다고 평가할 만하다.

내제석궁

진평왕이 키가 11척이나 되었다는 얘기는《삼국사기》에는 없다. 11척이면 261~327㎝, 사실이라면 내제석궁內帝釋宮에 행차했을 때 그가 밟은 돌계단 2개가 한꺼번에 부서졌을 만도 하다. 진평왕이 자기의 권위를 내보이기 위해 이 돌을 옮기지 말고 뒷사람에게 보이라고 하였고, 이는 훗날 다섯 개의 부동석不動石 중 하나로 꼽혔다 한다.

'부동석'의 뜻은 이 글로 보면 사람들이 아무리 옮기려고 해도 꼼짝도 안 하는 돌이라는 의미인 듯하다. 천주사의 돌계단을 포함하여 경주에

다섯 개가 있었다고 하지만 다른 네 개가 무엇인지, 또 어떤 전설이 담겨 있는지는 전혀 알려지지 않는다. 아마도 들리면 소원이 이루어진다는 '소원돌'이 아닐까 싶다. 일본의 사찰에도 헤이안平安시대 이래 부동석 전설이 나타나는데, 대체로 관음·부동명왕 신앙과 관련 있다.

'천주사天柱寺'라는 글자가 새겨진 평 평와平瓦(국립경주박물관)

내제석궁은 경주 왕궁에 있던 절로 그 터는 아직 발견되지 않았다. 이 글에서 일연은 내제석궁은 천주사天柱寺라고도 하며 진평왕이 창건했다고 했으나 〈거문고 갑을 쏘아라〉에는 소지왕 대에 이미 있었다고 하였다. 760년에 월명 스님이 경덕왕에게 〈도솔가〉 향가를 읊어주었던 데도 천주사이다(〈의해〉「월명사 도솔가」). 17세기에 중간된 《동경잡기》에 신라 사람들이 해마다 천주사에 가서 뜰에다 꽃을 심고 복을 빌었다고도 나온다.

신라의 삼보와 삼기, 그리고 팔괴

황룡사의 장륙상과 구층 목탑 그리고 진평왕의 옥대를 신라 사회에서 '삼보'라 했고, 이웃 나라는 이들의 존재만으로도 감히 신라를 침략하지 못했다는 삼보 전설이 바로 이 글에서 비롯한다. 불상과 불탑은 부처님의 존재를 상징하고, 이 옥대는 하늘의 상황上皇이 내려주었다고 했으니 도교적 색채가 짙다. 결국 신라는 부처님과 옥황상제가 지켜주는 나라라는 의미가 담겨 있는 것일까.

황룡사지 출토 망새(치미)

신라의 오랜 역사와 전설이 담긴 유적 유물 중에서 서로 관련 있는 몇 가지를 묶었다는 점에서 삼보와 비슷한 말로 '삼기 팔괴'가 있다. '세 가지

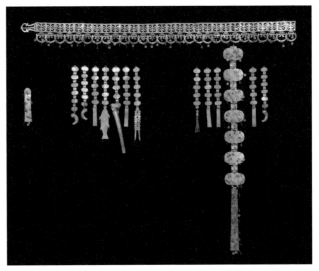

진평왕대 천사옥대를 연상시키는 황남대총 북분 출토 황금허리띠(국보 제192호, 국립경주박물관)

기이한 물건과 여덟 군데의 괴상한 풍경'이라는 뜻이다. 먼저, 삼기는 금척·옥적·화주 등이다. 금척은 신라 시조 혁거세가 꿈에 신인에게서 받았다는 금으로 만든 자[尺], 옥적은 대상이 구체적으로 명시되지 않으나 만파식적임을 짙게 시사하고, 화주는 선덕왕이 지녔던 보물이라고 한다. 또한 팔괴는 계림황엽[계림의 낙엽], 금장낙안[금장대의 저녁노을], 나원백탑[나원사의 석탑], 남산부석[남산의 뜬돌], 문천도사[문천의 모래사장], 백률송순[백률사의 소나무], 불국영지[불국사의 영지], 압지부평[안압지의 부평초], 금오만하[금오산의 노을에 비친 아지랑이], 서산모연[선도산의 저녁노을] 등이다.

사실, '삼기 팔괴'는 연원이 오래되지 않고 1920년대 이후 경주의 고적과 역사를 홍보하는 과정에서 나온 말이다. 《동아일보》의 기사(1924년 7월 10일), 《경주의 고적과 전설》(최상수, 대제각, 1936) 등 인쇄물에 이런 용어들이 처음 나타난다. 예를 들어 1915년 분황사 모전석탑을 해체 수리할 때 사리함에서 돋보기로 추정되는 둥근 모양의 수정이 나왔다. 분황사가 선덕여왕 대에 창건되었으므로 이 유물도 선덕여왕이 시주해 넣었다고 추정된다. 수정은 오목렌즈처럼 햇빛을 모아 불을 낼 수 있는 것이기에, 근대에 이를 선덕여왕이 지녔던 화주火珠라고 여겨 삼기의 하나로 꼽은 듯하다.

경주 팔괴 중 한 곳인 불국사 영지 전경

이처럼 삼기 팔괴는 삼보같이 오랜 옛날부터 있었던 인식은 아니라고 봐
야 한다.

원 문

天賜玉帶 清泰四年丁酉五月 正承金傅 獻鍮金粧玉排方腰帶一條 長十圍鑱銙六十二日 是眞平王天賜帶也 太祖受之
藏之內庫

第二十六白淨王 諡眞平大王金氏 大[太]建十一年己亥八月即位 身長十一尺 駕幸內
帝釋宮 亦名天柱寺 王之所創 踏石梯二石並折 王謂左右曰 不動此石 以示後來 即城中五
不動石之一也 即位元年 有天使降於殿庭謂王曰 上皇命我傳賜玉帶 王親奉跪受然
後 其使上天 凡郊廟大祀皆服之 後高麗王將謀伐羅乃曰 新羅有三寶不可犯 何謂也
皇龍寺丈六尊像一 其寺九層塔二 眞平王天賜玉帶三也 乃止其謀 讚曰 雲外天頒玉
帶圍 辟雍龍袞雅相宜 吾君自此身彌重 准擬明朝鐵作墀

선덕왕이 알아챘던 세 가지 일

제27대 덕만_*은 萬이라고도 한다 의 시호는 선덕이다. 여 대왕의 성은 김씨이며 아버지는 진평왕이다. 정관 6년[632] 임진에 즉위하여 16년간 나라를 다스렸다. 무릇 그가 미리 알았던 세 가지 일이 있었다.

첫 번째다. 당 태종이 홍색·자색·백색 세 가지 색으로 그린 모란 그림과 그 씨앗 석 되를 보내왔다. 왕이 그림의 꽃을 보더니 말하였다.

"이 꽃은 분명 향기가 나지 않을 것이다."

그러고는 씨앗을 뜰에 심어 보라고 하였다. 꽃이 떨어질 때까지 기다렸다가 보았더니 과연 그 말대로였다.

두 번째다. 영묘사 옥문지에 겨울철인데도 개구리들이 모여서 사나흘 동안 울어댔다. 나라 사람들이 이를 괴이하게 여겨 왕을 찾아갔다. 왕이 급히 각간 알천·필탄 등에게 말하여 날랜 병사 2,000명으로 서쪽 교외로 가서 여근곡이라는 데를 찾아보면 분명 적병이 있을 테니 불의에 덮쳐서 죽이라고 하였다. 두 각간이 명을 받아 각각 군사 천 명을 데리고 서쪽 교외에 가서 찾아보니, 부산 밑에 과연 여근곡이 있고 백제 군사 500명이 거기에 와서 숨어있기에 이들을 모두 죽였다. 백제 장군 우소라는 자가 남산의 고개에 있는 바위 위로 숨자 다시 포위하여 활로 쏘아 죽였다. 다시 병사 1,200명이 쳐들어왔으나 역시 공격해 모두 죽이고 한 사람도 남기지 않았다.

세 번째다. 왕이 아무 탈도 없건만 여러 신하에게 자신이 몇 년 몇 월일에 죽을 것이니 도리천에 장사 지내라고 말하였다. 여러 신하가 거기가 어딘지 몰라 여쭈니, 낭산의 남쪽이라고 답해주었다. 그날이 되니 과연 왕이 붕어하였다. 신하들이 낭산의 양지바른 데에 장사 지냈다. 10여 년이 지나 문호[무]왕이 사천왕사를 왕의 무덤 아래에 지었다. 불경에 사천왕천 위에 도리천이 있다고 나오기에 비로소 대왕이 영묘하고 신성했음을 알게 되었다. 당시 여러 신하가 어떻게 꽃과 개구리 두 가지 일이 그리될 줄을 알았는지 여쭈니 왕이 말하였다.

"꽃을 그렸는데 나비가 없기에 향기 없는 꽃이려니 알았소. 바로 당나라 황제가 내가 짝이 없음을 희롱한 것이오. 개구리가 화내는 모습은 병사의 형상이며, 옥문이라는 것은 여자의 성기인데, 여자는 음이고 그 색은 희니 백색은 서쪽이요. 그러므로 군사가 서쪽에 있다고 알았소. 남자의 성기가 여자의 성기에 들어가면 반드시 죽는 것이니, 그래서 쉽게 잡을 수 있겠다고 알았던 것이오."

이에 군신들이 모두 그 성인의 지혜에 감복하였다. 세 가지 색깔의 꽃을 보내온 것은 대개 신라에 세 명의 여왕이 있을 것임을 알았기 때문이다. 말하자면 선덕·진덕·진성이 바로 이들이다. 당나라 황제도 자연의 순리를 헤아릴 줄 아는 지혜[懸解之明]가 있었다고 하겠다. 선덕왕이 영묘사를 세운 일은 양지 스님의 전기에 자세히 기록되어 있다. 별기에 이르기를 이 왕대에 돌을 다듬어 첨성대를 지었다고 한다.

해 설

　선덕왕善德王(재위 632~647)의 맑은 성품과 밝은 지혜[靈聖]를 보여주는 세 가지 일화를 소개한 글이다. 두 개는 신라에 일어났던 수수께끼 같은 일들을 푼 것이고, 나머지 하나는 자기가 죽을 날짜는 물론이고 묻힐 네가 나중에 어떻게 변할 것임을 미리 알고 있었다는 것이다.

　신라에서 왕위에 오를 수 있는 사람은 성골 출신의 남성이어야 했다. 이

러한 원칙은 진평왕 때까지 유지되었으나 이후에는 성골 출신의 남성이 더이상 남아 있지 않게 되었다. 부모가 모두 성골이어야 자녀도 성골로 인정되기에 이러한 신분 체계를 유지하기 위해 성골들끼리 혼인할 수밖에 없었다. 그러나 이는 극히 제한된 집단 내에서 이루어진 혼인이었기에 시간이지날수록 성골의 수는 점점 줄어들었다. 결국 진평왕 이후에는 성골 남성이 완전히 사라졌고, 여성도 진평왕의 딸 덕만德曼과 조카 승만勝曼만 남은것이다. 이로 말미암아 진평왕 이후 남성만 왕위에 올라야 한다는 규칙이깨졌고, 덕만이 신라 최초의 여왕인 선덕왕으로 즉위하게 되었다.

선덕왕은 귀족 자제들을 당나라 국학에 입학시키고 황룡사에 구층 목탑을 세우는 등 여러 가지 문화적 업적을 쌓았고, 중국 당과의 외교에도힘을 쏟았다. 또한 국방 면에서도 김춘추와 김유신을 중용하여 삼국통일의 기반을 닦았다는 평가를 받는다. 다만 만년에 일어난 비담·염종의 반란이 오점으로 남는다. 그 와중에 승하하여 그녀의 사촌 동생 승만이 뒤를 잇고 진덕왕이 되었다.

모란에 비견된 선덕왕

당 태종이 선덕왕에게 보낸 그림은 오늘날 기준으로 보면 꽃을 중심으로 새, 벌, 나비, 곤충 등이 주변에 배치된 화조화花鳥畵로 분류된다. 화조화는 고대부터 즐겨 그려지던 화제畵題 중 하나로, 우리나라 고구려 고분벽화에서도 자주 볼 수 있다. 사실, 당송 시대 이전까지 그림 속 꽃은 다른 대상을 꾸며주는 장식 역할에 머무르는 경우가 많았으나, 당 이후 꽃이 화면의 중심 소재로 부각되면서 다양한 화조화가 등장하였고, 이는 송대에 크게 유행하였다. 화조화는 구도 자체는 단순하지만 다채로운 원색을 사용하여 화려한 느낌을 주기에 부귀와 영화의 상징으로 많은 인기를 끌었다.

당 태종이 보낸 그림에는 붉은색, 보라색, 흰색의 모란 세 송이가 그려져 있었고, 함께 모란 씨앗 석 되도 전달되었다. 선덕왕은 모란 주위에 벌과 나비가 그려져 있지 않음을 보고 이를 '향기가 없는 꽃'이라 말했다. 신하들이 의아해하며 씨앗을 심어 본 결과 실제로 향기가 나지 않는 꽃임이 확인되었다고 한다. 이는 《삼국사기》에도 선덕왕이 어린 시절 모란도를 보고 비슷한 말을 했다고 전해진다.

하지만 모란은 본래 다른 꽃보다 향기가 더 짙다. 당나라에서 향기 없는 특별한 변종을 재배했는지는 모르겠으나, 그게 아니라면 모란 그림에 벌과 나비를 함께 그리지 않은 까닭은 선덕왕에게 보내는 선물이니만큼 선덕왕을 의식한 의도적 작화作畵로 볼 수 있다. 중국 당송 시대에는 화려한 모란꽃을 부각하기 위해서 벌과 나비, 새 등을 그리지 않고 화면을 꽃으로만 장식하거나 꽃 주변에 작은 기암괴석 등을 배치하는 구도가 많았다. 태종이 보낸 그림도 이런 유행을 반영했을 수 있다. 또한, 정말 선덕왕을 상징해 모란을 그렸다면, 주변에 벌과 나비를 그리는 것은 독신인 여왕에게는 불경不敬으로 비칠 수도 있다. 이런 이유 등으로 해서 태종이 보낸 모란도는 선덕왕을 조롱하려 한 게 아니라 당시 당에서 유행했던 화풍이었거나, 아니면 오히려 선덕여왕의 위엄을 드러내기 위함이었다고 볼 수도 있다.

이 모란도를 역사적 맥락에서 본다면 또 다른 각도로도 생각할 수 있다. 조선시대에 수묵화가 크게 발달하여 동양화 또는 한국화의 상징처럼 생각할 정도로 유행했으나, 채색화도 그 못잖은 오랜 전통을 지니며 나름의 풍격을 이루었다. 그래서 선덕왕이 받은 모란도는 바로 중국 채색화의 한 흐름을 보여주는 그림이었다고 할 수 있다. 혹시 이를 통해서 신라 사회에 채색화가 유행하게 되었을지 모른다.

모란은 중국이 원산인데 식물학계에서는 이 글에 소개된 일화를 통해 선덕왕 대에 우리나라에 들어왔다고 본다. 4월부터 잎이 5~7개인 꽃을 피우는데, 모습이 우아하고 색깔도 화려해 예로부터 부귀의 상징으로 여겨왔다. 태종이 선덕왕에게 모란 그림을 보냈음도 여왕에게 어울리는 주제였다고 할 수 있다. 원효 스님의 아들 설총이 지은 〈화왕계〉에 꽃들의 왕으로 나오고, 조선시대의 선비 강희안이 《양화소록》에서 여러 꽃에서 느껴지는 의인화된 성정性情을 가지고 전체 9품으로 분류하면서 모란은 부귀함으로 인해 2품에 두기도 하였다.

선덕여왕릉이 있는 낭산 전경(ⓒ민족문화대백과사전)

참고로, 모란과 모양이나 색깔이 비슷하고 학명에도 같은 이름이 들어
간 꽃으로 작약이 있다. 모란은 나무로 자라고 작약은 풀로 자라며, 꽃말
도 모란이 부귀를 작약은 수줍음을 상징하는 차이가 있으나 비슷한 점
이 많아서 모란과 작약은 형제뻘이라 할 만하다. 우리나라 기후에 잘 맞
아 어디에서든 잘 자라 5월이면 예쁜 꽃들을 피워낸다.

여근곡과 도리천

선덕왕의 예지력을 보여주는 일화 중 두 번째가 개구리 떼의 울음소리
로 백제 병사가 매복했음을 알아차린 일이다. 선덕왕이 개구리를 적의 병
사로, 적병이 숨었다는 여근곡의 옥문지를 여성의 상징으로 본 게 과연
논리적 추정인지는 모르겠으나 여하튼 선덕왕에게 선견지명이 있었다고
즐겨 회자하는 이야기이기는 하다. 여근곡이라는 지명은 지금도 남아 있
어서, 경주시 건천읍 신평리 부산[오봉산] 아래 골짜기를 말한다. 유학사를
지나 올라가면 팻말에 '옥문지'라고 적힌 작은 샘이 있다.
선덕왕이 자기가 사망할 날을 미리 알고는 묻힐 자리가 훗날 도리천忉利

경주 여근곡(경주시 건천읍 신평리)

天이 되리라 말했다는 것도 선덕왕의 지혜를 보여준다. 《화엄경》에 불국토를 수미산이라는 거대한 산으로 비유한다. 맨 아래가 축생 아귀이고 그 위가 인간의 세계이고, 다시 그 위로 올라갈수록 나한의 세계, 신중의 세계, 불보살의 세계 등으로 영성靈性의 정도에 따라 아래 위로 구분되는데 그 맨 꼭대기에 자리한 세계가 바로 도리천이다. 처음에 신하들은 선덕왕의 유언에 따라 그를 낭산의 남쪽에 묻고도 그 자리를 왜 도리천이라고 했는지 몰랐다. 그러나 10여 년 뒤 그 남쪽에 문무왕이 사천왕사를 짓게 되자 비로소 알게 되었으니, 사천왕사는 곧 사천왕의 절임을 말하며 사천왕 세계 바로 위가 도리천이기 때문이다.

'선덕여왕릉'(사적 182호)은 경주시 보문동 낭산狼山의 남쪽에 자리한다. 낭산은 신라 왕성의 동남쪽에 있는 반달 모양의 나지막한 산으로 신라 사람들이 매우 경외하던 곳이다. 선덕여왕릉은 크기가 작고 석상 같은 장식도 없어 간소하다고 할 만하지만, 신라 사회에서 신성한 숲으로 여겼던 거대한 신유림神遊林 한가운데에 있어 좀 더 신비로운 느낌이 있다.

첨성대 전경

첨성대

이 글에 선덕왕 대에 첨성대瞻星臺가 세워졌다고 한다. 지금 경주시 인왕동에 있는 첨성대를 가리킨다고 보인다. 첨성대의 기능에 대해《삼국유사》·《삼국사기》둘 다 별다른 설명이 없다. 글자로 보면 '별들을 바라보는 돈대', 곧 기상과 천문을 관측하던 시설로 볼 수 있다. 하지만 자리한데가 높은 곳이 아닌 평지이고 내부 시설에서도 그런 기능을 위한 구조가 보이지 않는다. 그래서 국가에서 지내는 제사용 시설, 불교 관련 건축, 기념물 등으로도 보는 등 다양한 견해가 나와 있다. 그런데 〈왕력〉의 「내물마립간」에 그의 왕릉이 '첨성대占星臺의 서남쪽에 있다.'라고 나온다. 이를보면 일연은 첨성대의 기능을 오늘날 우리가 여러 가지 다른 용도로도 헤아려보는 것과는 달리 오로지 밤하늘의 별을 관측하는 시설로만 생각하고 있었던 듯하다.

원문

善德王 知幾三事

第二十七德曼 一作萬 諡善德 女大王 姓金氏 父眞平王 以貞觀六年壬辰即位 御國
十六年 凡知幾有三事 初 唐太宗送畫牧丹三色紅紫白 以其實三升 王見畫花曰 此
花定無香 仍命種於庭 待其開落果如其言 二 於靈廟寺玉門池 冬月衆蛙集鳴三四日
國人怪之問於王 王急命角干閼川弼吞等 鍊精兵二千人 速去西郊問女根谷 必有賊
兵掩取殺之 二角干旣受命 各率千人問西郊 富山下果有女根谷 百濟兵五百人來藏
於彼 並取殺之 百濟將軍亐召者 藏於南山嶺石上 又圍而射之殪 又有後兵一千二百
人來 亦擊而殺之一無孑遺 三 王無恙時 謂群臣曰 朕死於某年某月日 葬我於忉利天
中 群臣罔知其處 奏云何所 王曰 狼山南也 至其月日 王果崩 群臣葬於狼山之陽 後
十餘年文虎[武]大王 創四天王寺於王墳之下 佛經云 四天王天之上有忉利天 乃知大
王之靈聖也 當時群臣啓於王曰 何知花蛙二事之然乎 王曰 畫花而無蝶 知其無香斯
乃唐帝欺寡人之無耦也 蛙有怒形兵士之像 玉門者女根也 女爲陰也 其色白 白西方
也 故知兵在西方 男根入於女根則必死矣 以是知其易捉 於是 群臣皆服其聖智 送
花三色者 盖知新羅有三女王而然耶 謂善德眞德眞聖 是也 唐帝以有懸解之明 善德
之創靈廟寺 具載良志師傳詳之 別記云 是王代 鍊石築瞻星臺

진덕왕

제28대 진덕여왕이 즉위하였다. 태평가를 지어서 직접 짠 비단에 수놓고는 사신이 당에 가서 이를 바치도록 하였다. 다른 책에는 춘추공[태종무열왕]을 사신으로 보내 병사를 청하였고, 태종이 이를 받아들여 소정방을 보내도록 했다 하는데, 이는 모두 잘못이다. 김춘추는 현경[656~660] 전에 이미 즉위[654]하였고, 현경의 경신[660]은 태종이 아니라 고종의 시대로서 소정방이 온 때는 현경 경신이기 때문이다. 그러므로 비단을 짜고 무늬를 수놓았던 일은 당연히 병사를 청할 때가 아닌 진덕왕의 시대에 있었다. 대체로 김흠순[김유신의 동생]을 놓아달라고 청할 때의 일이었으리라 당의 황제가 훌륭하다 하여 상을 내리고 '계림국왕'으로 다시 책봉하였다. 그 가사는 이러하다.

대당이 왕업을 열어젖히니, 높디높은 황제의 길이 크게 열리도다.
전쟁을 그치니 위엄이 정해지고, 문업으로 다스리니 백왕이 뒤를 잇노라.
하늘을 본받아 날씨도 순조롭고, 만물을 다스림에 저마다 빛나도다.
깊은 어짊은 해와 달에 견주고, 운수를 어루만져 우당[요임금과 순임금]의 시절로 나아가네.
번쩍이는 깃발은 어찌 그리 빛나고, 군악 소리는 어찌 저리 웅장한가?
외방의 오랑캐 명을 어긴다면, 칼날에 엎어져 하늘의 벌을 받으리라.
순박한 풍속이 곳곳마다 퍼지니, 여기저기서 다투어 상서로움을 바치네.
봄 여름 가을 겨울 고르고 태평하고, 해와 달 별들은 만방을 순환하는구나.

산악의 정기가 보필할 재상을 내리고, 황제는 충량한 신하들을 등용했네.
오제삼황의 덕이 하나 되어, 우리 당 황제를 밝혀주시도다.

왕의 시대에 알천 공, 임종 공, 술종 공, 호림 공^{자장의 아버지이다}, 염장 공, 유신 공[김유신]이 남산의 우지암에 모여 나랏일을 의논하였다. 이때 큰 호랑이 한 마리가 뛰어 들어와 여러 공이 놀라 일어섰으나, 알천 공만은 조금도 움직이지 않은 채 태연히 담소하다가 호랑이 꼬리를 붙잡아 땅에 메어쳐서 죽였다. 알천 공의 완력이 이와 같아서 윗자리에 앉았다. 그러나 모든 공들은 유신 공의 위엄에 복종하였다.

신라에는 네 곳의 신령한 자리[四靈地]가 있다. 큰일을 의논해야 할 때 대신들이 그곳에 모여서 논의하면 일이 반드시 이루어졌다. 첫째는 동쪽의 청송산, 둘째는 남쪽의 우지산, 셋째는 서쪽의 피전, 넷째는 북쪽의 금강산이다. 이 왕대에 비로소 새해 첫날 조례[正旦禮]를 행하였고, '시랑侍郎'[차관급 벼슬] 칭호를 처음으로 썼다.

해 설

진덕왕 대에 있었던 여러 정치적 사건에 관한 글이다. 진덕왕은 자신이 지은 〈태평가〉를 비단에 수놓아 당 태종에게 보냈다. 이 〈태평가〉는 《삼국사기》에도 실려 있다. 비록 다른 나라의 황제를 기리는 글이기는 하지만 운율이 잘 맞고 글의 구성도 좋아 이 자체로 훌륭한 문장이다. 그 내용을 갖고 중국에 사대했다고 비판하기보다는 신라가 구사한 외교의 일환으로 보아도 될 것 같다.

일연은 진덕왕이 〈태평가〉를 수놓은 비단을 당 태종에게 선물한 이유가, 김춘추가 이를 가지고 가서 군사를 보내달라고 부탁하기 위해서였다는 일설을 일축했다. 소정방이 신라에 온 660년이 진덕왕(647~654) 대가

아닌 무열왕(654~661) 대이고, 당시 당도 태종(630~
649)이 아닌 고종(649~683) 대여서 시기가 맞음을 증
거로 들었다. 아마도 일연은 진덕왕이 태종에게 비단
자수 선물을 보낸 일과, 군사 파견을 요청한 일은 구
분되어야 한다고 생각한 듯하다. 실제로 진덕왕의 비
단 자수 선물은 파병보다는 당에 인질로 억류되어
있던 김유신의 동생 김흠순(흠춘)을 석방해 달라는
요청과 더 관련이 깊은지도 모른다. 그렇다고 하더라

당태종 이세민의 초상

도 진덕왕 대에 김춘추가 당에 건너가 군사동맹을 추진한 사실은 《삼국
사기》에서 확인되는 사실이다.

진덕왕을 주제로 하였으면서도 김춘추의 외교 성과가 은연중 강조되었
고, 신라를 움직이는 실력자 6명 중에서 가장 말석이던 김유신에게 힘이
모이던 당시 분위기도 그려져 있다. 마치 진덕왕 이후 무열왕과 김유신이
떠오르는 태양처럼 신라 사회의 두 주역이 됨을 암시하는 듯하다. 이 글
바로 뒤에 김유신과 태종무열왕 이야기가 잇달아 배치되어 있어 이 같은
시대 상황과 맥락을 이해하는 데에 도움을 준다.

진덕왕을 마지막으로 성골 왕통이 완전히 끊어졌다. 성골들은 신라 초
기에 나라를 운영하는 핵심 세력이었기에 성골 혈통이 사라졌음은 신라
사회의 신분 구성뿐만 아니라 그에 따른 새로운 변화가 일어났음을 의미
한다. 그래서 김부식은 혁거세부터 진덕왕 대까지를 상대上代, 일연은 중고
中古라고 하여 이 시기를 구분 짓기도 하였다(《삼국사기》〈경순왕〉).

사령지, 네 곳의 신령한 땅

일연은 진덕왕 대에 신라의 핵심 인사들이 모여 나라의 큰일을 의논했
던 네 곳을 사령지四靈地라고 했다. 경주 동서남북 네 곳의 신령한 땅이라
는 말로, 동쪽 청송산, 서쪽 피전, 남쪽 우지산, 북쪽 금강산이 그곳이다.

상 | 신라 사령지 중 북쪽 금강산金剛山 (소금강산 표암봉 전경)
하 | 신라 사령지 중 남쪽 우지산 (남산 전경)

　북쪽의 금강산은 경주 시내 동북쪽인 동천동, 용강동, 북군동 일대에 걸친 해발 177m의 비교적 나지막한 산이다. 박혁거세가 신라를 건국할 당시 6촌 중 한 곳이었고, 이차돈이 순교했을 때 그의 목이 날아와 떨어진 데도 여기였다. 백률사, 굴불사지 사면 석불 등도 여기에 있다. 중요하고 어려운 문제라도 이곳에서 회의하면 반드시 해결된다고 생각하고 회의에 임했다고 하니, 신라 건국의 출발점이기에 조상의 음덕이 도와준다는 믿음이 컸던 걸까.

　북쪽의 금강산은 신라시대에는 나라에서 산신제를 드리는 영험한 다섯 곳의 산인 오악五岳 중의 하나인 북악으로 불렀다. 그런데 이 북악이 《삼국유사》에 여러 차례 '금강산'으로 표기되었다. 따라서 적어도 고려 이후에는 금강산이라고 많이 불렀다고 보이고, 조선시대 지리서 《신증동국여지승람》에도 모두 '금강산'으로 표기되었다. 그런데 1914년 이후 특별한 까닭 없이 '소금강산'이라 하기 시작하더니 1917년에 인쇄된 지도에도 그렇게 표기되었고, 오늘날의 지도도 대부분 이를 따르고 있다. 금강산이 갑자기 소금강산이 된 이유는 분명하지 않은데, 아마도 강원도 금강산과 구분하기 위해서로 보인다. 하지만 강원도 금강산은 처음에는 개골산·풍악산이었다가 고려 후기에 들어와서야 금강산이라고 불렀으니, 경주 금강산이 더 오래된 이름이다. 최근 2022년에 '경주 금강산 표암봉 일원'이 사적으로 지정된 일을 계기로 본래 이름인 '금강산'으로 불러야 한다는 주장이 힘을 얻고 있다.

그 밖에 우지산은 남산의 한 봉우리이고, 청송산과 피전은 어디인지 알려지지 않았다.

한편, 사령지 이야기는 삼국시대의 정치가 귀족 연합적 성격을 띠었음을 말해준다고 한다. 백제에서도 궁궐이 아닌 명소에서 중요한 일을 처리하던 관행이 있었기 때문이다. 서울인 사비 부근에 있는 호암사의 정사암政事巖이 그곳이다. 재상을 선출할 때 후보자 서너 명의 이름을 적은 종이를 봉해서 이 바위 위에 두고, 얼마 뒤 열어서 이름 위에 도장 자국이 있는 사람을 뽑았다고 한다(〈기이 2〉「남부여 전백제 북부여」).

우지암 회의

사령지 중 하나인 남산 우지암亐知巖에서 열린 회의 도중 호랑이가 뛰어들어오는 바람에 한바탕 소동이 일어났다. 모두 기겁해 자리에서 뛰어올랐으나 알천閼川만은 눈썹 하나 깜빡하지 않은 채 맨손으로 호랑이를 때려잡았다. 소란이 가라앉자 모두 그의 담력과 용력을 칭찬하며 상석으로

월정교에서 바라다본 경주 남산 도당산. 이곳에서 화백도당회의가 열렸다고 전한다.

모셨다. 일연이 참석자 이름을 열거하면서 알천을 맨 앞에, 김유신을 맨 뒤에 둔 건 당시 이들의 지위나 나이를 염두에 둔 듯하다. 이렇게 힘자랑은 알천 공이 한껏 했으나, 회의의 분위기와 결과는 말석의 김유신에게 쏠렸다. 알천이 노익장을 과시하며 건재함을 보여주었어도 대세는 이미 김유신에게 넘어가 있던 상황이 보인다.

다른 참석자 다섯 명의 면면을 보면, 알천은 이전 선덕여왕 대부터 병권을 쥐었고 지위도 최고 직위인 상대등이었기에 적어도 명목상으로는 최고 실력자였다. 임종林宗은 도깨비 길달을 양자로 들였던 인물이다(「도화녀와 비형랑」). 술종述宗은 화랑 죽지의 아버지로 대등 관직에 있었다(《기이 2》「효소왕 대 죽지랑」). 호림虎林은 곧 무림武林으로 자장 스님의 아버지이다(《의해》 「자장정율」). '武'가 고려 혜종의 이름이어서 일연이 의미가 서로 통하는 '虎'로 대신 썼다. 염장廉長은 누구인지 분명하지 않다.

김유신을 포함하여 당대의 실력자 6명이 다 모였다. 우지암 모임이 신라 건국 초기부터 열렸던 화백和白회의인지는 분명하지 않으나, 적어도 그 못잖은 회의체였을 것이다. 이 글에는 당시 권력 이동의 분위기도 엿보인다. 그런데 이런 중요한 회의가 열렸던 우지암은 남산 안이거나 그 줄기가 뻗

전 진덕왕릉

어간 데임은 분명할 텐데, 그중에서도 정확히 어디일까?

우선 도당산에 있다는 주장이 있다. 도당산은 남산 줄기가 북쪽으로
뻗어 솟은 봉우리로 일명 금오산金鰲山이다. 이곳의 '왕정골[王井谷]'이 '우지
암' 발음과도 비슷하고, 부근에 진덕왕릉으로 추정되는 왕릉급 무덤이 있
음을 증거로 든다. 혹은 남산 삼릉계의 상선암 마애불의 북쪽 봉우리에
있는 기암基巖이 바로 그곳이라는 견해도 있다. 남산에서도 경주 시내가
잘 바라다보이는 전망 좋은 자리이다.

진덕왕릉

진덕여왕이 승하하자 사량부에서 장사 지냈다《삼국사기》. 사량부는 대
략 오늘날 흥덕사지 부근이다. '진덕왕릉'(사적 24호)으로 알려진 이 고분
은 경주시 현곡면 오류리의 구릉 사이에 있는데, 이 시대 다른 왕릉과 달
리 경주 시내에서 북쪽으로 멀리 떨어진 곳에 자리한 게 특이하다.

진덕왕릉은 둥근 봉토분 밑 둘레에 병풍 모양으로 다듬은 판석으로
보호석을 마련하고, 판석 사이사이에 십이지신상을 새긴 호석護石 12개를

끼워 넣었다. 이런 능의 형식은 기본적으로 선덕왕 이후에 나타나지만, 호
석에 12지신상을 새긴 다른 성덕왕릉·경덕왕릉·원성왕릉·헌덕왕릉·흥
덕왕릉·김유신묘, 경주 구정동 방형분 등과 비교할 때 십이지상의 조각
수법이 가장 뒤처져 보인다. 그래서 이는 진덕왕릉이 아니고 더 하대인 신
무왕릉 또는 문성왕릉이라는 주장도 있다. 또한 도당산 안에 여러 거대
한 고분이 있어서 이 중 하나가 진덕왕릉일 것으로 보는 견해도 있다.

원 문

眞德王

第二十八眞德女王即位 自製太平歌 織錦爲紋 命使徃唐獻之 一本 命春秋公爲使徃獨仍請兵
太宗嘉之許蘇廷[定]方云云者 皆譯矣 現[顯]慶前春秋已登位 現[顯]慶庚申非太宗乃高宗之世 定方之來在現[顯]慶庚申 故
知織錦爲紋非請兵時也 在眞德之世當矣 盖請放金欽純之時也 唐帝嘉賞之改封爲雞林國王 其詞曰 大
唐開洪業 巍巍皇猷昌 止戈戎威定 修文契百王 統天崇雨施 理物體含章 深仁諧日月
撫軍[運]邁虞唐 幡旗何赫赫 鉦皷何鍠鍠 外夷違命者 剪覆被天殃 淳風疑[凝]幽現
遐邇競呈祥 四時和玉燭 七曜巡方方 維嶽降輔宰 維帝任忠良 五三成一德 昭我唐
家皇 王之代有閼川公 林宗公 述宗公 虎[茂]林公 慈藏之父 廉長公 庾信公 會于南山亐
知巖 議國事 時有大虎走入座間 諸公驚起 而閼川公略不移動談笑自若 捉虎尾撲於
地而殺之 閼川公膂力如此 處於席首 然諸公皆服庾信之威 新羅有四靈地 將議大事
則 大臣必會其地謀之則 其事必成 一東曰[日東]靑松山 二曰南亐知山 三曰西皮田 四
曰北金剛山 是王代 始行正旦禮 始行侍郞號

김유신 선덕왕, 진덕왕, 태종무열왕, 문무왕을 섬겼다

호력 이간의 아들인 서현 각간 김씨의 맏아들이 유신이고, 아우는 흠순이다. 누이가 있는데 언니는 보희로 어릴 때 이름은 아해이고, 동생은 문희로 어릴 때 이름은 아지이다. 유신 공은 진평왕 17년[595] 을묘에 태어났다. 칠요[태양 등 일곱 개의 별]의 정기를 품었기에 등에 칠성문이 있었고, 또한 신기하고 기이한 일들이 많았다.

나이 18세가 된 임신[612]에 검을 익혀 깊은 경지를 얻고서 국선[화랑]이 되었다. 이때 백석이라는 자가 있었는데 어디에서 온 사람인지 알 수가 없었으나 낭도의 무리에 여러 해 동안 속해 있었다. 낭[김유신]이 고구려와 백제를 치려는 일로 밤낮으로 깊이 숙의하고 있었다. 백석이 그런 계획을 알아채고 공에게 다가와 말했다.

"청컨대, 제가 공과 함께 은밀히 먼저 저들을 정탐한 다음에 그 일을 꾀하면 어떻겠습니까?"

낭이 기뻐하며 백석을 데리고 밤에 길을 나섰다. 바야흐로 고갯마루에서 쉬고 있는데 여인 둘이 낭을 따라왔다. 골화천[영천 북안천]에서 하룻밤을 묵으려는데 또 다른 여인이 문득 찾아와 함께 했다. 낭은 세 낭자와 더불어 즐겁게 이야기하였다. 낭자들이 고기와 과일을 대접하므로 낭이 잘 먹고는 그들에게 마음을 열고 자신이 처한 상황을 말해주니, 낭자들이 말하였다.

"공이 말씀하신 바는 잘 알아들었습니다. 원하건대 공께서 백석은 놔두고 저희와 함께 숲속으로 가주시면 사실을 잘 말해드리겠습니다."

이에 그들과 함께 들어갔는데 낭자들이 갑자기 신의 모습으로 변해서 말하였다.

"우리는 나림·혈례·골화 등 세 곳의 나라를 지키는 신들이오. 지금 적국의 사람이 그대를 꾀어 데려가고 있건만 낭은 이를 모른 채 따라가고 있기에 이를 막으려고 우리가 여기 온 것이오."

말을 마치고는 사라졌다. 공이 이 말을 듣고 놀라 엎어지며 두 번 절하고 나왔다. 골화관에서 묵게 되자 백석에게 말하였다.

"지금 다른 나라에 가면서 중요한 문서를 빠트리고 왔구나. 부탁건대 함께 다시 집으로 돌아가서 갖고 오세나."

이윽고 함께 집에 돌아와서는 백석을 붙잡아 묶어놓고 속에 감춘 마음이 무엇인지 물었더니 말하였다.

"저는 본시 고구려 사람입니다. 옛 책에 백제라 하였음은 잘못이다. 추남楸南은 바로 고구려 인사이다. 또 음양을 거스른 것도 역시 보장왕이 한 일이다 우리나라에서는 여러 신하가 '신라의 유신은 본래 우리나라에서 점복을 보던 사람[卜筮之士]인 추남이었다.'라고 합니다. 옛 책에 '춘남春南'으로 썼음은 잘못이다 나라 경계에 역수逆水의 물길이 있어서 혹은 수컷과 암컷이 자주 바뀌는 일이었다고도 한다 점을 쳐보게 했더니, 대왕의 부인이 음양의 도를 역행하기 때문에 이런 징조가 나타났다고 아뢰었습니다. 대왕이 놀라고 괴이하게 여기자 왕비가 몹시 노하며 이는 간교한 여우 같은 말이라고 하면서, 왕에게 다른 것을 가지고 그에게 물어봐서 그 말이 안 맞으면 중형에 처해달라고 하였습니다. 이에 쥐 한 마리를 상자에 넣고 물었습니다.

'이것이 무엇이냐?'

추남이 아뢰었습니다.

'이는 분명 쥐일 터인데, 여덟 마리입니다.'

틀리게 말했으니 이에 처형하겠다고 하자 그가 맹세하며 말했습니다.

'내가 죽으면 대장이 되어 반드시 고구려를 멸망시키리라!'

목을 벤 다음 쥐의 배를 갈라 보니 일곱 마리가 배어 있기에 나중에야 그가 맞았음을 알게 되었습니다. 그날 밤 대왕께서 추남이 신라 서현 공의 부인 품으로 들어가는 꿈을 꾸었습니다. 이에 여러 신하에게 물어보니 모두 '추남이 맹세하고 죽더니 과연 그렇게 된 것 같습니다.'라고 하였습니다. 이런 이유로 나를 보내었고, 여기까지 와서 이런 모의를 하게 된 것입니다."

공이 이에 백석을 처형했다. 갖은 음식을 다 갖추어 삼신에게 제사를 올리니 모두 몸을 나타내고 흠향을 받았다.

김씨 문중의 재매부인이 죽어 청연 위의 계곡에 묻었기에 '재매곡'이라 부르게 되었다. 매해 봄이 되면 모든 문중의 남자와 여자들이 재매곡 남쪽 시냇가에 모여 연회를 베풀었다. 이때면 갖은 꽃들이 화려하게 피었고 소나무 꽃가루[松花]가 숲속 가득히 퍼지곤 했다. 이 골짜기 입구에 암자를 짓고 송화방이라 하였는데 뒤에 원찰로 삼았다. 제54대 경명왕[재위 917~924] 대에 이르러 공에게 작위를 올려 흥호[무]대왕이라 하였다. 능은 서산 모지사의 북쪽에 있으며, 봉우리가 동쪽을 향해 뻗어 있다.

해 설

경주 황성공원 내
김유신 장군상

고구려에서 국가 중대사를 점치던 추남楸南이 억울하게 죽었다가 신라에서 김유신金庾信(595~673)으로 태어나 국선國仙이 되었다. 국선은 화랑의 지도자(《탑상》「미륵선화, 미시 화랑, 진자 스님」 참조), 혹은 왕이 특별히 임명한 화랑을 가리킨다. 중요한 군사 활동을 도모할 때 고구려에서 보낸 자객이 그를 해치려 접근했다. 자객의 함정에 거의 빠질 뻔했으나 경주·영천 등을 지키는 신들 덕분에 벗어날 수 있었다는 이야기이다. 신들이 사람 모습으로 바뀌어 나타나고, 죽었다가 다른 사람으로 환생하는 등 환상적인 장면이 가득하다.

　김유신의 일생은 《삼국사기》 〈열전〉 「김유신」에 잘 나온다. 워낙 신라 사회에서 유명하다 보니 그 밖에도 여인 천관과의 사랑을 끊기 위해 애마를 직접 베고 천관사를 지은 일(《신증동국여지승람》), 경주 단석산 신선사에서 검술을 연마한 일(신선사 마애불 명문, 구전 전설) 등 그에 관한 전승이 적지 않다. 일연은 《삼국사기》에 나오지 않은 이야기, 그리고 이런 민간 전승 중에서 몇 가지를 추려서 실은 것 같다.

　이 글에 김유신의 부모 형제자매 등 가족이 소개되고, 종가를 비롯해 그들이 살았던 집이 재매곡에 있었다고 나온다. 아마도 재매곡 일대는 김유신 집안의 가령지家領地 같았던 모양이다. 또 여기에 세운 작은 암자 송화방松花房은 나중에 김유신 집안의 원찰이 되었다. 훗날 김유신의 위패를 모시는 금산재金山齋도 건립되었다. 20세기 이후 이 일대에서 송화방·금산재와 관련한 유적과 유물이 발견됨으로써 이런 전승들은 어느 정도 실체가 입증되었다.

　한편, 제목 다음에 나오는 '선덕왕, 진덕왕, 태종, 문무왕을 섬겼다'라는 말은 인쇄가 아니라 붓으로 써서 덧붙인 글이다. 이 말을 빠트리고 인쇄되었으나 보완하기 위해 적어 넣었는지, 아니면 훗날 누가 덧붙인 말인지는

김유신을 추념하는 진천 길상사 흥무전

알 수 없다.

김유신의 집안

이 글에는 김유신의 할아버지 이름이 호력虎力으로 표기되었으나 실제
는 무력武力이다. 금관가야의 마지막 왕 구해왕[구형왕]의 아들로, 532년 법
흥왕이 가야를 무너뜨릴 때 신라에 투항했다. 진골 신분을 받아 신하가
되었고, 이후 신라가 백제와 치렀던 여러 중요한 전투에서 큰 공을 세웠다.
김유신이 가야 왕통의 핏줄을 이은 점은 그가 살아 있을 때는 물론이고
《삼국사기》·《삼국유사》가 편찬된 고려, 그리고 오늘날까지 그를 이해하
고 그의 행적을 설명할 때 종종 소환되는 요소이다.

아버지 서현舒玄도 신라의 대장군으로서 629년 고구려 정벌에 공적을 세웠
다. 동생 흠순欽純[혹은 흠춘欽春]도 화랑이었다. 660년 백제 정벌 때 형을 도
와 참전한 이후 여러 차례 커나란 전공을 세웠고, 통일 후에는 재상이 되어
이름을 떨쳤다(이상 《삼국사기》). 여동생은 보희寶姬와 문희文姬인데, 문희는
김춘추와 결혼하였고 김춘추가 무열왕으로 즉위하자 문명왕후가 되었다.

김유신을 구해준 토지신이 왔던 '골화'는 오늘의 영천시로 '골벌'이라고도 한다. 사진은 영천시 영록교에서 바라다본 금강산 원경

슬하에 법민·인문·문왕·노차·지경·개원 등을 낳았고 이들 대부분은 신라 사회에서 명망가로 이름을 날렸다(《탑상》「남월산」참조). 이렇듯 김유신은 말할 것도 없고 부모 형제자매 모두 신라 사회에서 대단한 명망가 집안이었다.

김유신을 구해준 토지신

김유신이 고구려의 자객 백석의 꾐에 빠질 뻔했을 때, 나림·혈례·골화에서 나라를 지키는 신[護國之神]이 여인의 몸으로 변하여 나타나 구해주었다. 이 신들은 지역 신인 셈인데, 나림은 경주 낭산 또는 명활산, 혈례는 경상북도 청도 오리산, 경주 단석산, 경주 안강읍 북부 또는 영일군 어래산, 골화는 경상북도 영천 등지로 본다. 하필 이 세 지역의 신이 등장하게 된 것은 김유신과 특별한 인연이 있는 곳이어서일 텐데, 그러나 아직 그에 관한 근거는 알 수 없다. 여하튼 이 신들은 신라 사람들이 믿었던 토지신土地神이었다고 할 수 있다. 토지신은 오랫동안 사람들의 생활에 밀접하게 영향을 주었고, 불교가 자리 잡고서도 어느 정도 그 모습을 유지하고 있었다. 예를 들어 우리나라에서는 탑을 세울 때 진단구鎭壇具라고 하여 그 땅의 토지신이 탑을 오래도록 지켜달라는 바람으로 탑 안이나 주변에 귀한 물건들을 묻는 풍습이 있었다. 그래서 나림·혈례·골화는 신라에서 산천에 제사를 지내던 데이고, 이 신들은 제사장이라는 주장이 있다(최광식, 《고대 한국의 국가와 제사》, 1994).

재매부인과 재매정

신라 사람들이 '재매정댁財買井宅'이라 했던 김유신의 종가는 이른바 신라의 대표적 호화주택인 금입택金入宅의 하나였다('또한 네 계절마다 놀러 가던 집」참조). 이 글에 나오는 '김씨 문중의 재매부인[金氏宗 財買夫人]'은 《신증동국여지승람》에서는 '김유신 문중의 여인 재매부인[金庾信宗女 財買夫人]'이라

재매정

고 나온다. 하지만 이 글의 문맥으로 볼 때, 재매부인은 김유신의 부인을 가리키는 것으로 보인다. 다만, 역사 기록에 따르면 김유신은 예순 살에 태종무열왕과 문명왕후의 셋째 딸 지소智炤부인과 결혼하였다《삼국사기》. 이 때문에 지소부인을 곧 재매부인이라 여기기도 하지만, 결혼 당시 김유신의 나이를 고려하면 지소부인과의 혼인은 재혼으로 보는 것이 타당할 듯하다.

김유신 집안의 상징으로 자리 잡은 재매정에 대한 일화도 전한다. 645년 거창에서 벌어진 백제와의 전쟁에서 승리한 김유신이 집 근처까지 돌아왔으나, 집에 들어가지 않고 마당 근처 재매정에서 물 한 모금을 마신 후 곧바로 다른 전장으로 떠났다는 이야기다《삼국사기》〈김유신〉. 이는 김유신의 강직함과 충성심을 부각한 일화이겠으나 그만큼 재매정이 신라 사회에서 유명한 우물이기에 이런 이야기도 나왔을 것이다. 우물이 유명해진 배경은 기꺼이 '돈을 주고'[財買] 사 먹을 만큼 우물 맛이 뛰어났거나, 재매정 주변이 신령

재매정택으로 불린 김유신 집터. 아래쪽의 하얀 돌들이 저택의 주춧돌이며, 집터 앞으로는 남천이 흐른다.

〈신라 태대각간 개국공 김 선생 유허비〉

한 자리였기 때문이라고 추측한다. 경주 함월산에서 흘러내려온 북천이 남산에서 흘러온 물길과 합쳐져 재매정의 수원이 되었다는 얘기도 있다.

김유신의 집터라고 전하는 데는 오늘날 경주시 교동과 월정교를 지나면 보이는 남천 강둑의 오른쪽 너른 자리이다. 지금 여기에 재매정(사적 246호)이 있고, 그 옆에는 1872년에 세운 〈신라 태대각간 개국공 김 선생 유허비〉 비석이 있다. 우물 크기는 깊이 약 5.7m, 지름 2m쯤이다. 안은 화강암으로 벽돌처럼 쌓아 올렸고 땅 위는 2단으로 조각된 사각형 화강암이 우물 바깥을 형성하였으며, 그 위에 1.8m의 긴 화강암 2개를 올렸다.

한편, 김유신의 아버지 김서현이 진천 태수로 재임 중일 때 김유신이 태어났는데 그 생가의 터와 태실이 현재 충청북도 진천군 상계리 계양마을에 있다(사적 제414호). 이곳에도 자연석을 둥글게 쌓아 올린 깊이 약 2.6m, 지름 약 1.8m의 연보정蓮寶井이라 불리는 우물이 있다. 연보정은 두레박으로 물을 긷는 방식이 아니라, 계단을 내려가 직접 물을 떠 마시는 구조로 되어 있다. 우물의 물은 태령산에서 흘러오며, 옆에 마련된 수로를 통해 다시 호수로 흘러나간다.

충북 진천의 연보정

송화방과 금산재

김유신 문중 사람들은 봄마다 재매부인이 묻힌 재매곡의 아래를 흐르는 시냇가에 모여 잔치를 가졌다. 이때쯤이면 숲에 온갖 꽃이 활짝 피어났고, 특히 송홧가루[松花]가 계곡 전체에 가득했다고 일연은 묘사했다. 진한 솔 향기가 진동했을 계곡 입구에 세워진 암자도 송화방松花房이다.

송화방이 오늘날 정확히 어디인지 확실하지 않으나, 경주시 충효동에 있던 금산재金山齋 일대일 가능성이 높다(황수영, 《황수영전집1-한국의 불상(상)》, 1998). 금산재는 김유신의 묘를 관리하기 위해 세워진 재실齋室로, 1930년대까지만 해도 그 기능을 유지했으나 현재는 그러한 모습을 보기 어렵다. 김유신은 김해에 자리했던 금관가야의 후예였기에 '금산재'는 곧 김해 김씨를 상징하는 말이 되기도 했다. 적어도 조선시대부터는 이런 관념이 확고하게 자리 잡은 듯하다. 18세기에 나온 지도책 《영남지도》의 경주 서천 부근에 표시된 금산암金山庵이 바로 금산재이리라. 신라의 유력 가문은 장원처럼 고유의 영역을 소유 관리하였고 이는 문중 사람들의 공간적 구심점 역할을 하였다. 그런 의미에서 재매곡과 금산재 그리고 송화방은 김유

경주 김유신 묘 아래 새로 지어진 금산재

신 집안의 주요 활동 공간이었다고 할 수 있다.

금산재 반가사유상

경주 송화산 석조
반가사유상(국립경주박물관)

금산재에 대대로 내려오던 신라 반가사유상이 1909년
에 세상에 알려진 다음 1930년에 경주박물관으로 이관
되었다. 7세기로 추정되는 이 불상이 금산재에 전해진
연유는 송화방이 곁에 있었기 때문일 것이다. '송화산
석조 반가사유상'으로 불리는 이 상은 600년대 초반
작품으로 추정된다. 양산 출토 반가상, 일본 고류지
목조 반가사유상과 비슷한데, 우리나라 반가사유
상 가운데서도 빠른 양식이어서 불상 계보 상 중
요한 자료이다. 현재 크기가 약 125cm로 머리와 두
팔은 파손되었으나 오른쪽 무릎 위에 걸쳤던 오
른쪽 팔꿈치와 오른쪽 발목을 잡은 왼손 일부가
남아 있는 전형적 '반가사유'의 자세이다. 목에는

경주 흥덕로 김유신 묘 전경

넓고 둥근 목걸이를 걸쳤고, 왼쪽 어깨에 머리카락[寶髮] 일부가, 그리고 왼쪽 손목에 팔찌의 흔적이 남아 있다.

김유신의 능

이 글에 김유신의 능이 서산西山 모지사毛只寺의 북쪽에 있고, 산봉우리가 동쪽으로 뻗어 있다고 나온다. 이에 따라서 오늘날 서산을 송화산으로, 동쪽으로 뻗은 봉우리를 옥녀봉으로 보는 게 보통이다. 글자 모양이 비슷해서 '西山'이 혹시 '西川'의 오식誤植일 수도 있겠으나, 그렇다고 하더라도 송화산이 서천 서북쪽이므로 서산이 송화산임은 마찬가지가 된다. 송화방의 울창한 소나무와 거기서 뿜어나오는 솔향은 예로부터 경주 사람들에게 유명했던 모양이다. 하지만 1996년 3월 4일 정월 대보름날에 송화산 옥녀봉에서 발생한 산불로 아름드리 노송들이 다 타버렸다. 지금 제법 크게 자란 소나무들은 그때 이후 새로 심은 나무들이다.

서산에 있었다는 모지사가 지금 어디인지 알 수 없으나, 《삼국사기》에 경덕왕이 죽으니 '모기사 서쪽 봉우리에 장사 지냈다[葬毛祇寺西峯]'라고 나와

김유신묘의 십이지신상 부조

서 이 둘을 같은 사찰로 보기도 한다. 하지만 모기사 역시 어디인지 알려지지 않는다.

경주시 충효동의 송화산 구릉 위에 요즘 '흥무대왕릉'이라고 많이 부르는 '김유신묘'(사적 21호)가 자리한다. 봉분 지름이 30m나 되는 대형으로 규모나 장식 수법 등이 다른 통일신라시대 왕릉보다 격이 떨어지지 않는다. 묘 둘레에 호석護石과 탱주석을 둘렀고 그 앞에도 돌난간을 둘렀다. 호석은 24장인데 한 칸씩 건너 12장에 높이 95cm의 십이지신상이 새겨져 있다. 다른 왕릉의 십이지신상이 대체로 갑옷을 입고 무기를 든 모습인 것과 달리, 여기서는 평복을 한 채로 무기를 들고 있다. 또 모든 상이 마치 '乙'자 비슷하게 몸을 상당히 비튼 자세로 오른쪽을 향한 점도 특색이다. 십이지신상이 장식된 왕릉으로는 헌덕왕릉, 경덕왕릉, 괘릉, 흥덕왕릉, 진덕왕릉, 능지탑 등이 있다. 김유신 묘의 십이지신상이 이들보다 조각이 월등히 뛰어나다고 평가하는 사람이 많다.

그런데 근래에 묘역 부근에서 곱돌로 만든 또 다른 묘상[토끼]과 오상[말]이 발견되었다. 높이가 30cm이고 무기를 들고 있어서 묘에 장식된 십이지신상과 별도로 후대에 추가되었다고 보인다. 이로 말미암아 이 묘가 김유신의 것이 아니라 신무왕 등 다른 왕의 무덤으로 보기도 한다.

묘의 주인을 알리는 표석도 묘 양쪽에 서 있다. 하나는 1710년 경주부윤 남지훈이 세운 '신라 태대각간 김유신묘' 비석이고, 다른 하나는 1930년경에 세워진 '개국공 순충장렬 흥무왕릉' 비석이다. 1930년 비석은 제목 맨 끝 글자가 처음에는 '墓'로 새겨졌었는데 어느 때 누군가가 이 자를 고쳐서 '陵'으로 바꿨다. 그런데 원래 글자를 완전히 지우고 새로 새긴 게 아니고 글자 형태를 고쳤기에 맑은 날씨에 보면 '陵'이지만, 비가 오든지 해서 물기를 많이 먹게 되면 본래 글자인 '墓'로 보여서 화제가 된다.

묘역 입구에는 1992년에 세운 김유신의 위패를 모시고 제전祭奠을 드리는 숭무전이 있다. 숭무전 안에는 저명한 한학자이자 역사학자 정인보 (1892~?)가 1933년에 지은 '김유신 신도비'가 서 있다. 최근 김유신 묘역이 크고 깔끔하게 잘 정비되어 숭무전 아래에 근래에 지은 재실 금산재와 금산교육관, 흥무공원 등 김유신을 기념하는 여러 시설이 있다.

한편, 앞서 본 것처럼 왕릉급에 해당하는 묘의 크기나 장식 그리고 위치 등의 이유로 이 김유신의 묘가 김인문 묘, 신무왕릉, 경덕왕릉 등 다른 이의 능묘라는 주장이 일제강점기부터 근래까지 줄기차게 이어져 온다. 《삼국사기》에 김유신이 죽으니 '금산원金山原 고개에서 장사 지낸 다음 비석을 세워 그 공을 남기게 했으며, 묘지기를 두어 관리하도록 했다[出葬于 金山原 命有司立碑 以紀功名 又定入民戶 以守墓焉]'라고 나온다. 따라서 김유신 묘에는 처음부터 재실이 설치되었고 능비陵碑도 있었음을 알 수 있다. 재실은 앞서 본 금산재로 추정하더라도 비석은 사라져 버렸기에 가장 확실한 근거가 빠진 셈이라 이로 말미암아 이견이 속출하였다. 비석이 발견되어 이런 의문이 단박에 풀리기를 기대해 본다.

원 문

金庾信 事善德 眞德 太宗 文武王

虎[武]力伊干之子 舒玄角干金氏之長子曰庾信 弟曰欽純 姊妹曰寶姬小名阿海 妹曰 文姬小名阿之 庾信公以眞平王十七年乙卯生 稟精七曜 故背有七[七]星文 又多神異 年至十八壬申 修釖得術爲國仚 時有白石者 不知其所自來 屬於徒中有年 郞以伐麗 濟之事 日夜深謀 白石知其謀 告於郞曰 僕請與公 密先探於彼 然後圖之何如 郞喜 親率白石夜出行 方憩於峴上 有二女 隨郞而行 至骨火川留宿 又有一女忽然而至 公 與三娘子喜話之時 娘等以美菓饋之 郞受而啖之 心諾相許 乃說其情 娘等告云 公 之所言已聞命矣 願公謝白石 而共入林中 更陳情實 乃與俱入 娘等便現神形曰 我等 奈林穴禮骨火等 三所護國之神 今敵國之人 誘郞引之 郞不知而進途 我欲留郞 而

至此矣 言訖而隱 公聞之驚怍 再拜而出 宿於骨火舘 謂白石曰 今歸他國 忘其要文 請與爾還家取來 遂與還至家 拷縛白石 而問其情 曰 我本高麗人 _{古本云 百濟 誤矣 楸南 乃} _{高麗之士 又逆行陰陽 亦寶藏王事} 我國群臣曰 新羅庾信 是我國卜筮之士楸南也 _{古本作春南 誤矣} 國 界有逆流之水 _{或云 雄雌尤反覆之事} 使其卜之 奏曰 大王夫人 逆行陰陽之道 其瑞如此 大 王驚怍 而王妃大怒謂 是妖狐之語 告於王 更以他事驗問之 失言則 加重刑 乃以一 鼠 藏於合中 問是何物 其人奏曰 是必鼠 其命有八 乃以謂 失言將加斬罪 其人誓曰 吾死之後 願爲大將 必滅高麗矣 即斬之 剖鼠腹視之 其命有七 於是 知前言有中 其 日夜 大王夢楸南入于新羅舒玄公夫人之懷 以告於羣臣 皆曰 楸南誓心而死 是其果 然 故遣我 至此謀之爾 公乃刑白石 備百味 祀三神 皆現身受奠 金氏宗 財買夫人死 葬於青淵上谷 因名財買谷 每年春月 一宗士女 會宴於其谷之南澗 于時 百卉敷榮 松花滿洞府林 谷口架築爲庵 因名松花房 傳爲願刹 至五十四景明王 追封公爲興虎 [武]大王 陵在西山 毛只寺之北 東向走峰

태종 김춘추

제29대 대[태]종대왕의 이름은 춘추, 성은 김씨이다. 문흥대왕으로 작위가 올려진 용수 용춘이라고도 한다 각간의 아들이고 어머니는 진평대왕의 딸 천명 부인이다. 비는 문명황[왕]후 문희로 곧 유신[김유신] 공의 여동생이다.

처음 문희의 언니 보희가 서악[선도산]에 올라가 오줌을 누니 서울에 가득 차는 꿈을 꾸었다. 아침에 동생에게 꿈 이야기를 하니 이를 들은 문희가 말하였다.

"내가 이 꿈을 사겠어요."

언니가 물었다.

"그러면 네가 뭘 줄래?"

"비단 치마[錦裙]는 어떤가요?"

언니가 그러자고 하였다. 문희가 꿈을 받으러 치마폭을 펼치니 언니가 "어젯밤 꿈을 네게 준다." 하였고, 문희는 비단 치마로써 그 꿈을 갚았다.

열흘 뒤 유신이 춘추[김춘추] 공과 함께 정월 오기일[보름날]에 앞서 '사금갑'의 일에 보이니, 최치원이 말한 얘기이다 유신네 집 앞에서 축국蹴鞠을 하였다. 신라 사람들은 구슬을 가지고 노는 것을 '축국'이라고 불렀다 일부러 춘추 공의 바지를 밟아서 바지 고름[襟紐]을 떨어뜨리고는 자기 집에 들어가서 꿰매자고 하니, 공이 그 말을 따랐다. 아해에게 꿰매드리라고 하자 아해가 말하였다.

"어찌 사소한 일을 가지고 경솔하게 귀공자 가까이에 가겠습니까?"

이렇게 사양하므로 옛 책에는 아프다고 하여 가지 않았다고 한다 아지더러 하라고 시

컸다. 공이 유신의 뜻을 알아차리고 마침내 정을 통하였고[후之], 이 뒤로도 여러 번 드나들었다. 유신이 아지가 임신했음을 알고는 책망하며 말하였다.

"네가 부모님에게 말씀도 안 드린 채 임신하였으니 어쩐단 말이냐?"

이에 아지를 불태워 죽이겠다는 말을 온 나라에 퍼지게 하였다. 하루는 선덕왕이 남산에 거둥하기를 기다렸다가 마당 한가운데에 땔나무를 쌓아 놓고 불을 질러 연기를 일으켰다. 왕이 이를 보고 웬 연기인가 하고 묻자, 좌우에서 아뢰었다.

"분명 유신이 누이를 불태우려 하는 것 같습니다."

왕이 그 까닭을 물으니 아뢰었다.

"그 누이가 남편 없이 임신하였기 때문입니다."

왕은 누가 그런 것이냐고 물었다. 그때 공이 왕 앞에서 모시고 있다가 얼굴색이 발갛게 바뀌었다. 왕이 말하였다.

"네가 그런 것이로구나. 빨리 가서 구해주거라."

공이 임금의 명을 받고 말을 달려가 이를 막았고, 그 뒤 사람들 앞에서[現行] 혼례를 올렸다.

진덕왕이 죽고 영휘 5년[654] 갑인에 즉위하였다. 나라를 다스린 지 8년, 용삭 원년[661] 신유에 59세로 붕어하였다. 애공사 동쪽에 장사 지내고 비석을 세웠다. 왕은 유신과 함께 신묘한 계책을 내고 서로 힘을 합하여 삼한을 하나로 모이게 하였으니, 사직에 큰 공이 있었다. 그러므로 묘호를 '태종'이라 하였다. 태자 법민, 각간 인문, 각간 문왕, 각간 노차, 각간 지경, 각간 개원 등이 모두 문희에게서 태어났으니 그때 꿈을 샀던 기미가 이렇게 나타난 게 아니겠는가! 서자로는 개지문 급간, 거득 영공, 마득 아간이 있고, 아울러 딸 다섯이 있다.

왕은 하루에 쌀 서 말, 장끼와 까투리[雄雉] 아홉 마리를 먹었는데 경신년[660]에 백제를 멸망시킨 뒤로는 점심을 거르고 단지 아침과 저녁만 들었다. 그래도 하루에 쌀 여섯 말, 술 여섯 말, 까투리 열 마리나 된다. 성안의 시장 물가는 베 한 필이 벼 30석 혹은 50석이었으니 백성들은 성군의 시대라고 칭송했다.

동궁에 있을 때 고구려를 치기 위해 병사를 청하러 당에 들어갔다. 당의 황제는 그 풍채를 칭찬하며 신성한 사람이 되리라고 말하였다. 기어코 머무르게 하고 곁에 두고자 했으나 극력 청하여서 돌아왔다.

그때 백제의 마지막 왕이 의자왕으로 호왕[무왕]의 맏아들이다. 용맹이 뛰어나고 담력이 있었으며, 효로써 부모를 섬기고 형제간 우애가 있어서 당시 '해동증자'라고 했다. 그는 정관 15년[641] 신축에 즉위하였는데, 주색에 빠져서 정사가 어지럽고 나라가 위태로워졌다. 좌평백제의 관직 이름이다 성충이 극력 간하였으나 듣지 않고 옥에 가두어버렸다. [성충은] 야위고 힘들어서 죽을 지경에 이르자 글을 올려 아뢰었다.

"충신은 죽어서도 임금을 잊지 않는 것이니, 한 말씀 드리고 죽고자 합니다. 신이 일찍이 시대를 살펴보았는데 반드시 무기[兵革]를 써야 할 일이 일어날 듯합니다. 무릇 병사를 씀에 있어서는 그 지세를 잘 살펴서 택해야 하므로 상류 쪽에 자리해서 적을 맞이하게 되면 지켜낼 수 있습니다. 만일 다른 나라 군사가 육로로 온다면 탄현을침현이라고도 하며, 백제에서 지세가 군사적으로 중요한 자리이다 넘어가지 못하게 하고, 수군은 기벌포곧 장암 또는 손량인데, 지화포 또는 백강이라고도 한다에 못 들어오게 하여서 가파르고 험한 곳에 자리를 잡고서 막아내야 가능할 것입니다."

왕은 듣지 않았다. 현경 4년[659] 기미에 백제 오회사오합사라고도 한다에서 커다랗고 붉은 말이 나타나더니 밤낮으로 온종일[晝夜六時] 절 주변을 돌아다니다가 가버렸다. 2월에 여우들이 의자궁 안으로 들어왔는데, 그중 흰 여우 한 마리가 좌평의 책상 위에 앉았다. 4월에 태자궁의 암탉이 작은 참새와 교미하였다. 5월에 사비부여의 강이름이다 강둑 위로 큰 물고기가 올라와 죽었는데 길이가 세 길이나 되었고, 그 물고기를 먹은 사람들은 모두 죽었다. 9월에 궁중의 회나무가 사람이 곡하는 것처럼 울었고, 밤에는 궁의 남쪽 길에서 귀신이 울어댔다. 5년[660] 경신 봄 2월에 왕도[부여]의 우물물이 핏빛으로 변했고, 서해 바닷가에 작은 고기가 올라와 죽었는데 백성들이 다 먹을 수 없을 만큼 많았으며, 사비의 물이 핏빛으로 변했다. 4월에 두꺼비[蝦蟆] 수만 마리가 나무 위로 모여들었고 왕도의 백성들은 아무 까닭도 없이 누가 잡으러도 오는 양 놀라고 달아났는데, 놀라 자빠져 죽은 자가 백 명이 넘고 재물을 잃은 자는 헤아릴 수 없었다. 6월에 왕흥사의 승려 모두가 배가 큰 물길을 따라 절 안으로 들어오는 걸 보았다. 산 노루[野鹿]처럼 커다란 개가 서쪽에서 사비의 언덕으로 와서 왕궁을 향하여 짖었는데 얼마 뒤에 어디로 사라졌는지 몰랐다. 성에 있는 개들이 길 위에 모여 짖어대거나 울어대다 한참이 지나서야 흩어졌다. 한 귀신이 궁에 나타나 "백제는 망한다! 백제는 망한다!" 하고 소리치고 나서 곧바로 땅속으로 사라졌다. 왕이 괴이하게 여겨 사람을 시켜 땅을 파보게 하니 세 자 깊이쯤에서 거북 한 마리가 나왔는데, 등껍질에 '백제는 둥근달[圓月輪]이고 신라는 초승달[新月] 같구나'라고 쓰여 있었다. 왕이 물어보니 점을 치는 사람[巫者]이 말하였다.

"둥근달이라고 함은 가득 찼다는 말입니다. 가득 차면 기울게 됩니다. 초승달과 같다고 함은 아직 가득 차지 않았다는 말입니다. 가득 차지 않았으면 점점 차오르게 됩니다."

왕이 노하여 무당을 죽였다. 혹은 "둥근달은 채워졌음이고, 초승달과 같다 함은 약하고 적음입니다. 생각해 보면 우리나라는 융성하고 신라는 작지 않습니까!"라고 하자 왕이 기뻐하였다고도 한다.

태종이 백제가 나라 안에 괴변이 많음을 듣고서 5년 경신[660]에 인문[김인문]을 사신으로 보내 군사를 청하였다. 당 고종은 좌호[무]위 대장군 형국공 소정방을 신구도 행책 총관으로 삼고 좌위장군 유백영-자字가 인원仁遠이다-, 좌호[무]위장군 풍사귀, 좌효위장군 방효공 등을 거느리고 13만 군사를 이끌고 정벌하도록 하였고, 우리나라 기록[鄕記]에는 군사가 12만 2,711명, 배가 1,900척이라고 나오나 당의 역사서는 그렇게 자세하게 말하지 않았다 신라왕 춘추를 우이도 행군 총관으로 삼고서 신라의 군사를 이끌고 연합하는 형세를 갖추도록 하였다. 정방이 군사를 이끌고 성산에서 바다를 건너 나라 서쪽

덕물도에 이르렀고, 신라 왕은 장군 김유신을 보내어 정병 5만을 거느리고 가서 맞이하게 하였다.

의자왕이 이를 듣고서 신하들과 만나 싸워 지킬 계책을 물었다. 좌평[1품 관직] 의직이 나아가 아뢰었다.

"당의 병사들이 멀리 망망한 바다[溟海]를 건너왔으나 물에 익숙하지 못하고, 신라 사람들은 큰 나라의 도움만 믿고 적을 가볍게 보는 마음이 있습니다. 만일 당나라 병사가 손실 당했음을 본다면 분명히 의심하고 두려운 마음이 생겨 감히 나아가려 하지 않을 것입니다. 그러기에 먼저 당나라 사람과 결전하는 게 옳을 줄로 압니다."

달솔[2품 관직] 상영 등이 말하였다.

"그렇지 않습니다. 당의 병사들은 먼 길을 왔기에 신속하게 전투하려 할 것이므로 그 예리한 기세를 당해내기가 어렵습니다. 신라 사람들은 여러 차례 우리 군사에게 패한 바가 있어서 지금 우리 병사의 세력을 보면 두려워하지 않을 수 없습니다. 지금 계책은 마땅히 당나라 사람들이 오는 길을 막아서 군대가 피로해지기를 기다렸다가 다른 부대가 신라를 치도록 해서 예기를 꺾어야 합니다. 그런 뒤에 좋은 때를 엿보았다가 전투한다면 군대를 온전하게 유지하고 나라도 보존할 수 있을 겁니다."

왕은 머뭇거리며 누구 말을 따라야 할지를 몰랐다. 이때 좌평 홍수가 죄를 얻어 고마미지[전남 강진 또는 장흥] 고을에 유배되어 있었다. 사람을 보내어 "일이 급하게 되었는데 어찌하면 좋은가?" 하고 물으니, 홍수의 말이 대체로 좌평 성충이 얘기했던 대로였다. 대신들이 믿지 않고 말하였다.

"홍수는 옥중에 갇힌 몸[縲絏]이라 임금님을 원망하고 나라를 사랑하는 마음이 없을 테니 그 말을 따르면 안 됩니다. 당의 병사가 백강 곧 기벌포이다 을 따라 내려오게 하더라도 배들을 얻지는 못할 것이고, 신라의 군사가 탄현으로 올라오더라도 말을 끌고 오기는 어렵습니다. 이러할 때를 맞아서 병사를 풀어서 그들을 치면 삼태기 속에 든 닭이며 그물에 든 고기와 같을 것입니다."

왕이 "그렇겠도다." 하였다.

다시 당과 신라의 군사가 백강과 탄현을 이미 지났다는 소식이 전해졌다. 장군 계백을 보내니, 죽음을 각오한 군사 5,000명을 데리고 황산[충남 연산]으로 나아가 신라 군사와 전투하여 네 번을 겨뤄 모두 이겼다. 그러나 병력이 모자라고 힘도 다하여 결국은 패하고 계백도 죽었다.

더 진격해 군대가 합류하고는 나루 입구로 와서 강가에 군사를 주둔시켰다. 문득 새 한 마리가 나타나 정방의 진영 위를 빙빙 돌며 날았다. 사람을 시켜 이를 점쳤더니 반드시 원수가 다칠 거라고 하였다. 정방이 두려워 군대를 뒤로 물리치려고 하자 유신이 정방에게 말하였다.

"어찌 날아다니는 새가 괴상하다고 하여 천시를 어기려 하시오? 하늘에 응하고 민심에 따라 지극히 어질지 못한 나라를 정벌하려는데 어떻게 상서롭지 못한 일이 생길 수 있겠소?"

그러고는 신검을 뽑아 그 새를 베듯이 휘두르니 자리 앞으로 떨어졌다. 이에 정방이 강둑 왼쪽으로 나와서 산을 등진 채 진을 치고 싸워 백제군을 대패시켰다. 당 군대[王師]가 조수를 타고서 배와 배가 꼬리를 물고 잇단 채 내려오며 북을 치고 고함을 지르며 진군했다. 정방은 보병과 기병을 데리고 곧바로 도성으로 쳐들어가 30리[一舍] 되는 데에다 진을 쳤다. 성내의 모든 군사가 막았으나 패했고, 죽은 사람이 만 명이 넘었다. 당 군사들이 승세를 타고 성에 들이닥치니, 왕이 면치 못함을 알고서 탄식하며 성충의 말대로 하지 않아 그렇게 되었음을 후회하였다.

마침내 태자 융隆 혹은 '효孝'라고도 함은 잘못이다과 함께 북쪽 변경으로 달아났다. 정방이 그 성을 에워싸니 왕의 둘째 아들 태泰가 스스로 왕이 되어 무리를 거느리고 굳게 지켰다. 태자의 아들 문사가 왕인 태에게 말하였다.

"임금께서 태자와 같이 성을 나가셨다고 해서 숙부가 마음대로 왕이 되었으니, 만일 당 군사가 풀고 물러가게 된다면 저인들 어찌 온전하겠습니까?"

좌우를 거느리고 성을 넘어 나가는데 백성들이 모두 뒤따라가도 태가 막을 수가 없었다. 정방이 군대에 명해 성 담장에다가 당 군대의 깃발을 세웠다. 일이 급하게 되자 태가 성문을 열고 항복하겠다고 청했다. 이에 왕과 태자 융, 왕자 태, 대신 정복과 여러 성이 모두 항복하였다.

정방은 왕 의자와 태자 융, 왕자 태, 왕자 연演, 문무 관료[大臣壯士] 88명, 백성 1만 2,807명을 수도[장안]로 압송했다. 나라 안에는 본래 5부部 37군郡 200성城 76만 호戶가 있었다. 이때에 이르러 웅진·마한·동명·금련·덕안 등 5도독부를 설치하고 우두머리를 뽑아 도독과 자사로 삼아 다스리게 하였다. 낭장 유인원에게 도성을 지키도록 명하고, 또한 좌위낭장 왕문도를 웅진도독으로 삼아 남은 백성들을 어루만지도록 하였다. 정방이 사로잡은 사람들[俘]을 데리고 가 황제에게 알현시키니 꾸짖고서 용서해 주었다. 왕이 병들어 죽자 '금자광록대부위위경'을 내리고, 예전 신하들이 가서 곡하는 것을 허락하였다. 손호·진숙보의 무덤 옆에 장사 지내라고 조서를 내리고, 더불어 비도 세우게 하였다.

7년[662] 임술에 명을 내려 정방을 '요동도' 행군 대총관으로 삼고, 곧이어 '평양도'로 고쳤다. 패강[대동강]에서 고구려의 무리를 격파하고 마읍산[평양 서쪽의 산]을 빼앗아 군영으로 삼았다. 마침내 평양성을 에워쌌으나 큰 눈이 내려 포위를 풀고 돌아갔다. '양주안집대사' 벼슬을 내리고 토번[티베트]을 평정토록 했다. 건봉 2년[667]에 죽으니 당 황제가 애도하고 '좌효기 대장군 유주 도독'을 내리고 '장莊'이라고 시호하였다. 이상은 당나라 역사에 나오는 글이다

신라에서 별도로 전하는 기록에 나온다.

문호[무]왕 즉위 5년[665] 을축 가을 8월 경자에 왕이 친히 대군을 거느리고 웅진성으로 가서 가왕假王 부여융을 만나, 단을 만들고 백마를 희생하여 맹세하였다. 먼저 천신과 산천의 신령에게 제사를 지낸 다음, 피를 마시고 글을 지어 맹세하며 말했다.

"옛날 백제의 신왕이 십리를 거스르며 어두워져서 감히 이웃 나라와 좋게 지내지 않았고, 친족 인척과도 화목하지 않았다. 고구려와 결탁하고 왜국과 서로 통하여 함께 잔인하고 포악하게 신라를 침략하여 마을을 부수

고 성을 무너뜨리매 늘 편할 날이 없었다. 천자는 하나의 사물을 잃어도 근심하고 한 사람 백성이 해를 당해도 가엾게 여기는지라 거듭 사람을 보내 사이좋게 지내기를 타일렀는데도, 땅이 험함을 구실로 삼고 멀리 있음을 믿고서 매번 하늘의 도리[天經]를 업신여겼다. 황세가 이것에 크게 노하여 삼가 정벌하게 되었으니, 깃발이 향하는 곳마다 한번 싸워서 크게 평정하였다. 마땅히 궁궐과 호사스러운 집들을 무너뜨리고 연못을 만들어 후손들에게 본보기로 삼고, 폐해의 근원을 뽑아 버려 후손에게 교훈을 남길 것이나, 복종하는 사람은 회유하고 배반하는 사람은 정벌함이 선왕의 법도이며, 망한 건 흥하게 하고 끊긴 건 잇게 함이 옛날 성인들이 행했던 규범이다. 일은 반드시 옛것을 본받아야 함이 옛 책들에도 잘 전해져 온다. 전 백제왕 사가정경 부여융을 웅진도독으로 삼아 그 나라의 제사를 받들게 하고 산천을 보전케 하니, 신라에 의지함으로써 오래도록 함께 지내라. 각각 묵은 감정을 없애고 우호를 맺어 화친하라. 삼가 황제의 명을 받들어 영원토록 제후의 나라[藩服]가 되어라. 이에 우위위장군 노성현공 유인원을 직접 보내어 권유하며 황제의 결의를 자세히 알린다. 혼인으로써 이를 약속하고 맹세로써 이를 펼치니 희생을 잡아 피를 바르고 함께 시작과 끝을 도탑게 할 것이며, 재앙을 나누고 근심을 구할 것이며, 은혜를 형제처럼 할 것이다. 삼가 황제의 말씀[綸言]을 받들어 감히 잃거나 버리지 말 것이며, 이미 맹세를 한 다음에는 함께 오랫동안 보존토록 하여야 할 것이다. 만약 어기거나 배반함으로써 그 덕을 갈라 군사를 일으키고 무리를 움직여 변경을 침범한다면, 하늘[神明]이 이를 보시고 백 가지 재앙을 바로 내림으로써 자손은 기르지 못하고 사직은 잇지 못하고 제사는 끊어져 남는 것이 없을 것이다. 그러므로 금서철계金書鐵契[공신의 훈공을 금가루로 쓴 책]를 만들어 종묘에 간직하니 자손만대 감히 어기지 말 것이다. 신께서 이를 들으셔서 제물을 누리시고 복을 주시옵소서.”

맹세가 끝난 다음, 폐백은 제단 북쪽 땅[壬地]에 묻고 맹세한 글은 종묘[大廟]에 간직하여 두었다. 맹세한 글은 대방도독 유인궤가 지었다.

위 당의 역사서[《구당서》]를 살펴보면 정방이 의자왕과 태자 융 등을 수도로 보냈다고 한다. 여기에 부여왕 융과 함께 맹세했다고 일컬었음은 바로 당 황제가 융을 용서하여 백제로 보내 웅진도독으로 삼은 것임을 알 수 있다. 그렇기에 맹문에서 명확히 말한 것이니 이것으로써 증명이 된다.

또한 옛 기록[古記]에 나온다.

총장 원년[668] 무진 만약 총장 무진이라면 이적李勣[?~669. 당의 무장]의 일이니, 아래의 글에 소정방이라 했음은 잘못이다. 만일 정방이라면 연호가 마땅히 용삭 2년[662] 임술로서, 평양을 포위했던 때이리라에 나라 사람이 청했던 당의 군대가 평양성 밖에 주둔하고는 서신을 보내어 급히 군수물자를 보내달라 했다. 왕이 여러 신하를 모아놓고 물었다.

"적국에 들어가서 당 군대가 주둔해 있는 곳에 이르기에는 그 형세가 위험하다. 당 군대가 식량을 요청했는데 그 군량을 안 보내는 것도 역시 마땅하지 않으니, 이를 어찌하면 좋겠는가?"

김유신이 나와 아뢰었다.

"신 등이 능히 군수물자를 수송할 수 있으니 바라옵건대 대왕께서는 염려하지 마시옵소서."

이에 유신과 인문 등이 수만 군사를 거느리고 고구려의 국경으로 들어가 군량 2만 곡을 실어주고 돌아오니 왕이 크게 기뻐하였다. 다시 군사를 일으켜 당 군대와 합류하고자 했다. 유신이 먼저 연기·병천 두 사람을 보내 합류할 때를 묻자, 당의 사령관 소정방이 종이에 난새[鸞]와 송아지[犢] 두 동물을 그려서 돌려보냈다. 나라 사람들이 그 뜻을 풀지 못하므로 원효 법사에게 물어보도록 하였더니 이렇게 풀었다.

"속히 돌아가라'[速還]이다. '송아지를 그리다'[畵犢→速]와 '난새를 그리다'[畵鸞→還]는 이절二切[두 글자의 자음과 모음을 합한 것]로 말한 것이다."

이에 유신은 군사를 돌려 패강을 건너기 위해 강을 늦게 건너는 자는 목을 베겠다고 명령을 내렸다. 군사들이 앞을 다투어 반쯤 건넜을 즈음 고구려 군사가 쫓아와서 아직 건너지 못한 병사들을 사로잡거나 죽였다. 다음날 유신이 반격해 고구려 병사들을 추격하여 수만 명을 잡거나 죽였다. 백제의 옛 기록에 나온다.

부여성 북쪽 모서리에 큰 바위가 있는데 아래로 강물이 흐른다. 서로 전하여 내려오기를, 의자왕과 여러 후궁이 화를 면하지 못할 것임을 알고는 서로 '차라리 자진할지언정 남의 손에는 죽지 않겠노라.' 하며 서로 이끌고 여기에 와서 강에 몸을 던져 죽었기에 시속에 타사암[낙화암]이라 한다고 한다. 이는 항간의 말이 잘못 전해진 것이다. 오직 궁인들만 그곳에서 떨어져 죽었고 의자왕은 당나라에서 생을 마쳤음이 당의 역사에 분명하게 나온다.

또한 신라에서 예로부터 전해온다.

정방이 백제와 고구려를 토벌하고 나서 다시 신라의 토벌까지 꾀하며 계속 머물렀다. 이에 유신이 그 꾀를 알아차리고 음식을 베풀어서 당 군사들을 모이게 한 다음 모두 죽이고 그들을 구덩이에 묻었다고 한다. 지금 상주 경계에 당교唐橋가 있으니, 여기가 그 구덩이라고 한다. 당의 역사를 보면 정방이 죽은 원인을 말하지 않고 단지 '죽었다'라고만 되어 있음은 어떤 까닭인가? 말하기 꺼렸기 때문일까? 우리나라에서 전하는 말[鄕言]이 근거 없는 얘기일까? 만일 임술[662]에 고구려와 전쟁하면서 신라 사람들이 정방의 군대까지 죽였다면 뒤에 총장 무진[668]에 어떻게 군대를 청하여 고구려를 멸망시켰겠는가? 이로써 우리나라 말에 근거가 없음을 알 수 있다. 단지 무진에 고구려를 멸망시킨 뒤 신하가 되어 섬기지 않으면서 그 영토를 차지했을 따름이지, 소정방과 이적 두 사람을 죽이는 데에 이르지는 않았다

당의 군대가 백제를 평정하고 돌아간 뒤 신라 왕이 여러 장수에게 명하여 백제의 남은 적들도 마저 잡도록 하였다. 한산성[북한산성]에 주둔하였는데 고구려·말갈 두 나라 군사가 와서 포위하였다. 서로 전투를 벌였으나 포위를 풀지 못했다. 5월 11일부터 6월 22일까지 우리 군대가 매우 위태로웠다. 왕이 이를 듣고서 여러 신하와 의논하며 "무슨 좋은 계책이 없는가?"하고 물어봐도 서로 머뭇거리며 결정하지 못하였다. 유신이 달려와서 아뢰었다.

"일이 급하게 되었습니다. 사람의 힘으로는 어렵고 오직 신술神術로써만

구할 수 있습니다."

이에 성부산[경주 내남면의 산]에 단을 설치하고 신술을 쓰자 홀연 커다란 항아리만 한 밝은 빛이 단 위로부터 나오더니 곧이어 별이 되어서 북쪽으로 날아갔다. 이로 말미암아 성부산이라 했다. 산 이름에는 다른 설도 있다. 산은 도림都林 남쪽에 우뚝 솟은 산봉우리가 그것이다. 서울[경주]에 관직을 얻으려는 사람이 있었다. 아들더러 횃불을 커다랗게 만들어서 밤에 이 산에 올라가 들어 올리라고 시켰다. 그날 밤 서울 사람들이 그 불을 보고 모두 '괴이한 별이 산봉우리에 나타났다!'라고 하였다. 왕이 이를 듣고 걱정되고 두려워 그것을 없앨 사람을 모으니 그 아버지가 여기에 나서려 하였다. 일관이 나와 "이는 큰 변고는 아닙니다. 단지 한 집의 아들이 죽어 아버지가 울 징조일 뿐입니다."라고 아뢰었다. 이에 재앙을 물리치는 의례[禳法]를 하지 않았다. 그날 밤 아들이 산에서 내려오다가 호랑이에게 물려 죽었다. 한산성 안에 있는 군사들은 구원병이 오지 않음을 원망한 채 서로 보면서 곡하고 울기만 하고 있었다. 적병이 다시 공격을 서두르고 있는데 갑자기 밝은 빛이 남쪽 하늘로부터 나타나 벼락이 되어서 포석砲石 30여 개가 있는 데를 부숴버리고 적군의 활과 화살, 창과 도끼까지 부러뜨렸다. 모두 땅에 엎어졌다가 한참 뒤에 깨어나서는 흩어져 달아났고, 이에 아군도 돌아올 수 있었다.

태종이 처음 즉위했을 때 한 사람이 머리 하나에 몸이 둘이고 다리는 여덟 개인 돼지를 바쳤다. 잘 아는 이[議者]가 "이는 반드시 세상[六合]을 얻는다는 좋은 징조입니다."라고 하였다. 이 왕대에 중국의 의관과 아홀牙笏을 처음 사용하였다. 이는 자장 법사가 당 황제에게 청하여 가져와 전한 것이다.

신문왕[재위 681~692] 때에 당 고종[재위 649~683]이 신라에 사신을 보내어 말하였다.

"나의 성고[제왕의 선친]께서 어진 신하인 위징·이순풍 등을 얻어 마음을 합하고 덕을 같이하여 천하를 통일하였기에 태종 황제라 하였다. 너희 신라는 바다 밖에 있는 작은 나라임에도 '태종'의 묘호를 사용함으로써 천자의 이름을 분수에 안 맞게 쓰고 있다. 그 뜻이 불충하니 빨리 그 이름을 고치도록 하라."

신라 왕이 표[황제에게 고하는 글]를 올려 말하였다.

"신라는 비록 작은 나라이지만 성신[재덕이 뛰어나고 인격이 훌륭한 신하] 김유신을 얻어 삼국을 통일하였기에 태종이라고 봉한 것입니다."

황제가 표를 보다가 자기가 태자로 있을 때 하늘에서 "삼십삼천의 한 사람이 신라에 내려가 유신이 되었노라."라는 말이 들리매 이를 글로 써 두었던 일이 생각났다. 꺼내어서 보고서는 놀라고 두려워해 마지않았다. 다시 사신을 보내어 태종 칭호를 고치지 않아도 된다고 허락하였다.

해 설

태종무열왕太宗武烈王(재위 654~661)의 가계, 김유신과의 특별한 인연, 그의 성품, 그리고 백제를 정벌하여 무너뜨리는 과정이 잘 묘사되어 있다. 제목과 핵심 줄거리가 무열왕을 중심으로 구성되어 있지만, 당군과 연합해 백제와 전쟁을 치를 때 일어났었던 비화들이 나오고 의자왕이 나당연합군의 공세로 무너지는 과정이 극적으로 표현된 점도 인상적이다. 글의 마지막 부분에서는 고구려와 백제를 정복한 뒤 변심하여 동맹국인 신라마저도 공격하려 한 당나라 군대와, 이를 맞아 저지한 김유신 군의 활약이 자세히 묘사되어 있다. 이러한 긴박한 상황을 다양한 시각에서 설명하느라 이 글은 《삼국유사》 중 가장 긴 글이 되었다.

백제의 멸망 과정을 살펴보면 어떻게 이렇게 어이없이 당하고 말았는가 하는 안타까움을 느끼게 된다. 소정방이 대군을 이끌고 바다를 건너 쳐들어오자, 백제 조정에서는 이를 저지할 방안에 대한 의견이 분분했다. 좌평은 당군이 피로할 것이니 먼저 그들과 싸워 승리하면 신라군이 두려워 물러날 것이라고 주장했고, 달솔은 강한 기세를 감당하기 어려울 테니 당군과는 지연전술을 쓰고 신라군과 먼저 전투를 치러야 한다고 주장했다. 비상사태임에도 심각한 불협화음을 일으키고, 충신 성충의 간곡한 조언마저 무시한 게 백제를 패배의 구렁텅이로 몰아가 버렸다. 맹장 계백 장군

경주 서악동 무열왕릉

이 이끄는 5,000명의 결사대만으로는 밀려오는 당과 신라의 연합군을 막아낼 수 없었으니, 백제의 패배는 역사적으로 예정된 것이었을까?

당군과 신라군이 연합하는 과정에서 소정방이 보낸 암호를 원효 스님이 풀어낸 장면이 흥미롭다. 김유신이 소정방에게 합류할 시기를 묻자, 소정방은 글 대신 난새와 송아지 그림을 보내왔다. 이는 문서가 도중에 고구려 군대에게 발견될 상황을 우려해 암호처럼 그림으로 글을 대체한 것이었다. 하지만 신라군 진영에서 이 그림을 해독할 수 있는 이가 아무도 없었다. 그래서 원효에게 보냈더니, 원효는 이를 '이절二切'로 해석해야 함을 바로 알아차렸다. 송아지 그림은 '畫犢'이고 난새 그림은 '畫鸞'인데, 각 단어의 앞글 자음과 뒷글 모음을 결합하면 '速還'이 되어 '서둘러 돌아가라'라는 뜻이 된다. 소정방은 고구려 군대가 당군과 신라군의 합류 계획을 알고 길목을 지키고 있음을 파악하고 신라군에게 후퇴하라는 암호를 보낸 것이다. 이에 김유신은 서둘러 군사를 돌려 패강, 곧 대동강을 건널 수 있었다.

이 글에는 '일통천하一統天下', '일통삼한一統三韓' 등 '하나로 합하여졌다'라는 표현이 세 번 나온다. 이는 우리가 요즘 사용하는 '삼국통일'이라는 말의 시원이라고 할 수 있다. 신라가 삼국을 통일했다는 관점은 오늘날 학계에서 대체로 인정받고 있지만, 신라가 고구려의 영토를 완전히 차지하지 못했을 뿐만 아니라, 고구려를 계승한 발해渤海가 곧 건국되어 신라와 대립했기 때문에 이를 진정한 통일로 보기 어렵다는 이견도 있다. 그러나 일연은 신라가 고구려와 백제를 멸망시키고 하나의 나라가 되었다는 관점을 이 글에서 분명히 하였다. 이는 일연 개인의 시각만이 아니라 당시 고려 사람들 사이에 널리 퍼져 있던 보편적 인식이었을 것이다. 따라서 신라가 고구려의 모든 영토를 완벽히 통합하지는 못했더라도, 고구려·백제·신라 세 나라가 경쟁하며 발전해 온 역사가 결국 신라로 집약되었다는 사관은 충분히 그 근거를 인정받을 만해 보인다.

태종무열왕

일연은 신라가 통일하는 과정에서 김유신과 무열왕의 공적이 매우 컸다고 여겼음이 《삼국유사》 곳곳에 드러나 있다. 〈기이 1〉에서도 김유신과 무열왕 항목을 앞뒤로 나란히 배치함으로써 이 편의 대미를 이 두 사람 이야기로 장식하려고 했던 의도가 잘 느껴진다.

글의 앞부분에는 무열왕의 가족이 소개되었다. 이에 따르면 그의 이름은 춘추春秋로, 진지왕의 아들 김용춘과 진평왕의 딸 천명부인의 맏아들이다. 김유신에게는 여동생으로 보희·문희 자매가 있었는데 이들을 김춘추와 맺어주려 노력하는 장면이 재미있게 그려져 있다. 김춘추를 집으로 초대해 함께 공놀이하다가 일부러 그의 바지 고름을 찢어 떨어뜨리고는 꿰매주겠다며 방으로 들어오게 해서 여동생과 가까워질 기회를 마련하려 애쓰는 모습이 눈에 보이듯 자세히 묘사되었다.

둘째 여동생 문희는 언니 보희로부터 길몽을 사들임으로써 김춘추의 연인이 되었다. 그러나 무슨 문제가 있었는지 금세 결혼까지는 이르지 못하고 있었는데, 이 글로 보자면 아마도 김춘추 쪽에서 소극적이었던 게

보희가 꿈에 오줌을 누었다는 신라 서악인 선도산 원경

아닌가 싶다. 그러자 김유신은 선덕왕을 움직여 김춘추더러 결혼하라고 명하게 하고, 또 김춘추도 이를 거역할 수 없을 만한 상황을 꾸밈으로써 결국 뜻을 이루고 만다. 여기서도 김유신의 타고난 지략가로서의 면모가 드러나는 것 같다.

이게 사실이라면 이런 은밀한 일이 어떻게 세상에 전해질 수 있었을까 의문스럽기도 하다. 김춘추와 김유신이 매우 친밀한 관계였고, 문희가 아주 영민했으며, 김유신도 젊었을 때 기생 천관과의 로맨스가 있었듯이 다소 자유분방한 성격이었던 점 등이 얽혀져서 이러한 이야기가 나왔는지 모른다.

김춘추는 왕위에 오르기 전, 진평왕·선덕왕·진덕왕을 차례로 보필하며 신하로서 탁월한 업적을 쌓았다. 이에 따라 선덕왕 대에는 왕을 대신하여 지방을 순무하고, 황룡사 목탑 건립의 책임을 맡았을 정도로 당시 이미 상당한 영향력을 지니고 있었던 것으로 보인다. 특히 그는 외교에 능수능란하였다. 당나라에 건너가 태종과의 면담을 통해 군사 협력을 이뤄냈고, 다소 이론도 있으나, 647년에 스스로 인질이 되어 일본에 다녀왔다고도 한다(《일본서기》).

진덕왕이 승하하자 성골의 맥은 완전히 끊겼다. 그러자 진골로 차상위 신분인 데다가 사람들의 신망을 얻고 있던 김춘추가 53세의 비교적 늦은 나이로 왕위에 올랐다. 삼국이 모두 혼란스러웠던 시대에 국내 안정을 이루고 대외적으로는 김유신과 함께 고구려와 백제를 무너뜨리고 통일하였으니 신라 역대 왕 중에서도 가장 두드러진 업적을 이뤄냈다고도 할 수 있다. 이 글에 나오는 그의 놀라운 식욕은 곧 그의 왕성한 활동의 결과였으리라.

무열왕이 승하하자 그에게 올린 '태종太宗'은 그의 업적을 잘 압축한 묘호廟號였다. 그런데 이 글 마지막에 이에 관한 일화가 소개되어 있다. 당시 당나라에 태종 황제가 있었고, 그의 아들 고종은 신라의 무열왕이 같은 묘호를 쓰는 게 못마땅했다. 고종은 신문왕에게 자신의 부왕은 위징·이순풍 같은 '현신賢臣'을 거느리며 '일통천하'를 이룬 황제인데 같은 묘호를 쓰는 건 무엄하니 당장 바꾸라고 하였다. 이에 대해 신문왕은 무열왕도 김유신이라는 성신聖臣을 곁에 두고 '일통삼국' 하였기에 태종이라는 묘호가 가당하다고 답신을 보냈다. 답신 중에 '김유신' 이름이 나오는 대목을 읽자마자 고종은 전에 하늘로부터 '김유신은 삼십삼천의 하나이다.'라고 계시를 받은 일이 퍼뜩 떠올라 이내 마음을 고쳐먹고 허락했다는 것이다. 고종이 생각을 돌리게 된 이유가 김유신의 위명 덕분이기도 했겠으나, 무열왕 역시 중국에도 잘 알려진 명군이어서 그랬을 수도 있을 것 같다. 비록 이 글의 주제가 태종무열왕의 업적과 생애이기는 하지만, 김유신의 위상도 그 못잖게 컸기에 글 마지막에 그의 이름이 다시 한번 들어갔다고 보인다.

애공사와 영경사, 무열왕릉과 무열왕릉비

일연은 "애공사哀公寺 동쪽에 장사 지냈고, 비석도 있다."라고 하여 능사陵寺로 애공사를 짓고 능비陵碑도 세웠다고 말했다. 무열왕릉의 위치를 고증하는 데에 있어서 중요한 언급이다. 다만 다른 기록과의 비교 검토도 필요하다. 《삼국사기》에는 '영경사永敬寺 북쪽에 장사 지냈다'라고 다르게 나오고, 현재 무열왕릉에는 일연 당시에 있었다던 비신은 사라지고 귀부

경주 효현동 삼층석탑(보물 제67호)

와 이수만 남아 있기 때문이다.

　일연이 《삼국사기》를 면밀히 참조해 《삼국유사》를 썼을 것이므로 영경사가 능사였다는 언급을 못 보았을 리 없다. 그런데도 애공사라고 한 것을 보면 사실은 두 사찰이 하나이고, 절 이름만 백여 년 사이에 바뀌었다고 보는 견해가 많다. '애공'은 춘추 공의 죽음을 애도함을, '영경'은 무열왕의 은공을 길이 공경함을 뜻하므로 두 절 이름 모두 능사로서의 성격을 잘 담고 있다고 할 수 있다. 물론, 《삼국사기》와 《삼국유사》 사이에 100여 년의 시차가 있기에 둘 중 어느 한쪽 기록이 잘못되었을 수 있다.

　작자와 연대 미상의 《동경지東京誌》를 1669년에 중간한 《동경잡기》에도 '경주부에서 십 리 되는 데에 신라때 창건된 애공사가 있다.'라고 나온다. 오늘날 효현동 와산마을 입구에 있는 삼층석탑(보물 67호)이 서있는 자리와 거의 일치한다. 이에 반해서 《동경잡기》를 수정 보완하여 1933년에 펴낸 《동경통지》에는 '선도산 남쪽 기슭의 인왕상이 새겨진 삼층석탑이 영경사 석탑이다.'라고 하여 오늘날 서악동 삼층석탑(보물 65호)을 영경사 탑이라고 언급하였다. 그래서 고려와 조선의 기록끼리도 서로 일치하지 않는다. 이에 대해서는 앞으로 새로운 자료가 나타나기를 기대할 수밖에 없다.

영경사지로 추정되는 서악동 삼층석탑(보물 제65호)

경주시 서악동의 낮은 구릉에는 이른바 '서악동 고분군'이라는 대형 고분 5기가 나란히 자리한다. 이 중 가장 아래쪽에 있는 높이 약 13m의 고분이 무열왕릉(사적 제20호)이다. 왕릉이라면 봉분을 받치는 호석에 십이지 신상을 새기거나, 호석 뒤쪽에 나지막한 돌들을 울타리처럼 한 겹 더 둘러싸며 격을 높이는 게 일반적이다. 그러나 무열왕릉은 장식이 없는 자연석으로 이루어진 호석 외에 별다른 시설이 없어서, 왕릉으로서는 오히려 검박한 모습인 게 특징적이다.

경주에 있는 수십 기의 신라 왕릉 중 주인을 확실히 알 수 있는 능은 열 개도 되지 않는다고 한다. 그런데 무열왕릉은 국보 25호로 지정된 비석의 일부가 남아 있어서 주인을 알 수 있는 왕릉 중 하나로 꼽힌다. 비신은 사라졌으나 비신을 받치던 귀부龜趺와 비석 위에 얹혀 있던 이수螭首가 남아 있고 이수 앞면 아래에 '태종무열대왕지비太宗武烈大王之碑'라고 새겨져 있다. 일연이 언급한 능비가 바로 이 비석으로 보인다.

비신은 16세기만 해도 원모습을 지니고 있었다(《신증동국여지승람》). 그러나 비석을 깨서 벼루 등으로 쓰려는 사람들로 인해 훼손되었고, 1920년대에 촬영한 《조선고적도보》 사진에는 지금처럼 비신 없이 귀부와 이수가 맞닿

태종무열왕릉비 이수 및 귀부

아 있는 모습을 하고 있다. 신라의 비석은 귀부, 비신, 이수로 구성되며, 이
는 중국 당나라의 영향을 받은 것으로 평가된다. 무열왕릉비는 조각 기법
이 뛰어난 데다가, 이러한 구성의 비석으로서는 가장 오래된 작품이라는
의의를 지닌다. 특히 귀부는 비석의 귀부 중에서 걸작으로 평가받는다. 목
을 높이 쳐든 거북이 네 발을 기운차게 뻗어 앞으로 나아가려는 생동감
이 잘 표현되어 있으며, 귀갑과 연꽃 등의 세부 장식도 매우 섬세하다. 머
릿돌인 이수는 좌우에 각각 세 마리씩 총 여섯 마리의 용이 여의주를 받
든 모습으로 표현했다. 이 용들에 대해 '삼국통일을 이룩한 신라인의 진
취적 기상을 느낄 수 있으며, 동양권에서도 가장 뛰어난 걸작'이라는 평가
도 있다. 작품을 단순히 겉에 드러난 기법만을 가지고 평가함은 작품에
담긴 시대정신을 이해하는 데 바람직하지는 않으나, 무열왕릉비에서 이미
8~9세기 신라 조각의 특성이 드러나는 것은 분명하다. 비문은 이우李俁
(1637~1693)·이간李侃(1640~1699) 형제가 수집한 비석 탑본을 주로 수록해
펴낸 《대동금석서》에 온전하게 소개되었다. 이에 따르면 비문은 무열왕의
둘째 아들로 명필이던 김인문이 지었다.

계백군과 김유신군이 치열하게 전투를 벌인 황산벌 전경

탄현과 기벌포

의자왕의 미움을 사 귀양길에 오르면서도 성충成忠은 나라 걱정뿐이었다. 당이 쳐들어와도 육로에서는 탄현炭峴, 수로에서는 기벌포伎伐浦만 잘 지키면 된다는 마지막 진언을 올렸으나, 귀담아 듣는 이는 아무도 없었다. 그로 인해 이 국방의 요지를 결국 신라·당군이 수월하게 차지할 수 있었다. 뒤늦게 계백을 보내 막으라고 했으나 이미 기울어진 전세를 돌릴 수는 없었고, 계백의 결사대는 결국 황산벌에서 최후를 맞고 말았다. 성충의 진언은 어찌 보면 상식적인 전략이건만 이마저 받아들여지지 않았으니 차라리 멸망할 운명이었다고나 해야 할까. 당시 백제의 관료들이 우왕좌왕하고 있었던 상황이 이 글에 여실히 드러난다.

탄현이 오늘날 어디인지 확실하지 않고 일연도 딱히 어떤 장소라고 주석을 달지 않았다. 탄현은 '숯을 굽던 고개'라는 의미의 비교적 흔한 지명이라서 대전광역시 식장산의 마도령, 전라북도 완주군 운주면 삼거리의 쑥고개, 충청남도 금산군 진산면 교촌리의 숯고개[炭峙], 충청남도 금산군 진산면의 방현 등으로도 보는 여러 주장들이 있다.

타사암으로 불렸던 부여 낙화암에서 바라본 백마강

　당군이 드디어 출정에 나서 소정방이 거느린 13만 대군을 실은 함선
1,900척이 산둥반도를 출발했다. 그들이 지나온 성산城山은 산둥반도 동
쪽의 웨이하이시威海市이며, 덕물도는 인천광역시 옹진군 덕적도로 알려져
있다.

　당군은 기벌포에 상륙해 신라군과 합류하였다. 기벌포는 잘 발달한 만
灣 덕분에 서해의 제해권은 물론, 수도인 부여를 방어하기 위한 요지 중
하나였다. 그러나 백제는 이를 소홀히 보았고, 여기서 전열을 재정비한 신
라·당 연합군이 곧바로 사비성으로 진격해 백제의 항복을 받아냈다. 기
벌포가 오늘날 어디인지 분명하지 않으나, 보통 백강白江이 지금의 금강이
고 금강 하구가 기벌포로 알려져 있다. 기벌포는 신라와 백제 간의 격전지
일 뿐만 아니라 신라와 당이 해전을 벌인 장소이기도 하다. 백제와 고구려
를 차례로 무너뜨린 뒤, 당은 신라까지 차지하겠다는 야욕을 드러냈고, 이
글에 나오는 것처럼 신라와 당은 한때의 동맹에서 오늘의 적이 되어 최후
의 전투를 치르게 되었는데 마지막 전장이 바로 기벌포였다. 676년 11월,
당의 수군과 신라 수군이 기벌포에서 일대 회전을 벌였고, 22차례에 걸친
공방 끝에 마침내 신라군이 당군을 격퇴하였다.

상 | 김유신이 소정방의 당군을 독살했다고 전해지는 문경–상주 경계 당교(뙤다리)의 당교사적지비
하 | 당교에서 바라다본 모전천과 문경시내

당교

신라와 당은 연합군이면서도 양쪽 사이에 반목과 의심과 팽팽한 긴장
이 흘렀던 것 같다. 이는 일연이 '신라에서 예로부터 전해오던 이야기'라고
소개한 일화에 잘 드러나 있다. 과연 당군은 어제까지만 해도 백제를 무
너뜨리기 위해 협력했지만, 백제가 항복하자마자 그 창끝을 신라로 겨누

려 하였다. 이를 간파한 김유신이 당군을 연회에 초대하여 모두 살해하고 오늘날 당교唐橋라는 곳에 시신을 묻었다고 한다. 그러나 일연은 이 이야기를 소개한 다음 각주를 달아 "만일 이때 신라군이 당군을 몰살시켰다면, 그 뒤 신라와 고구려 전쟁에서 어떻게 당군이 신라 편으로 참전했겠는가?"라며 잘못 전해진 이야기라고 분석했다. 당시 상황을 고려해보면 그의 지적이 타당해 보인다. 다만 동맹군이라고 해도 당군과 신라군 사이에는 전략 수립과 주도권을 두고 불협화음과 알력이 있을 수 있었으므로, 이러한 사정이 이 전승에 반영되었을 가능성도 있다.

당교는 오늘날 경상북도 상주 함창읍 모전천茅田川에 놓였던 다리로 추정된다. 상주와 문경이 맞닿는 윤직교차로 근처에 있는데, 1990년 상주시에서 〈당교사적지〉비를 세웠고 문경시에서도 현재 문경시청 광장에 〈당교사적비〉를 세워 이를 기념하고 있다.

'당교'라는 한자어가 우리말에서 유래했다는 주장도 있다. 중국인을 낮잡아 부르는 말인 '되' 또는 '뙤'가 들어간 '뙤다리'가 다시 '당교'로 변했다는 것이다. 다리가 놓인 모전천의 '모전'은 당군이 묻힌 밭이라는 의미의 '띠밭'에서 유래했다고 한다. 반면 '당교'가 다리 이름이 아니라 본래 지명이라는 주장도 있다. 대규모 당군이 주둔했던 들녘을 뜻하는 '떼들'에서 명사에 붙는 접미사 '이'가 결합하면서 '떼들이'가 되었고, 이 말이 후에 한자로 표기되면서 '들이'를 '다리'로 해석하여 '당교'가 되었다는 것이다.

백제 부흥운동과 취리산 회맹

이 글에 사비성이 함락되는 과정이 잘 나온다. 의자왕은 사비성을 나와 웅진성으로 피신하였고, 그의 둘째 아들 태가 대신 왕위에 올라 항전을 외쳤다. 하지만 조카 등이 태를 불신하여 떠나니 민심도 돌아서며 안에서부터 무너지기 시작했다. 웅진성에 피신했던 의자왕도 신하의 배신으로 붙잡히고 나니, 부여 태가 더는 버티지 못하고 성문을 열어 항복하였다.

취리산 회맹이 열린 장소로 전해지는 공주생명과학고등학교 뒤편 취리산

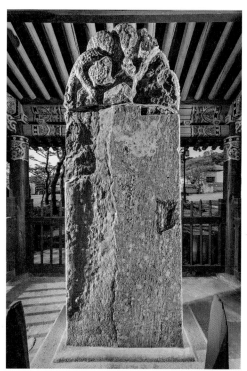

백제정벌 후 사비성 수비를 맡은 당나라 낭장 유
인원의 기공비(국립부여박물관, ⓒ국립문화유
산연구원)

이로써 기원전 18년에 건국해 700년 가
까이 이어오던 백제는 결국 멸망하고 말
았다.

의자왕과 태자 융, 왕자 태 등은 낙양
으로 압송되었고 11월에 의자왕은 당 고
종을 만나 사면받은 얼마 뒤에 죽었다.
고종은 그의 무덤을 손호와 진숙보의
무덤 곁에 쓰도록 했다. 손호는 오나라
의 마지막 왕으로 284년 진에게 항복하
였고, 진의 마지막 왕인 진숙보는 589년
수에게 나라를 넘겨준 이들이다. 나라의
종묘사직을 타국에 넘긴 중국 역대 왕들
의 무덤 곁에 백제 의자왕의 묘가 나란히
자리하게 된 것이다.

당은 백제 본토에서 일어났던 부흥군
의 기세를 누르고 신라도 견제하기 위

하여 664년 융을 공주로 보냈다. 이에 따라 융은 명목뿐인 웅진도독으로 잠깐 활동하지만, 뚜렷한 성과를 내지 못하고 다시 낙양으로 돌아가서 682년에 죽었다. 북망산에 묻혔는데, 1920년 700자 가량의 〈부여융 묘지명墓誌銘〉이 발견되고 1960년대에 국내 학계에 보고되면서 화제가 되었다. 부여융의 선조와 백제 멸망 후 일어난 부흥운동의 일면, 웅진도독부와 당에서의 활동 상황이 나오는 역사 자료로 지금 허난성 박물관에 소장되어 있다. 함께 끌려간 왕자 태, 왕자 연에 대해서 자세히 알려진 게 없으나 그들도 융과 마찬가지로 낙양에서 생을 마친 것으로 보인다.

일연은 의자왕과 태자들이 소정방에게 잡혀감으로써 백제가 멸망하게 되었다는 대목 다음에, 신라에서 전하는 별도의 기록[新羅別記]을 인용해 문무왕과 부여융이 웅진성에서 가졌던 회맹會盟을 소개했다. 《삼국사기》에도 '665년 8월 문무왕이 당나라 칙사 유인원, 웅진도독 부여융과 취리산에서 회맹했다.'라고 나온다. 오늘날 학계에서도 이 회맹을 중요하게 다루어 '취리산 회맹'이라 부른다. 이 글에는 회맹이 이루어진 배경까지는 안 나왔으나, 학계에서는 의자왕 등이 압송된 이후 백제에 남은 신하들과 백성들이 합심해 일으킨 백제 부흥운동 때문으로 본다. 무왕의 조카 복신을 비롯해 흑치상지·정무·지수신 그리고 승려 도침 등이 중심이 되어 무력 항전이 활발히 일어났다. 이들은 임존성[충남 예산]과 주류성[충남 서천] 등지를 본거지로 하여 항거하며 상당한 기세를 올렸다. 그러자 당 고종이 융더러 이들을 가라앉히도록 웅진으로 보냈고, 이에 따라 당 유인원이 주재하여 문무왕과 융의 만남이 취리산에서 이뤄진 것이다.

사실 이 회맹은 백제를 대표한 융이 신라와 당을 향해 항복했음을 공식 선포한 자리나 마찬가지였다. 663년 당은 신라 문무왕에게 '계림도독'을, 665년 4월에는 부여융에게 '웅진도독' 직함을 내린 상태였다. 그래서 당에서 보자면 당의 지방정부에 해당하는 두 지역이 서로 화합하라는 의미인 셈이니, 오늘날 우리가 보기에는 서글픈 자리였다고 할 만하다. 그러나 한편으로는, 얼마 뒤인 671년 신라가 사비성에 소부리주를 설치함으로써 백제 지역을 완전히 장악하게 되는데 그전까지 이 회맹을 통해서 웅진도독부로 상징되는 백제의 명맥이 한반도에서 유지되는 효과도 있었다는 역사적 평가도 있다.

어하튼 이 자리에서 융은 승전국을 대표하는 유인원과 문무왕 앞에서 패전국으로써 배반하거나 반란을 꾀하지 않겠다고 맹세하는 맹문盟文을 읽어야 했다. 백제 유민에게는 더욱더 쓰라린 장면이었을 것이다. 그런데 이 맹문은 일연이 밝혔다시피 당의 재상이자 명장으로 꼽히는 유인궤劉仁軌(602~685)가 지었다. 일연은 두 사람이 제단을 차려놓고 치른 맹세의 의식이 생생히 묘사된 이 문장을 당의 역사서에서 옮겼다고 밝혔다. 좀 더 정확히 말하면《구당서》이다. 또 일연은 신라의 별기別記도 인용했는데 이는《삼국사기》〈신라본기〉문무왕 5년의 기사이다. 그리고 맹세하는 장면은《구당서》나《삼국사기》에서 거의 비슷하게 인용하여 묘사하였다.

회맹의 장소가 되었던 취리산은 오늘날 충청남도 공주시 쌍산동 봉황중학교와 공주생명과학고등학교 바로 뒤에 있다. 일명 '취미산'이라고도 하는데, 높이 45m로 자그마한 동산에 가깝다.《신증동국여지승람》에 의식이 열렸던 제단 터가 있다고 나오고, 근래에 인화문 토기 등 신라의 유물도 출토되었다.

원문

大[太]宗春秋公

第二十九大[太]宗大王 名春秋 姓金氏 龍樹一作龍春 角干追封文興大王之子也 妣眞平大王之女天明夫人 妃文明皇[王]后文姬 即庾信公之季姝也 初文姬之姊寶姬 夢登西岳 捨溺瀰滿京城 旦與妹說夢 文姬聞之謂曰 我買此夢 姊曰 與何物乎 曰 鬻錦裙可乎 姊曰 諾 妹開襟受之 姊曰 疇昔之夢傳付於汝 妹以錦裙酬之 後旬日 庾信與春秋公 正月午忌日見上射琴匣事 乃崔致遠之說 蹴鞠于庾信宅前羅人謂 蹴鞠 爲弄珠之戲 故踏春

秋之裙 裂其襟紐 請曰 入吾家縫之 公從之 庾信命阿海奉針 海日 豈以細事 輕近貴
公子乎[乎] 因辭 古本云 因病不進 乃命阿之 公知庾信之意 遂幸之 自後數數來徃 庾信知
其有娠 乃嘖之曰 爾不告父母 而有娠何也 乃宣言於國中 欲焚其妹 一日 俟善德王
遊幸南山 積薪於庭中 焚火烟起 王望之 問 何烟 左右奏曰 殆庾信之焚妹也 王問其
故 曰 爲其妹無夫有娠 王曰 是誰所爲 時 公昵侍在前 顔色大[火]變 王曰 是汝所爲
也 速徃救之 公受命 馳馬傳宣沮之 自後現行婚禮 眞德王薨 以永徽五年甲寅即位
御國八年 龍朔元年辛酉崩 壽五十九歲 葬於哀公寺東有碑 王與庾信 神謀戮力 一
統三韓 有大功於社稷 故廟號太宗 太子法敏 角干仁問 角干文王 角干老且 角干智
鏡 角干愷元等 皆文姬之所出也 當時 買夢之徵 現於此矣 庶子曰 皆知文級干 車
得令公 馬得阿干 幷女五人 王膳一日 飯米三斗 雄雉九首 自庚申年 滅百濟後 除晝
饍 但朝暮而已 然計一日 米六斗 酒六斗 雉十首 城中市價 布一疋 租三十碩 或五十
碩 民謂之聖代 在東宮時 欲征高麗 因請兵入唐 唐帝賞其風彩謂 爲神聖之人 固留
侍衛 力請乃還 時百濟末王義慈 乃虎[武]王之元子也 雄猛有膽氣 事親以孝 友于兄
弟 時號海東曾子 以貞觀十五年辛丑即位 耽婬酒色 政荒國危 佐平 百濟爵名 成忠極諫
不聽 因於獄中 瘦困濵死書曰 忠臣死不忘君 願一言而死 臣嘗觀時變 必有兵革之事
凡用兵審擇其地 處上流而迎敵 可以保全 若異國兵來陸路 不使過炭峴 一云 沈峴 百濟
要害之地 水軍不使入伎伐浦 即長嵓 又孫梁 一作只火浦 又白江 據其險隘 以禦之然後可也 王不
省 現[顯]慶四年己未 百濟烏會寺 亦云 烏合寺 有大赤馬 晝夜六時 遶寺行道 二月 衆狐
入義慈宮中 一白狐坐佐平書案上 四月 太子宮 雌雞與小雀交婚 五月 泗沘 扶餘 江名 岸
大魚出死 長三丈 人食之者皆死 九月 宮中槐樹 鳴如人哭 夜鬼哭宮南路上 五年庚
申春二月 王都井水血色 西海邊小魚出死 百姓食之不盡 泗沘水血色 四月 蝦蟆數萬
集於樹上 王都市人 無故驚走 如有捕捉 驚什[仆]死者百餘 亡失財物者無數 六月 王
興寺僧 皆見如舡揖[楫] 隨大水入寺門 有大犬如野鹿 自西至泗沘岸 向王宮吠之 俄
不知所之 城中群犬集於路上 或吠或哭 移時而散 有一鬼入宮中 大呼曰 百濟亡 百
濟亡 即入地 王恠之 使人掘地 深三尺許 有一龜 其背有文 百濟圓月輪 新羅如新月
問之 巫者云 圓月輪者滿也 滿則虧 如新月者未滿也 未滿則漸盈 王怒殺之 或曰 圓
月輪盛也 如新月者 微也意者 國家盛而 新羅寢微乎 王喜 太宗 聞百濟國中多恠變

五年庚申 遣使仁問請兵 唐高宗 詔左虎[武]衛大將軍荊國公蘇定方 爲神丘道行策揔

管 率左衛將軍劉伯英字仁遠 左虎[武]衛將軍馮士貴 左驍衛將軍龐孝公等 統十三

萬兵來征 鄉記云 軍十二萬千七百十一人 船一千九百隻 而唐史不詳言之 以新羅王春秋 爲嵎夷道行軍

揔管 將其國兵與之合勢 定方引兵 自城山濟海 至國西德勿島 羅王遣將軍金庾信 領

精兵五萬以赴之 義慈王聞之 會群臣問戰守之計 佐平義直進曰 唐兵遠涉溟海不習

水 羅人恃大國之援 有輕敵之心 若見唐人失利 必疑懼而不敢銳進 故知先與唐人

決戰可也 達率常永等曰 不然 唐兵遠來 意欲速戰 其鋒不可當也 羅人 屢見敗於我

軍 今望我兵勢 不得不恐 今日之計 宜塞唐人之路 以待師老 先使偏師 擊羅折其銳

氣 然後伺其便而合戰 則可得全軍而保國矣 王猶預不知所從 時 佐平興首 得罪流

竄于古馬彌知之縣 遣人問之曰 事急矣如之何 首曰 大槩如佐平成忠之說 大臣等不

信曰 興首在縲絏之中 怨君而不愛國矣 其言不可用也 莫若使唐兵入白江 即伎伐浦 泝

流而不得方舟 羅軍 升炭峴由徑 而不得並馬 當此之時 縱兵擊之 如在籠之雞羅網

之魚也 王曰 然 又聞唐羅兵已過白江炭峴 遣將軍偕[階]伯帥死士五千 出黃山 與羅

兵戰 四合皆勝之 然兵寡力盡竟敗 而偕[階]伯死之 進軍合兵薄津口瀕江屯兵 忽有

鳥迴翔於定方營上 使人卜之曰 必傷元帥 定方懼欲引兵而止 庾信謂定方曰 豈可以

飛鳥之怪 違天時也 應天順人 伐至不仁 何不祥之有 乃拔神釖 擬其鳥割裂 而墜於

座前 於是 定方出左涯垂[乘]山而陣 與之戰 百濟軍大敗 王師乘潮軸艫 含尾鼓譟而

進 定方將步騎直趨都城一舍止 城中悉軍拒之 又敗死者萬餘 唐人乘勝薄城 王知不

免嘆曰 悔不用成忠之言 以至於此 遂與太子隆 或作孝 誤也 走北鄙 定方圍其城 王次子

泰 自立爲王 率衆固守 太子之子 文思謂王泰曰 王與太子 出而叔擅爲王 若唐兵解去

我等安得全 率左右縋而出 民皆從之 泰不能止 定方令士起[超]堞 立唐旗幟 泰窘迫

乃開門請命 於是 王及太子隆 王子泰 大臣貞福 與諸城皆降 定方以王義慈及太子

隆 王子泰 王子演 及大臣將士八十八人 百姓一萬二千八百七人 送京師 其國本有五

部三十七郡二百城七十六萬戶 至是 析置 熊津 馬韓 東明 金漣 德安等 五都督府 擢

渠長 爲都督刺史 以理之 命郎將劉仁願 守都城 又左衛郎將王文度 爲熊津都督 撫

其餘衆 定方 以所俘見上責而宥之 王病死 贈金紫光禄大夫衛尉卿 許舊臣赴臨 詔

葬孫皓陳叔寶墓側 並爲竪碑 七年壬戌 命定方 爲遼東道行軍大揔管 俄改平壤道

破髙麗之衆於浿江 奪馬邑山爲營 遂圍平壤城 會大雪解圍還 拜涼州安集大使 以定

吐蕃 乾封二年卒 唐帝悼之 贈左驍騎大將軍幽州都督 謚曰莊 已上唐史文 新羅別記云

文虎[武]王即位五年乙丑 秋八月庚子 王親統大兵 幸熊津城 會假王扶餘隆 作壇刑

白馬而盟 先祀天神 及山川之靈 然後歃血 爲文而盟曰 徃者 百濟先王 迷於逆順 不

敢隣好 不睦親姻 結托句麗 交通倭國 共爲殘暴 侵削新羅 破邑屠城 略無寧歲 天子

憫一物之失所 憐百姓之被毒 頻命行人 諭其和好 負險恃遠 侮慢天經 皇赫斯怒 恭

行弔伐 旌旗所指 一戎大定 固可瀦宮汚[櫂]宅 作誡來裔 塞源拔本 垂訓後昆 懷柔

伐叛 先王之令典 興亡繼絶 徃哲之通規 事心[必]師古 傳諸曩冊 故立前百濟王司農

正卿扶餘隆 爲熊津都督 守其祭祀 保其桑梓 依倚新羅 長爲與國 各除宿憾 結好和

親 恭承詔命 永爲潘[藩]服 仍遣使人右威衛將軍魯城縣公 劉仁願 親臨勸諭 其宣成

旨 約之以婚姻 申之以盟誓 刑牲歃血 共敦終始 分災恤患 恩若兄弟 祇奉綸言 不敢

墜失 旣盟之後 共保歲寒 若有乖背 二三其德 興兵動衆 侵犯邊陲 神明鑒之 百殃是

降 子孫不育 社稷無宗 禋祀磨滅 罔有遺餘 故作金書鐵契 藏之宗廟 子孫萬代 無或

敢犯 神之聽之 是享是福 歃訖 埋弊[幣]帛於壇之壬地 藏盟文於大廟 盟文 乃帶方都

督劉仁軌作 按上唐史之文 定方 以義慈王 及太子隆等 送京師 今云會扶餘王隆則 知唐帝宥隆而遣之 立爲熊津都督

也 故盟文明言 以此爲驗 又古記云 總章元年戊辰 若總章戊辰則 李勣之事 而下文蘇定方 誤矣 若定方則 年號

當龍朔二年壬戌 來圍平壤之時也 國人之所請 唐兵屯于平壤郊 而通書曰 急輸軍資 王會群臣

問曰 入於敵國 至唐兵屯所 其勢危矣 所請王師粮匱 而不輸其料 亦不宜也 如何 庚

信奏曰 臣等 能輸其軍資 請大王無慮 於是 庚信 仁問等 率數萬人 入句麗境 輸料二

萬斛 乃還 王大喜 又欲興師會唐兵 庚信先遣 然起 兵川等二人 問其會期 唐帥蘇定

方 紙畫鸞犢二物迴之 國人未解其意 使問於元曉法師 解之曰 速還其兵 謂畫犢畫

鸞二切也 於是 庚信迴軍 欲渡浿江 令曰 後渡者斬之 軍士爭先半渡 句麗兵來 掠殺

其未渡者 翌日 信返追句麗兵 捕殺數萬級 百濟古記云 扶餘城北角 有大巖 下臨江

水 相傳云 義慈王與諸後宮 知其未免 相謂曰 寧自盡 不死於他人手 相率至此 投江

而死 故俗云 墮死岩 斯乃俚諺之訛也 但宮人之墮死 義慈卒於唐 唐史有明文 又新

羅古傳云 定方旣討麗濟二國 又謀伐新羅而留連 於是 庚信知其謀 饗唐兵鴆之 皆死

坑之 今尚州界 有唐橋 是其坑地 按唐史 不言其所以死 但書云卒 何耶 爲復諱之耶 鄉諺之無據耶 若壬戌

年 高麗之役 羅人殺定方之師 則後總章戊辰 何有請兵 滅高麗之事 以此知鄕傳無據 但戊辰滅麗之後 有不臣之事 擅有其

地而已 非至殺蘇李二公也 王師定百濟 既還之後 羅王命諸將 追捕百濟殘賤[賊] 屯次于漢山

城 高麗靺鞨二國兵來 圍之相擊未解 自五月十一日至六月二十二日 我兵危甚 王聞之

議群臣曰 計將何出 猶豫未決 庾信馳奏曰 事急矣 人力不可及 唯神術可救 乃於星浮

山 設壇修神術 忽有光耀如大瓮 從壇上而出 乃星飛南北去 因此名星浮山 山名或有別說 云山

在郡林之南 秀出一峯是也 京城有一人 謀求官 命其子 作高炬 夜登此山擧之 其夜 京師人望人[火]皆謂 恠星現於其地 王聞

之 憂懼募人禳之 其父將應之 日官奏曰 此非大恠也 但一家子死父泣之兆耳 遂不行禳法 是夜 其子下山 虎傷而死 漢山

城中 士卒怨救兵 不至相視 哭泣而已 賊欲攻急 忽有光耀 從南天際來 成霹靂擊 碎

砲石三十餘所 賊軍弓箭矛戟籌碎 皆仆地良久 乃蘇奔潰而歸 我軍乃還 太宗初即位

有獻猪一頭二身八足者 議者曰 是必幷呑六合瑞也 是王代 始服中國衣冠牙笏 乃法

師慈藏 請唐帝而來傳也 神文王時 唐高宗遣使新羅曰 朕之聖考 得賢臣魏徵李淳風

等 恊心同德 一統天下 故爲太宗皇帝 汝新羅 海外小國 有太宗之號以 僭天子之名

義在不忠 速改其號 新羅王上表曰 新羅雖小國 得聖臣金庾信 一統三國 故封爲太

宗 帝見表 乃思儲貳時 有天唱空云 三十三天之一人 降於新羅 爲庾信 紀在於書 出

撿[檢]視之 驚懼不已 更遣使 許無改大[太]宗之號

장춘랑과 파랑 '비랑'이라고도 한다

처음 백제와 황산[충남 연산]에서 전투에 나섰던 장춘랑과 파랑이 진중에서 죽었다. 후에 백제를 토벌할 때 태종의 꿈에 나타나 말하였다.

"신 등은 저번에 나라를 위하여 몸을 버려 이제 백골이 되었습니다. 자못 나라를 지키고자 하는 마음이 컸기에 전장[軍行]에 따라나섬에 게을리함이 없었습니다. 그러나 당나라 장수 소정방의 위세에 눌려 사람들이 그 뒤를 쫓아다니기에 바쁩니다. 원하옵건대 왕께서 저희의 작은 힘[小勢]이나마 보태게 해주십시오."

대왕이 놀라고 괴이하게 여겨, 두 혼령을 위하여 하루 모산정에서 불경을 설하였다. 또한 한산주에다 장의사를 세워 그들이 명복을 받도록 도왔다.

해 설

장춘랑長春郎과 파랑罷郎 두 사람이 백제와의 황산벌 전투에서 전사하였다. 그러나 이들은 죽어서도 나라에 대한 걱정을 놓지 못하였다. 태종무열왕의 꿈에 나타나 신라가 당군의 위세에 눌려 힘을 쓰지 못하고 있으니, 백골이 된 자신들도 돕고 싶다고 말했다는 것이다. 이들의 이야기가 《삼국사기》에도 실렸는데, 659년 10월 그들의 혼령이 왕에게 나타나 당군의 출병 시기를 알려주었다고 하여 내용은 조금 다르다.

장춘랑과 파랑의 명복을 빌기 위해 세운 장의사가 있었던 서울 세검정초등학교 전경

　장춘랑과 파랑은 이름으로 보아 화랑이나 낭도로 추정된다. 이 이야기의 사실 여부를 떠나, 이렇게 죽어서도 나라를 걱정하던 신라 사람들의 정신이 신라로 하여금 갖은 어려움을 이겨내고 통일전쟁에서 승리하게 한 원동력이 아니었을까 생각해 본다.

모산정과 장의사

　무열왕은 모산정牟山亭에서 불경을 읽게 하고, 한산주漢山州에 장의사壯義寺를 세움으로써 그들의 명복을 빌어주었다. 모산정이 어디에 있었는지는 알려지지 않았으나 그들이 전사한 황산벌, 곧 오늘날 충청남도 연산 부근이라고 추정해 볼 수 있다.

　한산주는 신라의 지방 행정구역으로, 현재의 북한 지역 황해도와 경기도·충청도 일부를 포함한다. 서울 종로구 신영동 세검정초등학교 마당에 당간지주 한 쌍이 서있는데 예로부터 이 일대가 바로 장의사라고 전해온다.

　장의사는《고려사》와《고려사절요》등에 '藏義寺'로도 언급되며, 예종·인종·의종 등이 남경[서울]을 순행할 때 다녀갔다는 기록이 있다. 또한 여러 비문에 따르면 890년에 원종대사 찬유璨幽가, 915년에 법인국사 탄문坦文이 이곳에서 구족계를 받았고, 1258년 무렵에 자정국사 미수眉叟가 주지를 지냈다고 나오므로 장의사는 당대에 상당히 유명한 사찰이었을 것이다. 이와 같은 명성은 조선 초기까지 이어졌다.《조선왕조실록》에 '莊義寺'·'壯義寺'·'藏義寺' 등으로 여러 차례 언급되며, 태조의 왕비 신의왕후의 기신제忌晨祭가 이곳에서 거행되었다. 또한, 집현전 학사와 홍문관 관원이 사가독서賜暇讀書(유능한 젊은 관료에게 휴가를 주어 공부하게 하던 일) 하던 장소이기도 하였다. 그러나 1506년, 연산군이 탕춘대와 별궁을 세우느라 장의사를 철거하면서 사라졌다. 이후 1712년에는 연무대, 1747년에는 총융청이 이 자리에 들어섰으며, 1886년 이후에는 별기군 훈련장으로 사용되었다.

장의사 터는 현재 학교와 주택, 도로 등으로 인해 정확한 규모를 알 수 없다. 그러나 2023년 신영동 유적지 발굴에서 고려시대 건물터와 청자·기와 등 유물이 발견되었고, 그 중 '莊義寺'로 읽을 수 있는 기와가 출토되면서 장의사의 존재가 새삼 확인되었다.

당간지주

세검정 부근 신영동의 세검정초등학교 마당에 '장의사지 당간지주'(보물 235호)가 서 있다. 현재 높이 3.63m에 65cm 간격을 두고 동서로 마주 보는 두 지주만 남아 있고, 간주를 받치던 간대竿臺와 받침돌은 없어졌다. 이 당간지주의 특징은 장식이 매우 절제된 점이다. 지주 바깥 면 모서리를 살짝 둥글게 깎은 것을 제외하고는 안쪽 면과 바깥 면에 아무런 조각이 없는데, 7~8세기 일반적인 당간지주 형식으로서는 이례적이다. 이는 충혼忠魂을 기리기 위해 창건된 장의사의 성격을 반영했기 때문으로 보인다.

당간지주는 깃발 등을 매다는 당간幢竿을 지주支柱 사이의 아래에 마련한 홈에 끼워서 위로 세운다. 양 지주의 안쪽 면마다 네모나거나 둥근 모

장의사지 당간지주(보물 제235호)   경주 망덕사지 당간지주

양의 간구(杆溝)를 파고, 여기에 별도의 나무나 금속을 끼워 당간을 지탱함으로써 흔들리지 않게 고정한다. 일반적 당간지주는 간구를 지주 양쪽의 아래위 세 군데 또는 두 군데에 네모난 모양으로 둔다. 이에 비해서 장의사지 당간지주의 간구는 안쪽 윗부분에 둥글게 한 군데에만 마련한 것이 특징이다. 이와 비슷한 형태로 685년에 세워졌다고 여겨지는 경주 망덕사지 당간지주가 있다.

이 글에 따르면 백제와의 황산벌 전투에서 전사한 장춘랑과 파랑의 명복을 빌기 위해 장의사가 창건되었다. '장의'라는 절 이름에도 이런 의도가 반영되어 있다. 그러나, 그 의미를 좀 더 넓혀본다면 단지 장춘랑과 파랑만이 아니라 신라가 통일 후 백제, 고구려, 그리고 당과의 전쟁에서 목숨을 잃은 병사들 모두의 명복을 빌기 위해 창건하였을 것도 같다. 그래서 이런 맥락에서 창건 시기를 당이 이 땅에서 완전히 물러났던 676년 직후로 추정해 본다. 장의사 당간지주와 망덕사 당간지주의 형식이 아주 닮은 점도 이 같은 시대적 동질성으로 이해해 볼 만하다.

원문

長春郎罷郎 一作熙

初與百濟兵 戰於黃山之役 長春郎 罷郎 死於陣中 後討百濟時 見夢於太宗
曰 臣等昔者 爲國亡身至於白骨 庶欲完護邦國 故随從軍行 無怠而已 然迫
於唐帥定方之威 逐於人後爾 願王加我以小勢 大王驚恠之 爲二魂 說經一
日 於牟山亭 又爲創壯義寺於漢山州 以資冥援